JN114105

50代 旅の複層

―図書館×辺境 回遊

組原 洋

学文社

まえがき

前著『30代の旅と模索』をもって、私が難聴になってから40代までの歩みがつながったので、このあと50代の旅についてまとめ始めた。

妻が1999年に他界したとき私は51歳だったが、その年の9月からフィリピンのダバオに行き始め、2001年度に勤務していた大学を1年間研究休職してフィリピンのダバオに住んだ。この時のことはすでに『旅の深層』第3章でまとめた。ダバオに下宿を借りて住んでいたときはフィリピンのいわゆる永住ビザを取得していたので、片道切符で入国が可能だった。そして、ダバオに住んでいる間も実家のある東京には結構しばしば行き、沖縄の自宅にも結構帰ったので、名実ともに三つの住所がある状態になった。休職期間が明けた2002年4月以降も2006年3月までダバオの下宿はそのまま借り続け、活動を継続した。

ダバオでは移動児童館活動から始め、その後子ども図書館づくりなどをやっていたので、2001年2月からは「ブック01」というファイルを作成して活動記録をまとめていた。このファイルをダバオを引きあげた2006年2月まで5年間更新して、「ブック05」まで作成した（前著

『30代の旅と模索』あとがきに２００５年2月まで「ブック」というフォルダを作成していたと書いたが、本書作成のため検索したら２００６年2月までの「ブック05」ファイルが見つかったので訂正する。ただし、「ブック05」ファイルは分量が少なく、この頃になったら妻ロスが抜けてきていたのではないかと思われる）。

そういうことでこの時期は、ダバオに行くのに加えて主に図書館関係ないし社会教育関係の交流や旅を続けるというスタイルでやっていたのだが、50代後半に入ったあたりから、合間に自分でもビックリするぐらいあちこち旅をするようになっていった。

そのきっかけになったのは、下川裕治『週末アジアに行ってきます』(講談社文庫、２００４年）を読んで、２００４年の4月から6月にかけて、そこで取り上げられている台湾の金門島、北朝鮮との国境になっている中国の丹東、タイのメーサロンとテレサ・テンのお墓がある台湾の金山を連続的に旅行したことである。それではずみがついたようで、以後、従来以上に気軽にあちこち動きまわるようになった。なお、ＪＡＬ機内誌「SKYWARD」の２００２年11月号〜２００９年3月号に養老孟司氏が「旅する脳」と題して連載されていたが、私はＪＡＬ機内でこれを読むのを非常に楽しみにしていた。この連載は、今は『旅する脳』(小学館、２００９年)という本の形になっているが、最近再読してみたらやっぱり面白くて、すぐにも旅に出かけたくなった。この本のしょっぱなで養老氏は、旅する脳の源はヒトの狩人的性質にあると言っている。定住だの定職だの定年だのに窮屈さを覚えるときがあれば、旅に出ることは脳の癒しなのかもしれない、と。

もうひとつ画期になったのは、２００５年度から大学院で比較法政策研究という科目を担当するようになったことである。最初の年は受講者は一人だけで、テーマは沖縄のいわゆる赤土問題だった。受講者が名護市在住だったので、授業は名護にある私の法律事務所で行い、一緒に仕事をしている島清税理士の意見を聞きながら進めた。沖縄の赤土問題についてその後も継続して取り組むうちにテーマは世界の食料問題にまで広がってきて、２００６年度に、まちとむらのつながり方という観点に焦点を当てて沖縄大学地域研究所で「まちとむらの関係形成」班を立ち上げた。その後このような問題意識を持って世界各地を旅するようになって現在に至っているのであるが、さまざまな関心からバラバラにやっていた旅が、持続可能な地域づくりという方向性の中で、目に見える形でまとめられるようになったのは２００７年頃以降のことで、本書をまとめ始めてからもしばしば筋道を失い、整理をするのが大変だった。そういうさまざまな旅が渾然と混じっているという意味を込めて、本書の題名も「旅の複層」とした。

ところで、大学院で授業をするようになった頃から私は聴力の顕著な減退を感じるようになった。補聴器の音量をどんなに上げても聞き取れなくなり、だんだん会話が困難になっていき、結局60代に入ってから私は失聴したので、その時期の『旅の反復』に書いた旅はほぼ全部娘と一緒の旅だった。本書でまとめた50代の旅は、これまで私が書いてきたものの中でもとりわけ、共同研究を意識しながら行ったものが多い。共同研究仲間の助言と協力があってこそできた旅だったと本書をまとめた段階で痛感した。お名前はいちいち挙げないが、私の旅を支えて下さった方々に、まず心から「ありがとう」を言いたい。

目次

序章　本土出身者の見た体験的沖縄図書館事情

２０２２年5月15日に、としょかん文庫・友の会から、本土復帰後の沖縄の図書館について書いてくれと執筆依頼があり、「本土出身者の見た体験的沖縄図書館事情」と題して上・下２回にわたってまとめ、「としょかん」１６２、１６３号（２０２２年8月及び11月）に掲載された。それをまず以下に掲げる。

＊

〈本土出身者の見た体験的沖縄図書館事情（上）〉

沖縄は１９７２年5月15日に本土復帰して以来、今年で50年を迎えた。この間の沖縄の図書館について私が個人的に知っている範囲で以下に述べたい。

私は復帰後7年ほどたった１９７９年4月に沖縄に来て、その後今日まで住み続けている。最初の1年間は弁護士として、翌１９８０年4月以降は沖縄大学の専任教員として法学関係科目を教えるようになったが、仕事関係の本は基本的に自分で買ったので、沖縄の図書館のヘビーユーザーではなかった。ただ、今の県庁がある場所にあった沖縄県議会図書室には仕事にも役立つ資料が豊富にあり、かなりしばしば利用した。

1980年代の那覇市立図書館

私が沖縄の図書館と関わるようになったのは、沖縄に来てから結婚した沖縄出身の妻が1980年に那覇市立図書館に就職したためである。妻は、米軍統治時代に米国留学し、テキサス州ダラスの大学院で図書館学を学んだ。米国の文化政策にもとづき米国の費用で米国留学した者は「米留」と呼ばれ、「金門クラブ」を作って戦後沖縄のエリート層を形成した。

伊藤松彦編集代表『沖縄の図書館―戦後55年の軌跡』（教育史料出版会、2000年）は戦後沖縄の図書館についての基本的な文献と言えるが、その149頁に、「1980年前後の数年が沖縄の図書館の歴史的画期であった」と述べられている。1978～84年の那覇市立図書館長は外間政彰氏で、その時に私の妻は採用されたわけである。

外間氏は、館長となると強力なリーダーシップを発揮して市民のための図書館づくりに邁進したが、沖縄は本土復帰時点でゼロからの出発ではなく、米軍統治時代の遺産を受け継いだ。たとえば那覇市与儀にある那覇市立図書館と公民館は琉米文化センターの建物を受け継いだものであり、その運営も米国流の草の根民主主義と沖縄の小さなコミュニティ主義がミックスされたような感じがした。移動図書館〝青空号〟が1975年8月から運営され、また、本館はそのままにして、まず数年おきに分館がつくられていって（現在、本・分館7館のほか那覇市人材育成支援センターまーいまーい Naha がある）、なによりも市民の身近なところに図書館があるということを重んじた。私の妻は1983～1986年に移動図書館を担当し、その後、新しくできた小禄南図書館で働いた。

小禄南図書館では1989年2月、図書館主催の読書講座を機に転勤族の主婦が中心になって「パイナップルおはなしの会」を立ち上げ、読み聞かせ、絵本の紹介、わらべうた等の活動を定期的に行っていた。

地域の図書館の整備

1983年11月に、沖縄県立図書館の新館ができた。那覇市立図書館と隣り合わせになっていて、本は那覇市立図書館よりもたくさんあったが、図書館としてより勉強場所として利用されているような感じがした。県立図書館に次いで1984年4月、沖縄市に図書館ができた。これ以降、1985年4月に開館した浦添市立図書館をはじめ、1990年代に入ってからも公立の図書館が相次いでつくられていった。名護市立中央図書館は1999年3月に開館している。このような動向は『沖縄の図書館』に具体的に記されている。

1995年9月4日に沖縄で米兵の少女暴行事件が起こったころのことだが、当時、妻は学校司書として那覇市立真和志中学校で働いていた。同年11月上旬、児童文学評論家の赤木かん子さんを招いた。彼女は真和志中学校で講演後、開館したばかりの宜野湾市立図書館や、当時開館準備中だった豊見城中央図書館（開館は1996年3月）などをまわった。彼女の意見では、文化行政ということで図書館がどんどん建つようになって、ハードの方は建築家もプライドがあるからいいのができるようになっているが、ソフトの方が追いつかないということで、集まった図書館員たちを前にして、子どもと大人の本を一緒の場所に置く混配方式とか、利用者カードで地域と年齢が分かるようにするのはどこから来ているか知るためではなく、逆に、来ない人がどの地域に多いか知るためで、本が嫌いでも情報はいらないという人はいないから、みんなが来るようにしないといけないといった話をしていた。この時具志頭村（現・八重瀬町）にも行って、赤木さんは地域文庫の人たちに話した。

沖縄の地域文庫

沖縄はもともと小さなコミュニティ活動が盛んであったことから、地域文庫が各地にあり、自らも久茂地文庫を運営していた喜納勝代さんが1983年5月13日～86年5月30日、「まちの文庫むらの図書室」として琉球新報に長期連載した記事は大きな反響を呼び起こした。

1990年8月、沖縄地域児童文庫連絡協議会（沖縄文庫連）が結成され、地域文庫の支援や「読み聞かせ」、「本好きの子」にするための講演、講座を実施するなどの活動をしていた。

沖縄県の地域児童文庫は1990年代にオランダのバーナード・バン・リア財団から支援を受けていて、沖縄文庫連が支援の受け皿となっていた。事務局の仕事を妻が担当していたところ、資金運営に不明な点が出たことから、私も弁護士として関与したことがあり、その関係で調査してみて、この財団が第三世界の地域の教育や文化のための援助活動をしていることが分かった。

沖縄の地域児童文庫と貧困の問題が深く関連していることは、1995年に宮古島の風の子文庫に行ったときに痛感した。宮古島の場合、共稼ぎしないとやっていけない。子どもを見てくれる人がいないため、自然とかはいっぱいあっても行き場がない。こういうところに政府からの支援がほしいと感じた。

〈本土出身者の見た体験的沖縄図書館事情（下）〉

1990年代までにだいたい沖縄県の公共図書館は整備され、沖縄県図書館協会も1994年12月に再建されている。

2000年以降の図書館状況

2000年代に入ってからは、沖縄の図書館についての話題も本土とそんなに変わらないものとなってきている。

情報社会化の進展に伴い、図書館ネットワーク整備の必要性が痛感されるようになり、沖縄県図書館協会誌第8号（2004年）は協会再建10周年を迎えてこの問題を特集している。私も「図書館ネットワークの比較政策論」と題して、西川馨氏らと見てきた英国、オランダなどの図書館制度を紹介しながら、沖縄県全体での情報蓄積をする必要性と、レファレンス業務に積極的に対応する必要性を述べた。

その後、新型コロナの流行が始まる前までの時点で、沖縄の図書館関係で一番大きな出来事は2018年10月13日に、那覇バスターミナルの上部にできた那覇オーパというビルの3〜5階に沖縄県立図書館が移転したことだろう。自転車で行ける距離なので私も結構利用させてもらっているが、4階の一般図書のところは古い本が非常に多く、探している本がなくてがっかりすることが多い。対照的に、5階の郷土資料室は非常に立派で、お金がかけてある。

個人的にはそれより、2009年に那覇にジュンク堂ができたことがきわめて大きかった。専門書については不満があるが、文庫本等はだいたいそろうし、その後ネットで本も注文するようになっていったので、本を買い集めるために上京する必要性は減った。最近は店内で沖縄の古書の展示販売などもやっている。

変化する図書館経営

バブル崩壊後、財政的な余裕がなくなっていって、そのしわ寄せが及んできていることは沖縄でも同じで、その結果2000年代に入ってから自治体業務のアウトソーシング（外部民営化）事例がさまざまに見られるようになった。

2005年4月に新設された那覇市繁多川図書館でも指定管理者制度の導入が検討されていたが、正職員の館長（係長級）を配置し、NPO法人ゆいべース・エルが一部業務委託の形で入ることとなった。

２００８年にできた北中城村のあやかりの杜図書館には数度見学しに行ったが、あやかりの杜は図書館機能だけでなく、文化講座や、宿泊・キャンプなどもできる生涯学習の拠点となっていて、NPO法人おきなわ文化ネットが入って運営している。日本図書館協会元事務局長・松岡要氏の「図書館事業を進展させる制度・仕組みを考える」（沖縄県図書館協会誌第22号（２０１９年）所収／ネットで閲覧可能）に載せられている統計資料を見てもこの図書館の本の貸し出し密度は高く、熱意をもって運営していることがうかがわれた。松岡氏はこの論考で指定管理者制度の問題について詳しく論じているが、沖縄で指定管理者制度を導入したのは、これまでのところ本部町と北中城村だけである。

ところが、今年の読谷村議会6月定例会で読谷総合情報センター（仮称）の事業契約が可決され、PFI方式によって村内5社と沖縄市、県外各1社で設立した特別目的会社「黄金環（くがにかん）」が受注し、図書館運営は構成企業の一つでツタヤを運営するカルチュア・コンビニエンス・クラブ（CCC）が担うものとされ、建設・設計費と20年間の維持管理で37億円の予算を計上し、２０２５年10月頃開館の予定とされている。すでに村の広報で詳細に取り上げられている（「広報よみたん令和4年7月号」で検索すればネットで閲覧可能）が、住民向けの説明会等は9月現在まだ開かれていない。8月上旬に担当課長から聞いたところ、①建物竣工後所有権はただちに村のものとなり、②図書館運営も村が主体的にやってモニタリングを怠らないし、不満があれば解約もできるから、実質的に村立村営と言える、と強調し、図書館が村民交流の場となり、人が集まれば成功だとのことだった。図書館の具体的な運営については未定で、これから詰めていくとのことなので、今後注視していきたい。

今後の課題

沖縄の図書館の今後の課題で、現実的に一番深刻なのは、公立図書館設置率が61%と、全国に比べ15ポイントも低く、しかも少子高齢化が進んでいる現在、図書館サービスが受けられないいまのところが多いことである。亡くなった知人の蔵書を寄贈した関係で行ったことがあった大宜味村教育委員会の図書室を今年5月下旬に再訪した。移動図書館サービスは今はやっていないが、県立図書館が「空飛ぶ図書館」というのをやっていて、図書館未設置町村等の住民に読書機会を提供するため、町村教育委員会と連携して移動図書館を開催している。これに合わせ、読み聞かせ会・読み聞かせスキルアップ講座・他団体と連携したワークショップなどを開催し、読書活動の啓発を行っている。

戦争と平和、そして図書館

あと、沖縄の米軍基地の現状は、本土復帰後もずっと問題であり続け、たとえば金武町は米軍の基地使用料が入るせいで、立派な町立図書館のほかに字(あざ)の図書館(金武区図書館)もある。平和教育との関連では、西原町立図書館は2004年に開館したが、同年12月、工事現場から旧日本軍の大砲が見つかり、翌年町長が図書館入り口前に大砲を展示した。それに対して反対運動が起こり、町長選挙で反対運動派が勝ち、その後3期任期を全うしたのだといい、統計資料からも意欲的に図書館活動を続けていることがうかがわれる。

東日本大震災が起こった２０１１年にこの図書館長を務めていた新川美千代さんに上記の経緯をきいたときに、彼女は、ロシアのウクライナ侵攻以来、戦争や平和と関連する情報の問題、ひいては図書館のあり方は生活に直結する問題と話された。

＊

妻の最後の仕事現場が移動図書館だったので、（上）に『那覇市立移動図書館〝青空号20年の軌跡〟』（那覇市立図書館、１９９７年）の写真を挿入したが、ちょうど前著『40代の旅と日常』のカバーを作成中の時で、こちらにもこの写真を使ったので、２０２２年6月15日（水曜日）、那覇市立中央図書館に行って館長に会い、写真使用許可を得た。

「本土出身者の見た体験的沖縄図書館事情」の原稿作成の準備のため沖縄県立図書館で沖縄県図書館協会誌をコピーしているときに妻の書いた論考が見つかった。比嘉洋子（沖縄経済開発研究所）「アメリカの公共図書館の印象と小単位の公共図書館（公民館）のあり方について」（沖縄県図書館協会誌（旧）第9号、１９７８年5月）である（比嘉というのは妻の旧姓）。以下に掲げる。

＊

〈アメリカの公共図書館の印象と小単位の公共図書館（公民館）のあり方について〉

Ⅰ　アメリカの公共図書館の印象

わが国においては、公共図書館とは受験生の勉学の場として、いわば、勉強室の延長の様な観念がまだ濃い。

ところが、米国においては、そこは人々にとって新しい知識やニュースを仕入れる機能はもとより、人々の出合いのひろばでもあります。

それだけに、公共図書館は人々の生活のスタイルの中に広く溶けこんでいて、わが国のように受験生に占領されるべきところでもないようです。

このひろばの役割がアメリカの公共図書館側の対応を多様なものとしているゆえんでありましょう。

例えば、図書館というのは公共のもの、共有のものというイメージが定着し、図書館に対する要望もはっきりしてます。時には図書館側はどの辺まで人々にサービスするのか、図書館側と個人利用者間で議論が起こることもしばしばです。例えば、問題になっている本を要求されたり、クイズの答えを求められたり、よく議論の対象となっているようです。それと同時に市民は図書館に代わって行政サイドへの要求においても非常に積極的に働きかけてくれます。新しいものやニュースに一般的に敏感ですが、個人の興味や関心で資料を探し、自分なり工夫して取り入れるのにすぐれているといえましょう。そして、非常に計画性と実行性に富み、そのうえ公共のものを大切にします。

例えば、先のエネルギー危機の頃には自家製の水冷扇風機づくりがはやったり、また時間的にも、経済的にも買った方が安くつくアイスクリームを汗水たらして家庭でつくるなど、アメリカへ行く前の私には想像もつきませんでした。上手下手は別に、自分で創ったということを誇り、それを聞いている相手も一見オーバーとも思える程に、そのことをほめたたえているのです。ヨーロッパ人はこうしたアメリカ人を単細胞だとか表現しているようですが……。

しかも、歴史が浅く、若いせいか、古いもの、未知のものに対する憧景の念が強いのでしょう、公共のものである博物館、美術館は建物だけでなく、中味も実にりっぱなものが多く、公共のものとして大切にされています。

ところで、一般の家庭では、家族の誰かが読み終えた、あるいは読もうとする本を蔵書として人に見せて誇りにしている光景にめぐり会うことは少なく、あるのは辞典類や家庭用の料理の本ぐらいです。小説類も一度読むと、他人に貸したり、あげたり、本を家庭内に積んでおく習慣や執着は日本人ほどないといってよいでしょう。蔵書に財産的価値を与えるか、どうかの違いともいえますが、ともかく、同じ本がいつまでも並べられている様子はなく、四、五冊と、いつもいれかわっています。いい本は口から口へ伝えられ、図書館が忙しくなるという具合です。何かつっこんだ話をききだそうとすると、図書館にこういった本があるのだとか、図書館のレファレンス・ライブラリアン（参考司書）の所へいくようにといわれたものです。

日本ではテレビのせいで大人も子供も本を読まなくなったとよくいわれますが、アメリカの人々はテレビと読書を全々（ママ）別のものとみなしているようです。ドラマをテレビで見、本を読み、またテレビの紹介をうけて、図書館に本を探しにくるという具合です。もちろん、図書館側は即座にそれに応えるわけで、必要と認めた場合は10冊以上も備えることもあります。

アメリカ人でも、大人になって、小説類や教養書類を読まない層がいるわけですが、その層の人達は趣味や技能の面での情報を得るため、図書館を利用しています。時には、適切な資料がない場合などは、少なくともその情報やカタログを取り寄せる方法だけでも見つけてくれます。探す努力をせずに利用者を失望させるような返事はほとんど皆無といってよいでしょう。

さらに公共図書館では、有名人の絵画（複製画）の貸出しをしており、家庭でのパーティーや個人の学習、鑑賞用としてよく利用されています。

また、マンガや読切風の本は図書館側の事務処理に負担がかからないよう場所が指定され、利用者が自由に出し入れをし、その内容も数も利用者が自由に変化をつけています。といいますのは、返本の際に個人の読み終えた本もいっしょに抱えてくるわけです。

日曜日には、朝は家族そろって教会へ出かけ、帰宅時には家族そろって図書館へ寄るのを日課としている家庭も少なくないようです。

1　公共図書館の飾りつけと活動内容

たいていの公共図書館では、玄関の近くに大きなガラスばりの飾り窓、その横に陳列ケースがあります。ライブラリアンは各週、月、年間のスケジュールにそって、季節の行事や科学や文化などのテーマをとりあげて、飾り窓をデザインし、近くの陳列ケースには、そのテーマに関連する資料（本だけでなく、実物や写真など）が興味を引くようにセットされ、近くを通る人がどうしてものぞきたくなるようになっています。時には利用者が創ったさまざまな自動車モデルなどが展示されることもあります。

年間のスケジュールにしたがって館内のホールでは催し物、講演、読書研究会、趣味のグループなど、図書館とは静けさのみがとりえではありません。また週に2回ほどは、近くの子供らを集めてのストーリー・テリング（story telling）と呼ばれる絵本の読み聞かせや新刊本の紹介があります。ライブラリアンが忙しい場合は利用者の方々から希望者をつのりやってもらうこともしばしばです。

ニューヨーク公共図書館の分館でchildren's librarianとして働いている香港出身の友人は、読みきかせのためにストーリーを暗記したり、あれこれと工夫をこらすのに県命（ママ）でした。読みきかせの場所は館内だけでなく、公園や広場などを利用したりしていたようですが、風の強い日は声が通らなくてつらいとこぼしていました。子供らの信頼と尊敬を得るのは並大抵のことではないようです。

その分館の地域はさまざまな人種がすんでいるため、その地域の人々の需要に応えるため、数カ国の内容はもちろん、数カ国の言語で書かれた本や資料をも備えています。資料の大部分はもちろん英語ではありますが。

2 フレンズ・オブ・ライブラリー（friends of a library）

フレンズ・オブ・ライブラリーとは、全米的運動で、図書館の役割や重要さについて認識の深い人々で組織された有志団体といってよいでしょう。いわゆる図書館にかわって、図書館の蔵書、施設、活動内容を豊かにしたり、また、人々の積極的図書館利用を推進するための団体です。図書館の規模や種類、それぞれの地域によって、その団体は多様な形態、活動内容をもち、行政側への図書館事情の理解を深めたり、一般市民への図書館への協力を訴えたり、さらに、ある目的達成のために、その都度、一時的に組織されることもあります。

アメリカの各地域の例から具体的にその活動内容を項目ごとにあげてみますと、

a　会員による図書館のペンキ塗り

b　図書館への電話架設寄附金募集、ブック・モービル寄附有志者の勧誘、新館建設寄附の募集

c　新刊本寄贈の勧誘、郷土資料や貴重書の収集促進運動、ある特定テーマの資料収集活動、レ

コード収集寄附金募集

d　新会員、家族会員の募集、読書・趣味グループの結成

e　外国人居住者パーティー

これらのことを達成するために、パーティー、展示会、講演、レコード鑑賞会、ショー等を催し、また、マスコミや知識人等への訴えの文書作成等も行われています。項目内容からも読み取れるように、我国のように単なる口先だけの圧力団体ではなく、図書館に対して、労働や資金、時間をも提供するエネルギッシュな運動組織であることがうかがわれます。公共のものだからということで、行政にまかせきりではなく、行政では不充分なところを皆の協力を得て公共のものを育てあげていくその方法は実にみごとなものです。図書館の内容を豊かにするには図書館側の訴えよりも、こういう団体の訴える力の方が行政サイドに対しても、市民に対しても非常に効果的であることは明らかなはずです。

アメリカにおける公共図書館は、その地域が狭ければ狭いほど、図書館を中心として、その地域の博物館、美術館、公民館的役割、様相を総体的に含んでいるといえましょう。

II　小単位の公共図書館（公民館）の役割

核家族や高齢化社会をむかえている今日、世代間の心と智恵をつなぐ場、そして新しい情報や知識が必要な時に、必要な人に提供できる場が少なくなってきている事は、社会的な大きな損失で

あります。都市や農村にかぎらず、過密、過疎等の問題が深刻化し、物や人の心に対する考え方が粗雑で疎外感を生んでいる現在、人と人、人と物や自然をつなぐ場としての都市のあるいは地域の核となり得るものは何かという論議がさかんであります。

沖縄の地域の核となりうるものは、お嶽の思想に支えられた事務所（村屋）（※現在部落公民館とも呼ばれる）のようなものと考えます。

お嶽の神とは村落の鎮守の神、守護神であり、その神の鎮座している御嶽を「腰当森」（くさてもい）と称し、「腰当」（くさて）とは幼児が親の膝に坐っている状態と同じく、村落民が御嶽の神に抱かれ、膝に坐って腰を当て、何等の不安も感ぜずに安心しきって抛りかかっている状態をさしているといわれている。お嶽そして近くにある事務所（村屋）はその地域の共有のもので、村人は清掃や管理、一切の費用、必要な労働を共同で提供し、大切にしています。お嶽に支えられた事務所周辺は親や子供、青年や老人の遊びや学習の集いの場である。その場所は精神的つながりだけでなく、経済的側面も多くもっています。

それほど古いことではありませんが、物の少なかった時代、わずか百戸位の村の人々は智恵をしぼって、共有、協同の場として、事務所（村屋）をつくり、村人の生活に密着した村人の誇りの表現の場として、その村の顔や姿、心、その気質を現わしていました。

現在の沖縄では、個々の人々が豊かになったせいか？　公共のものが中味にしても建物にしても非常に貧弱なものです。身辺の生活をふりかえる時、個人負担が非常に多すぎます。例えば交通問題における自家用車増、水問題における個人の水タンク確保、教育、文化にしても同じことがいえます。それらを行政の責任や予算の不足等と考える以前に私共はまず自らの住んでいる小単位の地域の足元の整理が必要であります。足元の整理とは、とりもなおさず身近かにある物や自然を大事にし、身近かの人々を大切に育てていくということといえましょう。生活が苦しいからというだけでなく、情報社会化のなかで情報が尖鋭化すればするほど人々の心や智恵をつなぐフェイス・トゥ・フェイス（face to face）の関係が大事であります。このことからみても共有の事務所（村屋）、現代風でいえば、公共図書館（公民館）のような存在機能が必要でしょう。交通・通信がいくら発達しても〝歩いていける距離〟でのこの様な場の確認が必要であります。その意味でも沖縄の事務所（村屋）の単位は理想的といえましょう。

新しい地域や古い地域、野菜づくりの盛んな地域、工業地域、漁業地域、公務員の多い地域等それぞれ、その地域の特色をいかした独自性、多様性に富んだ蔵書内容、活動内容を備えた公共図書館（公民館）の充実が必要であり、それなりの方法論が展開されましょう。公共図書館（公民館）は常にその地域の人々の関心の中心になるようその地域にふさわしい創意工夫が必要であります。国内、県内の図書館の状況を話し合う時、くり返し指摘されることは、他府県あるいは他の図書館との蔵書数の比較、人員不足、予算不足、行政側の無理解など、そして国民の公共性に対する認識の低さなどですが、それ以前に身近かな足元の整理が先決でありましょう。

日本では国民性が欧米諸国と異なるため、人々の図書館に対する認識を高めるには図書館側からそれぞれの家庭へ本をまず送りこむ方法しかないともいわれますが、県内の場合はそれを逆にすることもそれほど困難ではないと考えます。まず身近にあるものから生かすという考えで、その地域の人々が公共図書館（公民館）で役立つであろうと思われるのを持ち寄ってくることです。本といわず、資料となりうるもの、物やお金でもいいわけですが、小さな単位で集めてみることが先決です。当然のことですが、公共図書館（公民館）が人々を育てるというより、今は人々がそれを育て上げる時期です。その後の方法はさらに容易になると思います。建物をつくってから、入れるものを要求するより、内容をもっていて、建物の予算を求めるのが容易かも知れません。

自らの足元を整理することによってお互いの役割、総合的な視点が育ち、他地域への協力が可能となり、それに従って行政側が手助けることが望ましい。

新聞紙上に最近見るように他府県における地域主義のうねりにのっているかのように沖縄の各地域でも地域の見直しが始まっております。沖縄ではお嶽の思想が形態、事務所（村屋）などがまだ見える形や人々の心に在るということから鑑みても、沖縄における小単位の地域の核づくりはそれほど困難なものではないはずです。人々が思い立ちさえすれば、その思想や場を前述したアメリカの公共図書館の活動内容等を盛りこむことによって、現代の社会に充分に応え得る地域の核が実現できると考えます。沖縄は他府県と異なり、アメリカの文化や人々との歴史的接触の体験もあります。沖縄におけるこれまでのお嶽の思想や事務所（村屋）の役割というのは、社会的歴史的要因のせいでしょうか、守りで精一杯であったように思えます。これからはその思想が新しい創造の場、個人としても全体としても自由に生かせるよう新しい智恵と経験を学び、意欲を培養する場所でなくてはならないでありましょう。

以上が妻の論考である。

＊

妻の没後、『沖縄の図書館』を編集された伊藤松彦先生との交流が始まった。

これに関する記録は、「日常の記」のファイルのほか、２００１年以降は「ブック」ファイルにも記している。１９９９年2月12日に妻が亡くなってから1年後の２０００年3月に私は「1年忌と3年忌の間」というファイルを作成したが、これを引き継いで、まえがきに書いたように２００１年2月「ブック01」というファイルを作成し、妻の命日である2月12日を区切りとして「ブック05」まで続けたのである。

妻が亡くなってから9カ月ほどたった１９９９年11月7日（日曜日）に、伊藤先生と会った。当日の「日常の記」から引用する。

「今晩、伊藤松彦氏がいらっしゃった。１９２３年生まれだそうである。こんなご老人だとは思っていなかった。文章が非常に若いんですね。米軍統治時代のことをまとめておられるようである。」

伊藤先生の名前は、妻から聞いていたが、鹿児島短大で図書館の研究をしておられるぐらいしか私は知らなかった。ただ、1980年代に妻の実家のお墓で伊藤先生と純心女子短期大学で教えておられた平湯文夫先生とが並んで写っている写真を私が撮っているので、会うのははじめてではなかった。

99／12／19・日曜日

昨日（土曜日）、伊藤松彦氏からFAXが届いた。伊藤氏は、戦後55年の沖縄の図書館の軌跡を本にまとめる計画だそうで、なんと私も分担執筆することになっているのである。たまげたね。米留関係のことを書いてほしいらしい。妻が琉米文化センター時代のことでインタビューを受けたことがあり、それをコピーしてどこかにもっているのでそれを出そうと探したが、見あたらないので、書庫も含め探し出すうちに夢中になった。見つからないまま、娘と一緒に喜納勝代さんに伊藤氏のFAXを届けにいこうと出発したが、道が大渋滞。娘の話では糸満にクリスマスだか年越しだかの大きなイルミネーションが出来たそうで、それを見に行く人たちではないか、と。そうすると、糸満近くはもっと渋滞だろうと思い、あきらめて我那覇（妻の父宅）に行った。今日、午後1時に喜納さん宅に行き、彼女を乗せて私の駐車場に戻ってきて、それからホテルニューおきなわで伊藤先生のために予約。そのあと喫茶店メインで喜納さんと打ち合わせ。終わって帰ってからちょっと寝て、それからメイクマンに行って、クリアーボックス等を買う。帰ってから、探しているうち、インタビューがやっと見つかった。すごく嬉しかった。これを初めて読んだとき、妻は大物なんだなあと思ったのを記憶している。コピーの元になったものはどこにあるのか今はまだ分からない。かすかな記憶では、妻に頼まれてコピーして、ついでに私の分もコピーしたのではなかったかな。インタビューは1998年2月19日に行われている。たぶん妻は入院していて動けなかったため、私がコピーを頼まれたんだと思う。そうだな、コピーを病院に持っていったように記憶している。「コピー」と「琉米文化センター」で検索したが見つからない。ともかくやっと落ち着いて眠れる。やれやれだ。えらい苦労したが、お陰で、すごく整理が出来た。必死でしたからねえ。必死ってのはすごいよ。伊藤先生って方は、元特攻隊だったらしい。この2日、運命ってのをすごく感じていた。なんか、妻に動かされているみたいだな。霊がとりつくようなら、まだ大丈夫なんじゃないかね。

その後インタビュー記録のコピーの場所は分からなくなっていたが、2023年3月20日に見つかった。元沖縄県立図書館で働いていた妻の友人に確認したところ、インタビューしたのは古波蔵剛さんという方だと分かった。

00／01／02・日曜日

12月21日(火曜日)、JTA最終便で伊藤氏は那覇に着いたそうだ。遅れて、実際に着いたのは午前1時だったそうである。22日(水曜日)の朝9時にホテルニューおきなわに行って、伊藤松彦氏に会う。眠そうで疲れた様子。でも、話しているうちに目がさめたそうで、地下の食堂でコーヒーを飲みながら話す。バンリア財団のこと等話した。真栄里泰山さんのことを話したら是非会いたいということなので、引きあげてから、24日の午前中ということでセットした。2時半に娘と出て、一緒にホテルニューおきなわに行く。(名護市の)中村誠司氏が来ていた。2階の喫茶店に行ってみたら、喜納さんと伊藤氏が話していた。娘は、伊藤氏の体調がよくないと私からきいて、バスクリーンをもっていったのである。出かける前に、ちょうどテレビでユズのお風呂が暖まるというのをやっていたので、ユズのともう一つもっていった。もらい物でしょう、ずっと前から家に置いてあったものである。娘はすぐに塾に行き、4人で打ち合わせをやった。私は執筆予定者から消してもらった。6時頃打ち合わせは終わった。伊藤氏から、妻の論文を見せてもらい、それをフロントでコピーした。また、喜納さんと中村氏に妻のインタビュー記録を差し上げた。中村さんは、この前名護市中央図書館で行われた社会教育研究会の発表会の時のことを末本誠氏がまとめたものを見せてくれたので、コピーさせてもらった。23日(木曜日・天皇誕生日)、朝8時に出て喜納さん宅に行き、彼女を松尾まで連れてくる。ホテルニューおきなわで伊藤氏を乗せて、具志川図書館。玉寄長信氏と面談。玉寄氏は具志川の図書館事情に非常に詳しかった。11時半頃終わり、玉寄氏について近くのレストランに行き、バイキング方式の昼食を食べながら雑談。2時前まで話してから、高速で沖縄北から沖縄南までいって、そこから北谷のサンセットビーチ。売店でカメラを買って撮影後、泊大橋を渡ってから二人を西武オリオンまで送って、そこで別れて帰る。二人は山田勉氏に会うとかいうことだった。夜は私と娘は、我那覇に行って、わらび座の山川さん夫妻と会った。

奥さんが北海道出身だというので、近くの石橋さん宅に連れていった。24日（金曜日）、9時50分にホテルニューおきなわに行くと、ちょうど伊藤氏がエレベーターから出てきて、泰山さんからの電話で、急用のため10時の約束は11時半に延期としてくれとのことだったそうである。市役所で喜納さんと会ってから、3人でまず琉球新報に松島弘明氏を訪ねる。続いて、県議会に行ったが、宮城鋼助氏はいなかった。ちょっと休んでから、那覇市役所に行く。泰山氏に会って1時間余り話す。終わってからパレットの地下で、3人で食事。食事後、車を取ってきてから2人を乗せ、那覇市教育委員会に行き佐久本全氏と会う。終わって3時前に西武オリオンまで送ってから、私は引きあげる。25日（土曜日）、午後2時頃、ホテルニューおきなわに行く。打ち合わせに名前を知らない人が来ていた。終わってから、伊藤氏と喜納さんを乗せて公文書館に行く。宮城保氏が待っているということだったがなぜかいなかった。それで、伊藤氏が書類を受付に託し、それから小禄南図書館に行って、長嶺智子氏と面談。途中、喜納さんを助けて、大山元コザ市長が亡くなったことに関連する朝日新聞の記事（亡くなったのは11月24日前後）を見つけてあげた。終わって、ホテルに引きあげてくる。いったん家に帰ったら島清さんがこれから来るとFAXしてきていたので、書き置きを玄関に張ってからホテルニューおきなわに戻る。喜納さんがロビーにいて、伊藤氏はお休み中だそうである。やがて島さんが来たのでホテルの喫茶店で話す。話しているうちに喜納さんと伊藤氏も来る。島さんがバンリア財団関係の顛末について話した。伊藤氏は、島さんとも意気投合したようだ。喜納さんが帰ってから伊藤氏、島さんとびん殿内で食事した。雑談は楽しかった。伊藤氏を疲れさせないよう早目に切り上げて別れる。

26日（日曜日）、午後1時過ぎてからまずワシタショップで島清さんから教えてもらったクミスクチン茶を買う。それからホテルニューおきなわに行くと、ロビーで伊藤氏と喜納さんが待っていた。伊藤氏にお茶を差し上げる。私の駐車場まで行き、そこから出発。まっすぐ知念村立図書館に行く。たぶん儀間良子さんと思われる方がいた。沖縄の彫りの深い顔の女性だった。人を緊張させない。妻のことを知っていて、きっと幸せだったんでしょうね、と言っていた。嬉しかった。その後、今度は豊見城中央図書館に行った。山内一美氏（男性）と会う。用件が分かると顔を紅潮させていた。図書館の世界では伊藤氏ってすごい実力者なんでしょうね。あとはホテル近くまで送って別れた。この日の昼に、伊藤氏と喜納さんは漢那憲治氏に会ったそうである。27日（月曜日）、朝10時頃にホテルニューおきなわに行ったが、伊藤氏はいなかった。いったん家に帰ってから、11時頃から12時までホテルの喫茶店で待ったが帰ってこない。ホテルの話では、出発は明日に延期されたようなので、家に引きあげた。3時前にFAXで伊藤氏は沖縄タイムスにいて、これから県立図書館に行くとのことだった。そして、今日は車の必要はなくなったが、明日浦添に行ってくれまいかとあった。OKの返事をホテルにFAXで送ってから、車でまず空港に行った。新しくなってから、空港周辺の配置がよく分からないので確認しに行ったのである。それから、渋滞を避けながら県立図書館に行ったら、ちょうど伊藤氏がカウンターにいた。これから館長に会うところだろだそうで、その後喜納さんとどこかで会う予定のようだが、はっきりしないので帰ってくれていいと言うので引きあげる。クミスクチン茶を飲んだら体調が非常によくなったといって喜んでいた。28日(火曜日)、朝9時半に伊藤氏に電話したところ、浦添は1時からになったそうである。12時半にホテルニューおきなわに行く。伊藤氏と喜納さんを乗せて浦添図書館に行く。面談は2時に終わる。それから那覇に戻ると渋滞しているので、そのまま空港に行く。空港のレストランでコーヒーを飲みながら3人で話す。伊藤氏はバンリア財団のことをもっと知りたいようである。資料を郵送することを約束する。伊藤氏が行ってしまってから、喜納さんをパレットまで送って、それから帰る。伊藤氏に約束した書類は夜発送した。7日間にわたって伊藤氏に付き添ってみて、だいたいどんな人か分かった。別れ際に伊藤氏は私に、碁か将棋をやりますかときいてきた。伊藤氏は碁の方だそうである。私はどっちもダメである。そんな余裕のある人生ではなかった。伊藤氏といる間、ずっと妻のことを考えていたし、話題にも妻のことはしばしば出た。妻のかわりになったつもりで接待していた。伊藤氏もたぶんそれを感じ取られたことと思う。

バンリア財団のことは、前著『40代の旅と日常』の341頁以下に記した。

00/05/25・木曜日

10時前に出て、糸満の喜納さん宅に行く。翻訳原稿を渡した。那覇に出たいというので、一緒に戻る。まず、大田前知事の事務所に行く。ここで、伊藤先生と喜納さんが一緒に作っている本の大田氏の序文を受け取り、松尾の家に行く。原稿を伊藤先生にＦＡＸで送る。喜納さんと一緒に弁当を食べてから喜納さんを久米の写真屋まで送っていく。山田さんという写真家。沖縄平和展のポスター写真を頼むようである。（以下略）

その後『沖縄の図書館』は２０００年10月25日付で、出版された。この本の出版記念会のお知らせは私がつくった。そして、日本全国の図書館人が集う「第86回全国大会」が那覇市で開催されたのにあわせて、10月27日（金曜日）の夕方から那覇市の青年会館で記念会が開かれた。記念会で伊藤氏は花束を贈呈されたのだが、ホテルに持って帰っても枯れるだけだからというので、私がもらって帰って仏壇に供えた。その後、記念会後のお礼状等も伊藤氏の起案をもとに私がパソコンに打ち込んで作成した。

次に「日常の記」に伊藤氏が出てくるのは２００１年の12月８日である。前著『旅の深層』第３章に書いたように、２００１年度は、私は１年間休職してダバオの下宿に住んでいたのだが、この年の11月13日に私の母が小平市の家のそばの病院で亡くなったので帰国していた。ちょうど私のパソコンがコンピュータウイルスにやられて、それまでダバオで使っていたパソコンは使えなくなっていた。

01／12／08・土曜日

8時頃起きる。誰からも（ウイルスにやられたという）メールが届いていないので安心してしまった。伊藤松彦先生に差し上げる英国の図書館関係の原稿を印刷して読んだ。11時半過ぎてから出て、三鷹駅に行く。伊藤松彦先生と会って、話す。ダバオのことにも、英国の図書館のことにも大きな興味を示してくれた。とても嬉しく、懐かしかった。涙が出て困った。伊藤先生は、小林文人氏と一緒に活動している山口真理子さんに会われたそうだ。山口真理子さんは、私が琉球新報に書いた英国の図書館関係の記事をすでに読んでいたそうで、ああ、だから小林氏も私の活動を知っていたんだなと思った。小林氏には、8月末に社会教育研究全国集会で新潟で会った。何から何まで因縁めいて、不気味なくらいである。（以下略）

英国図書館のことは、琉球新報に書いた文章とほぼ同じ内容で、前著『旅の深層』161頁以下にまとめてある。

その次に「日常の記」に伊藤先生の名前が出てくるのは2002年3月になってからである。

02／03／05・火曜日

朝伊藤先生に電話して、今日午後会うことになる。伊藤先生に渡す資料の印刷後、娘のアパートで新聞切り抜き。それから出て、2時に三鷹で伊藤先生と会う。この前と同じホテルでコーヒーを飲みながら話す。私の近況を伝えたあと、英国の図書館関係の私の原稿についての意見を伺う。ていねいに検討してくれていた。ほかに、資料をくれた。有益だった。伊藤先生はひげぼうぼうで、以前と比べて元気がなくなったような気もする。鹿児島のマンションはまだ整理ができていないそうで、3月下旬か4月にまた行くとのことだった。別れてから吉祥寺に行って、ロンロンで本を買って帰る。クロイドン図書館計画をまだ渡してなかったので、伊藤先生に郵送する。夜、香嶋愛さんからメールが届いて、本をクミハララーニングセンター横の子ども図書館に入れたそうで、写真が送られてきた。感動した。番をしてくれるおばさんが紙芝居をやってくれるようで、全く申し分ない展開である。

このように、この頃伊藤先生は鹿児島のマンションから引きあげて、三鷹市の自宅に引っ越す作業をされていた。

クミハララーニングセンターというのは、私がダバオで活動拠点にしていたサンアントニオという自治体（バランガイ）に設けた就学前の学習施設で、これと隣接する場所に子ども図書館もつくったのである。

02／09／21・土曜日

11時頃出て、西武線で新宿。さくらやでパソコンのマウスを買ってから、紀伊國屋書店を回る。

それから三鷹に行く。伊藤松彦先生と会って、いつものホテルの喫茶店で話す。『改革を続ける英国の図書館』に直接関連する資料をたくさんもってきてくれた。沖縄法政学会での発表に非常に役立つだろう。それから、妻から借りたという英語の絵本をもってきてくれた。『Charlotte's Web』という本である。足が痛くなるということで検査したら、動脈瘤が見つかったそうで、12月か1月に武蔵境の日赤で手術するのだそうである。4時まで話してから三鷹駅で別れ、まっすぐ帰ってくる。

このようにして、東京に出たときに伊藤氏と会うような形ができていった。

私は、2003年9月に、西川馨氏主宰のオランダ・ベルギーの図書館見学ツアーに参加したが、この頃から聴力の衰えを痛感するようになってきたので、耳がわりとして娘にも同行してもらった。そして、英国の時と同様に見学内容をもとにした本づくりが進んだのだが、伊藤氏はさすがにプロで、私の質問に対して的確な資料をその都度用意して下さった。

なお、前著『30代の旅と模索』で、1980年のフィリピン団体旅行後、最初から団体に加わっての旅は2011年にチベットに行った時だけと書いたが、図書館見学ツアーも団体旅行ではある。しかし、見ず知らずの人たちと一緒のツアーとは別物と思う。

2005年の3月に伊藤氏と会ったとき、はじめて娘も一緒に行った。

05／03／08・火曜日

9時半頃まで寝る。娘が作ってくれた朝食を食べる。娘も一緒に伊藤先生に会いに行くことになり、11時半頃出て、バスで三鷹に行く。伊藤先生といつものホテルレストランで食べながら話す。娘も加わったら非常に愉快な話ができた。そのあと、伊藤先生が行ってみたいという喫茶店まで散歩することになり、線路の南側から股線橋を渡って北側に行き、その店に行ったら、以前行った沖縄ショップのすぐそばだった。何でも、いつもは犬と一緒に散歩で来るので入れないので入ってみたかったとのことである。

この時は娘は、大学に入って調布駅近くのアパートに下宿していた。娘も一緒に行ったら緊張が抜けて、図書館のことだけでなく雑談もできるような空気ができた。

05／06／11・土曜日

娘と朝食後11時半頃出て、バスで三鷹。伊藤先生と会って、いつものホテルに行ったらレストランはお休みだったので、まずソバ屋で食べ、それから駅近くの喫茶店で話す。伊藤先生は、足の調子が悪いということだったが、階段の昇降もできるし、まあまあお元気そうだった。浦添市立図書館の森田牧子さんのことを話されていたので、沖縄に帰ってから会ってみようかなと思う。連載の自伝は9月頃には終わるようである。伊藤先生は那覇市長が自民党の翁長雄志氏にかわってもう2期目に入っていることをご存じなかった。沖縄のイメージも化石化しているように感じた。先日のミンダナオ島の日本兵生存騒ぎには興味を持っておられるようだった。

06／02／14・火曜日

11時頃娘と出て、バスで三鷹。12時半に伊藤松彦先生に会って、駅前ビルのレストランでそばを食べる。その後、前に娘と一緒に連れて行ってもらった茶屋に行き、そこでお茶をのみながら話す。伊藤先生はニコニコして上機嫌だった。2時半頃別れて、新宿に向かう。

06／05／21・日曜日

伊藤先生と12：30に三鷹駅で会う約束で、11時過ぎてから（調布の娘のアパートを）出る。ところが深大寺の道が大渋滞で12時過ぎてもまだ深大寺に着かないので、手前でバスを降りて、歩いて東八道路まで出て、そこからタクシーで行く。15分ぐらい遅刻したが伊藤先生は待っていてくださった。遅れる旨娘を通して連絡してもらおうと思ったが、娘は英語学校で授業中で連絡がつかなかった。歩いて東八道路まで行ったのは正解だった。伊藤先生とそばを食べ、茶店でコーヒーを飲みながら話す。3時まで話してから別れて、池袋のジュンク堂に行く。それから東京に出て、八重洲ブックセンターを回ってから帰る。

06／09／25・月曜日

9時過ぎに出て、新宿のウィルコムに行く。娘のPHSを解約し、これまで娘が使っていたエッジを私が使うことにした。これまで私が使っていたものより速いのである。12時に終わって、紀伊國屋で本を買ってから、三鷹。娘はもう来ていた。やがて伊藤先生がいらっしゃる。伊藤先生の奥様は、われわれのためにおみやげを買ってきてくださり、そして先に帰られた。伊藤先生とは3歳違いで、80歳だそうだが、非常に若く見えた。伊藤先生とお寿司を食べ、それから喫茶店で話す。（オランダ図書館協会の）マリアン・コーレンさんの講演会のこと、（イタリアから英国までの）ヨーロッパ旅行のことなど話す。韓国の区立図書館訪問のビデオはダビングしてお送りすることになる。また、『沖縄の図書館』の沖縄での書評を集めてくれと頼まれた。4時頃別れて、私は秋葉原に行く。

06／12／24・日曜日

9時過ぎに自転車で出て、お墓参り。続いてグループ・ホームに入っていた叔母さんのところ。一緒に散歩。叔母さんは途中で、道を横断する際に車道から歩道にあがるところでつまずいて転んでしまったが、幸いどこも痛くないそうで、そのままた歩けた。グループ・ホームに戻ったらちょうど昼食の時間で、私も叔母さんが食べるのを見た。おかずを少し出してくれたので食べた。おいしかった。叔母さんは、慣れたみたいで、遠慮もなくなって、いい調子で過ごしている様子である。年始にも自宅には帰りたくないそうで、ここがいい、と。それから調布に戻ると、娘が待っていて、伊藤先生と会うのは明日だったのが今日に変更だそうである。しかし私が帰ってこないので娘は11時半頃に伊藤先生に電話して、待っていてくださいと言ってあるそうだ。早速電話してすぐに三鷹に娘も一緒に行くことになった。バスは調布駅周辺の道路が渋滞して動いていないようだったので、京王線で新宿に出て、中央特快で三鷹に2時40分頃に着いた。伊藤先生はすでに来ておられた。いっしょにお茶屋に行って話す。バンリア財団関係の顛末を聞いて、伊藤先生は、沖縄でいわばお客さんとして局外に置かれていたことを痛感されたのだろう、ショックだった様子である。伊藤先生のご希望で、第1期事業の整理が済んでからこれから第2期に入るというところで開かれた総会（1996年9月28日、ゆうな荘で開催）の議案書を駅のそばのコンビニでコピーしてきて差し上げた。伊藤先生と別れてから、三鷹駅でおかずを買い、それから新宿のジュンク堂と紀伊國屋をまわって帰る。

07／03／28・水曜日

10時半頃娘と出て、バスで三鷹に行く。11時半に伊藤先生と会って、喫茶店でスパゲティを食べながら話す。伊藤先生も北欧にはまって80年代に三度ぐらい行かれたそうで、ロヴァニエミやタンペレもご存じだった。シンポジウム関係の資料を渡した。別れてから、私は御茶ノ水に行って本屋をまわったが、そんなに時間をかけずに神保町から地下鉄で調布に戻る。娘とお墓参りに行く。

後述のように、私はこの年の3月7〜14日、一人でフィンランドに行って、同国内の図書館をまわってきたばかりだった。旅行中に叔母が脳梗塞で倒れたが、予定は変更しないで旅を続けた。私と入れ違いに娘がスペインのバスクに一人で調査旅行に行った。

私は、帰国後の3月21日に沖縄国際大学で開かれた沖縄県図書館協会のシンポジウム「図書館の挑戦」で、「分権型社会における図書館の役割」と題して講演した（沖縄県図書館協会誌第11号、2007年に講演録が収録されている）。

07／05／28・月曜日

いったん起きて洗濯等をしたがまた寝て、10時頃起きる。娘とバスで三鷹に行き、伊藤先生に会う。フランス料理屋に連れていかれる。1人2000円だったが、十分その値打ちがあるように感じた。変わった料理が出て、フランス料理というよりは創作料理。量はそんなにないように思われたのだが、腹持ちが良かった。そこからすぐのところに伊藤先生のご自宅があり、奥様もおられて一緒に話した。着いたとき、ちょうど松岡農水相が自殺したというニュースをやっていた。全くびっくりした。奥様は今日が誕生日とのことで、これもびっくりした。以前国立国会図書館に勤めていて、伊藤先生とは職場結婚だそうである。出身は東京の目白だそうで、大学も日本女子大学だそうである。聡明な方のようで、愉快だった。相当長い間いてから引きあげて、地下鉄で飯田橋。事務所には菅原さんがいて、短歌関係のおばさんと話していた。私は娘とインターネットを二つのパソコンで使えるようにするルーターというものを接続しようとしたができなかった。業者に頼むしかあるまいと思われる。娘の携帯に、立教もはしかで日曜日まで休校になったとのメールが届いた。それから新宿で娘と別れ、私はジュンク堂に行く。8時過ぎまでいてから調布に戻る。夕食は娘が作ってくれた。

この頃から2年間、菅原氏と西川氏が共同で使っていた飯田橋の事務所の賃借料支払いを分担して、私も一緒に使った。私が東京に出ていないときは娘が使えるようにした。

07／07／09・月曜日

みずほでブータンの旅費として50万円引き出してから、娘とバスで三鷹に行って、伊藤先生と会って、喫茶店で話す。伊藤先生は『大またで歩く』という私家版の冊子を出されたばかりである。それから、飯田橋の事務所。西川さん、菅原さんと話す。5時頃引きあげて、八重洲ブックセンターに娘と行く。新宿で娘と別れ、私はジュンク堂に行く。調布に帰って、娘の作ってくれた夕食を食べる。早く寝た。

『大またで歩く―図書館と向き合った60年―』は「みんなの図書館」という雑誌に自伝を連載されていたものである。その第1部13章が「沖縄の図書館に引かれて」で、『沖縄の図書館』が出版されたことから書き始められている。われわれのことについても128頁に次のように書かれている。

「この本の出る前年、洋子さんは亡くなった。もっともしばしばお会いしたおひとり。病気に冒されてからはお見舞いもかなわず、共通の友人に尋ねるほかなかった。しかし、夫君と娘さんにはその頃からお付き合いが始まり、今日まで引き続き、図書館のことを話し合うようになり、その度に故人の面影がよみがえり、思い出が新たになる。」

07／09／16・日曜日

娘と出て、12時半に三鷹で伊藤先生と会って話す。別れてから三鷹駅前のQBで散髪後一橋学園。5時まで駅裏の喫茶店で、娘はフィンランド図書館の旅の記録をパソコンに打ち込む。

07／11／25・日曜日

パルコに行ってプリンターのインクを買ってくる。伊藤先生に差し上げるものをプリントアウト。それから娘とバスで三鷹に行って伊藤先生と話す。伊藤先生は、鷹と鷹匠を見に行こうと言って、鷹匠カフェ「鷹匠茶屋」（東京都三鷹市下連雀1）に行く。そばのパスタ屋で食べる。ロヴァニエミの喜納政和さんのことも書かれた文章のコピーをもらった。その後井の頭公園を散歩し、公園内の茶屋でぜんざいを食べてから別れる。娘と一緒に新宿ジュンク堂で本を買ってから帰る。

喜納政和さんというのは、かつて1980年代に沖縄県庁で獣医として働いていた方で、当時フィンランドに移住されていた。

08／02／12・火曜日

妻の命日なので、娘とお墓参り。それから三鷹にいって、2時に伊藤先生と会う。駅前ビルのパスタの店で食べる。私が「フィンランドの地方行政と公共図書館」と題した研究ノート（沖縄大学法経学部紀要第10号、2008年）で伊藤先生のフィンランド図書館調査記録を引用したことを喜んで下さった。大変ゴキゲンだった。ちょうど、沖縄県図書館協会誌に昨年の講演記録が載ったので、コピーを差し上げた。沖縄のかまぼこも差し上げた。お墓にお供えするつもりだったが雨で、おしきみとお線香だけで終わりにしたのである。新宿で娘と別れて私は八重洲ブックセンターに行った。新宿の本屋にはない本があってとてもよかった。あとはまっすぐ帰った。

08／06／07・土曜日

11時過ぎに娘と出て、バスで三鷹に行く。伊藤先生と会って、ご自宅そばの店で食事とお茶。さらにご自宅でも話す。フィンランド図書館についての本、私の研究ノート、娘の卒論等について話す。沖縄のだしの素とお餅を差し上げる。4時半に引きあげて、新宿ジュンク堂に行く。

08／10／12・日曜日

朝起きてから自転車でお墓参りに行こうとしたら空気が抜けていた。虫ゴムがダメになっているせいで、空気を入れてもすぐに抜けるので、あきらめて電車とバスで行ってきた。帰ってから9時半まで寝直した。昼前に娘と出て、バスで三鷹に行き、12時半に伊藤先生と会う。寿司屋、喫茶店、フランス菓子屋とまわって話す。南米の話、大江健三郎氏に『沖縄の図書館』を名護の中村さん経由で渡してもらう件等。あと、伊藤先生の奥様がボケ始めているらしく、心配だということ。4時頃別れて、一人で八重洲ブックセンターに行く。続いて新宿の紀伊國屋とジュンク堂。体調がよくて疲れを感じなかった。

09／02／02・月曜日

12時半に三鷹で伊藤先生と会って話す。ネパール人のやっているカレーの店と馬車道という喫茶店に行ったがどちらもおいしかった。伊藤先生と別れてから、姉がバスで三鷹に着くのを待ち、一緒に調布に戻って、娘のアパートでゆっくり話す。

09／05／04・月曜日・みどりの日

いったん起きたが、9時過ぎまでまた寝た。娘と出てバスで三鷹に行く。本屋を回ってから12時半前に伊藤先生と会って、和食の店で食べながら話す。伊藤先生がお酒を飲んで、せき込むように話されたのは、支払い命令が届いたそうで、異議申立をして、4月30日に簡裁に行ってきたのだそうである。ＪＲ東日本からカードで支払ったということで15万円ぐらい請求があったのだそうだが、全然心当たりない、と。どうも奥様がぼけてしまって何かしたらしい。それで請求が夫である先生の所に来たのではないかと推測された。こういう事態が起こるようになると、今回の件は15万円ですんだからいいが、適切な対応が必要であろうと思われたので、食後にご自宅に一緒に行って奥様の様子を拝見することにした。食事代は1万円あまりで、私が払った。先生のご自宅で奥様から話をきいたら、カードは先生名義のもので、旅行代金支払いのためにカードは確かに使ったそうである。ということで、奥様が先生に言いそびれたか何かして、十分に事情を話されなかったということのようである。4時半頃に引きあげて、娘はバスで調布に帰り、私は御茶ノ水に行って、三省堂と書泉グランデを回った。そのあと、岩波ホールで「子どもの情景」という、アフガニスタンの映画を見た。学校に行くだけでも大変な世界がまだある。シルバー割引というのがあって、60歳以上は１８００円が１５００円だった。終わってまっすぐ帰る。

09／10／31・土曜日

娘とバスで三鷹にいって、伊藤先生と会う。先生宅近くの西洋食堂で、ウェイトレスのおばさんが今帰仁村出身のウチナーンチュだった。食後、先生宅で4時半まで話してから帰る。

10／02／22・月曜日

10時40分頃娘と出て、バスで三鷹。本屋を回ってから伊藤先生宅に向かったら、先生が歩いていた。一緒に自然食のお店で食事。ドイツ図書館ツアーのこと（私は参加しなかった）や、その関係の研究会のことなど話した。その後ご自宅に行ってちょっとゆっくりしてから引きあげ、高円寺の古本屋に行く。

10／07／26・月曜日

12時に三鷹の伊藤先生宅に行って、話す。近くの店でそばを食べてから、新宿の紀伊國屋に娘と行ってから、私は弁護士会館に本探しに行く。

2011年の「日常の記」には伊藤先生と会ったという記述はないが、1月11日（火曜日）に那覇の市場からたんかんを送っている。その頃は冬と夏に沖縄から季節の果物を送るようになっていたのである。

12／05／07・月曜日

10時半過ぎに娘と出て、バスで三鷹。伊藤先生と会う約束だったが来られないので電話したら、体調が悪いので家に戻ったとか。お宅にいくと腰の調子が悪いそうだ。頭はしっかりしているし、昔のことも忘れていないが、最近の情報が何も入っていない様子である。服装もずいぶん汚れていて、これが図書館研究の大家だった方なのかとびっくりする。奥様も認知症のようで落ち着かず、しばらく先生と話していたらやって来て、「帰ってもらって下さい」と奥様が伊藤先生におっしゃるので、われわれは引きあげた。

これが伊藤先生と最後に会った記録である。その年だったかと思うが、夏にマンゴーを送ったら、近所にお住まいの伊藤先生の娘さんから、伊藤先生ご夫妻が施設に入られたので、もう送らないでくれと連絡があった。

それからしばらくして、伊藤先生は亡くなった。住所録に赤字で「没」となっているのだが、その頃の記憶は飛んでいて、はっきりしない。たぶん娘さんから連絡があったのだろう。

以上、「日常の記」をたどって伊藤先生と会った時の記録を見てきて、妻が亡くなってから10年間ほどのことが記憶によみがえってきた。

第1章　名護での社会教育研究全国集会前後

2002年3月で私は研究休職期間を終えて復職したが、ダバオの下宿は借り続け、1年間松山順一さんに留守番をお願いした。1年ほどたってから松山さんと入れ替わる形で、当時アテネオ・デ・ダバオ大学で日本語を教えていた中川一先生が私の下宿に移住されて、私と共同で借りる形になった。フィリピンで外国人の高齢者が一人でアパート住まいするのはいろいろリスクがあるが、私がいた下宿は1階に大家さんや下宿人が住んでいて安心できた。そして、私がダバオでやって来た活動については香嶋愛さんにコーディネーターとしてやってもらうことにした。その後、2006年3月に中川先生が日本に引きあげられるのと同時に私も永住ビザを解消し、下宿もダバオにいたキリスト教関係の日本人に引き継いだ。

この時期に何回ぐらいダバオに行ったのか、日常の記の記録をもとにまとめてみたら、2002年は6月と8月の2回、2003年は1月、2月、4月、6月、8月、11月の6回、2004年は3月、8月、9月、11月の4回、2005年は3月、9月、11月の3回、2006年は3月に引きあげのため行っていて、合計すると16回になる。われながらたまげてしまった。

2002年8月末には名護で社会教育研究全国集会があり、私も税理士の島清さんと一緒に第4分科会「多文化共生・人権尊重を目指す学習」の現地世話人として割り振られた。集会前に、求められて、「月刊　社会教育」2002年8月号（№562）に次のような文章を書いた。

「南北の狭間・沖縄

私は1979年に沖縄に来て、現在は沖縄大学で法律関係科目を教えるのが主な仕事である。あと、名護市に事務所を置いて弁護士業もしている。妻が那覇市の図書館や公民館で働いていて、さまざまな機会に誘い込んでくれたことから社会教育の世界との縁が生まれた。社会教育研究全国集会に初めて参加したのは、91年の松本集会である。このときは、娘は保育に預け、私自身は分科会も適当にサボって松本市内を歩きまわっていた。しかし、沖縄に帰ってから、法学サイドから生涯学習の問題に接近するうちに、社会教育への関心も高まっていった。

94年は雲仙で集会が開かれた。九州でこの集会が開かれるということで、沖縄でも早くから準備のための会合がもたれたのだが、実際に参加することに決めたのは直前になってからで、福岡からレンタカーで会場に直行した。車があるお陰で普賢岳を見に行けたのは大きな収穫だった。特別セミナーは「国際交流と地域づくり」、分科会は「平和・国際連帯のための学習」に出た。韓国やシンガポール等から来ている人もいて、なるほど国際化が進んでいるのだな、と。当時私が一番興味をもっていたテーマは、いわゆる自治体外交の問題である。日本各地でさまざまな取り組みが見られる中で、では沖縄はどうだろうかと考えていた。沖縄の場合、過去に多数の海外移民を輩出した歴史をもっている。それによって形成されたネットワークを利用しての交流が中心になってきたのではないかと思われる。また、歴史的な事情から中国の福州等とも交流がある。しかし、姉妹都市との親善交流とかの域を越えた、外交と言った方がふさわしいような取り組みが現にあるのかどうか、疑わしい。

その後も、飛び入り参加のような形ばかりだったが、98年の東京都立大学での集会まで、全部で6回参加した。99年2月に妻が亡くなってからはご無沙汰していたが、昨年は学外研究地であったフィリピン・ミンダナオ島のダバオからたまたま東京に出ていて、初日だけ越佐集会に顔を出すことができた。

昨年度ダバオに滞在した折には、現地のNGOと共同で、紙芝居を作成して移動児童館活動をし、また、関係していたバランガイ（フィリピンの最小公式自治単位）から便宜を得て、定置の子ども図書館を設置することもできた。本は、沖縄から英語の本をたくさん寄贈してもらうことができた。そういう活動をする中でとりわけ感じるようになったのは、南北の狭間に位置している沖縄の面白さである。このような状況を単なる格差の問題として考えるのではなく、もっと積極的にとらえていけるのではないかと思い、今も継続していろいろやっている。沖縄・名護集会でさまざまな意見をきけるのを楽しみにしている。」

2002年の8月は、研究集会の直前まで、島さんも私もダバオに滞在していた。

8月18日（日曜日）、中華航空CI121便で台北。CI635便でマニラに行き、ペンションに1泊後、翌19日（月曜日）、午前11時発のフィリピン航空PR811便でダバオ着。私より先に沖縄からダバオに来ていた三住泰之さんも迎えに来ていた。三住さんは1940年生まれで私より年上だが、1998年に千葉県習志野市の東邦大学付属高校教員の仕事を退職して沖縄大学のII部法経学科に入学し、2002年3月に卒業したが、ダイビングが趣味で卒業後も沖縄に住んでいた。下宿に着いてから私は三住さんとビールを飲み、夕食は三住さんとビクトリア（下宿近くのショッピングプラザ）前の焼鳥屋で食べ、それからビクトリア内にある喫茶店Basti'sで雑談した。

20日（火曜日）、車でアグダオのサンアントニオバランガイにあるクミハララーニングセンターに行く。ルースさんが授業中で、子どもたちは制服を着ていた。それから老人会長のおじいさんのところでちょっと話してからアグダオ公設市場で、果物や刺身、野菜、卵等を買う。帰って、朝食。11時に出て、車で、フィリピンイーグルセンターに行く。一回りしてから出て、お土産屋さんでポメロ（ザボン、ボンタンと同類のもの）を買って食べてから引きあげようとしたら、JPVA（日本フィリピンボランティア協会）のツアー一行がやってきた。裏道を使って戻ってきて、ビクトリアでビールや調味料を買ってから帰る。夕食は、ビクトリアそばのアキコという店に行って食べる。

21日（水曜日）、朝食後、11時前に車で出て、ハウス・オブ・ジョイという孤児院を運営している鳥山さん宅に行く。一緒にハウス・オブ・ジョイにいくことに決まり、私の車で行った。施設等見せてもらってから、子どもたちと遊ぶ。夜10時頃までロッジで話してから、泊まる。

22日（木曜日）、朝食後、すぐにダバオに戻る。ダバオ市内で事故があって大渋滞。下宿に着いてメールをチェックしたらちょうど松山さんが着いた頃なので空港に行くと行き違いだった。戻って、3人で昼食後、車でトリルの先のアポ山山麓に行く。暗くなってから帰ってきて、中華料理屋で夕食後、帰って雑談。

23日(金曜日)、朝食後、7時半頃3人で出て、私が運転して、裏道、トリル経由で、ディゴスへ向かう。途中で松山さんと運転交替。ディゴスを過ぎてから海岸の方への脇道に入って、泳いだりダイビング出来そうな場所を探していく。シャワーもあるビーチで泳いでから町のバスターミナルにある食堂で昼食。それからまた、ダイビングできそうな場所を探していく。私はその間後ろの座席で寝ていた。帰途、幹線に戻る手前で、また私が運転して、戻ってくる。ガソリンスタンドでガソリンを入れ、タイヤに空気も入れる。水浴びの後、アキコで食べてくる。

24日(土曜日)、8時半頃起きたら松山さんと三住さんは朝食中だった。私も食べてから、3人で出て、フェリーターミナル。ちょうどサマール島へのフェリーが出るところだった。着いてから左手の方向に向かう。かなり走って、浜に出て、そこで泳ぐ。魚も見えたし、きれいだった。その後、フェリーターミナルの近くに戻ってきて、市場にある食堂で昼食。食後、キーをつけたまま車を降りたことが判明。近くにいた人が針金でちょっとやってみたがとても無理な様子。鍵屋は店がしまっていた。予備カギが下宿にあるというので、フェリーとジープニーを乗り継いで戻ってくる、水浴び後、松山さんは、車を取りに出かけた。夜、愛さん宅に寄って、彼女を乗せてから、Aさん宅に行き、仮戸籍謄本を渡して説明(この件についてはすぐあとで説明する)。大雨のため、道路が混雑していて、11時頃帰ってきた。

25日(日曜日)、昼前に3人でガイサノモールに行く。私はナショナルブックストアで、労働法関係の本を買う。ここで食事してから帰る。3時頃出て、近くのファストフード店でハロハロ（ハロハロとは、タガログ語で「混ぜこぜ」という意味で、フィリピンのかき氷デザート）を食べてから空港。宮城明男さんや与儀安二さんたちと会ってコーヒーを飲むうちに沖縄からのツアーが5時頃着いた。宿泊先のインシュラーホテルに行き、荷物がなかなか届かないので、3人でビクトリアに行って、食べてから戻る。本等を受け取り、島さんも一緒に下宿に戻る。島さんとビールを飲みながら10時過ぎまで話してから送っていく。

26日（月曜日）、朝、宮城さん宅に行き、グアバの乾燥作業を見てから宮城さんにミンタルの慰霊碑まで案内してもらう。彼が行ってしまってから、沖縄ツアーの皆さんが着いた。慰霊式の後、ダリアオン収容所で亡くなった方の慰霊碑に行く。そこでわれわれは別れて、三住さんの希望でハンモックの買い物の後空港。帰国する三住さんと別れてビクトリアの旅行社で、中華航空の予約再確認。なかなか電話が通じなくて時間がかかった。夕方まで昼寝。7時前にインシュラーホテルに行って沖縄ツアーの歓迎会に出る。終わってから島さんとロビーで話してから帰る。

27日（火曜日）、朝、島さんを迎えに行ってから、アグダオのサンアントニオバランガイ。バランガイキャプテンと話した後、クミハララーニングセンター。老人会長のおじいさん宅。Basti's で話した後、下宿に戻る。12時過ぎに日系人会。Nさんがいたので、事務室の場所を借りて話す。その後、ミンダナオ国際大学関係の開学記念の催しに出たが退屈なので、私は先にジープニーで帰る。松山さんと島さんも帰ってきた。ラーメン亭でラーメンを食べてから下宿に戻る。沖縄からの本の登録作業を完了後、昼寝。5時に3人で出て、宮城さん宅。水牛の汁等をごちそうになる。9時前まで話してから帰る。10時半頃まで下宿で話してから島さんを送っていく。台風15号が沖縄に接近しているので、予定通り帰れるか微妙である。

28日（水曜日）、朝、インシュラーで島さんを乗せてからハウス・オブ・ジョイ。島さんや松山さんが持ってきた種を渡し、挿し枝をする。祐川神父らが来た。一緒に新築祝いか何かの所で食べてから、島山さんの畑。海岸で話してからダバオに戻る。インターネットで天気図を確認したら、台風15号は西向きから西北西にかわり、沖縄はそれそう。着替えしてから空港まで送ってもらって、PR816便でマニラ。空港タクシーでペンションNatividad。ペンションでサンドイッチを注文して食べてから寝る。

29日（木曜日）、8時過ぎに空港。CI632便、CI121便と乗り継いで沖縄に帰る。三住さんが出迎えてくれた。家に戻って三住さんのために写真CDを作ってから、リウボウ裏で一緒に食べる。帰って、メールのチェック等。電話での喜納勝代さんの話では、社会教育研究全国集会は30日は中止、31日に30日の予定と31日の予定を合わせてこなすらしい。結果的には台風は沖縄をそれたので、ちょっと決断が早すぎたのではないか。

30日（金曜日）、朝起きてから大学に行って、ビデオカメラの三脚をとってくる。知念功さんが来て、準備後、出発。2時半頃ダバオからツアー便が着き、島さんを迎える。まっすぐ名護に行く。電話で調整の結果、今日は全国世話人の木村光夫氏とは会わないことになる。8時に引きあげて、知念さんを自宅で降ろしてから買い物をして帰ってくる。早く寝る。

31日（土曜日）、9時前に出て、知念さん宅で知念さんを乗せ、名護。島さんも一緒にそばを食べてから、多文化共生の分科会の方々と愛楽園に行く。1時から分科会。4時半に終わる。帰りのバス内で私と島さんは自己紹介を求められて、ダバオのことを話したら、大きな反響があったらしい。名護市民会館での飲み会に出てから、島さんの事務所に戻って話し、それから帰ってくる。

以上が、集会までの「日常の記」である。

24日にAさん、27日にNさんとあるのはフィリピン残留日系人関係の用件である。まずフィリピン残留日系人について、同題の拙稿（新城将孝他編『法学　沖縄法律事情ＰａｒｔⅢ』琉球新報社、２０１１年、第7講所収）をもとに以下に説明する。

フィリピン残留日系人というのは、戦前フィリピンに渡った日本人の父と現地の母との間に生まれ、戦後の混乱でフィリピンに取り残された人々のことである。既に日本国籍を持っている人も含めて、日系人と総称する。

１９０３年から１９０５年にかけて、当時フィリピンを統治していた米国が、ルソン島北部のバギオに避暑地を開くための道路建設に日本人労働者が採用された。沖縄からの人々は１９０４年4月になってから現地入りしている。１９０５年1月に道路が完成した後も、１００人単位の労働者がそのままフィリピンに居残った。バギオにそのまま残った者もいたが、特に沖縄出身者のほとんどはフィリピン南部のミンダナオ島ダバオに移動した。ダバオはマニラ麻（アバカ）栽培が盛んな場所だった。マニラ麻は当時、船舶用ロープの材料として欧米、日本などで重宝されたが、世界のどこかで戦争が起きると値段もはねあがる戦略商品でもあった。マニラ麻は、1920年から23年にかけての第一次大戦後の不況期には好況期の二分の一から三分の一まで価格が暴落した。この時期に、本土出身者の多くが見切りをつけて帰国したり、フィリピンの他地域に移住した。しかし、沖縄出身者はこの時期にもダバオにとどまった。というのも、沖縄の主要産業だった黒砂糖も1920年に国際価格が暴落し、沖縄経済は1930年代に至るまで「ソテツ地獄」と言われるほどの窮乏化にあえいでいて、多くの農民が有毒な野生のソテツを食料とするような状況だったからである。このようにして、ダバオは発展していって、日米戦争の開戦時には日本人の人口は2万人近くにふくれあがり、「満州国」になぞらえて「ダバオ国」と称されるほどだったが、その約半分が沖縄県出身者だった。

　ダバオで300人前後と推定される国際結婚組（未入籍を含む）の一世男性は、本土出身者が多かったと言われている。というのは、沖縄からは、呼び寄せで同郷の妻を招きやすかったからである。結婚相手の女性は主に、バゴボ族をはじめとする先住民族だったが、背景には、マニラ麻栽培に適した土地の相当部分が先住民族の所有だったという事情がある。バギオでも、100人以上の国際結婚が行われ、ダバオと同じく先住民族との結婚が多かった。二世の児童・生徒は、日本人同士の夫婦から生まれた純血の子も、日本人一世と現地住民の女性夫婦から生まれた混血の子も同じ教室で学んだ。その結果、混血二世にも日本人としての強いアイデンティティが植え付けられた。しかし、混血二世の多くは、当時、日本国籍を正式には保有していなかった。その理由は、当時一世が置かれていた状況から推測できる。米国植民地下のフィリピン公有地法（1903年制定、1919年改正）は、外国人個人の土地所有を禁じ、法人も、株式の61％以上をフィリピン人か米国人が所有しない限り土地の購入や貸借はできなかった。資本のない一世にとっては、フィリピン人妻をめとって、彼女の一家の土地で耕作することが生活の形になった。戦前のフィリピン市民法と日本の国籍法は、両親の婚姻が合法な場合、父親の国籍、つまり日本国籍になると規定していた。そうすると、正式に婚姻届を出してしまうと、妻も日本人になってしまうわけだから、彼女の一家の土地で耕作するという目的にかなわない。そういうわけで、ダバオでは、地元のフィリピン女性と結婚した多くの日本人一世たちは、部族婚の儀式に出席した後でも地元の役所に婚姻届を出さなかった。その結果、彼らの間から生まれた子どもたちはフィリピン市民権を持つ非嫡出子とみなされた。

戦後、フィリピン在留邦人は、連合軍の方針によって、現地で審判を受ける戦犯容疑者を除き、軍人、民間人を問わず強制送還の対象となった。米軍は、おおむねフィリピン人妻（内妻を含む）に、日本への引き揚げ意思があるかどうかを尋ねているが、大半は現地残留を希望した。知り合いがいない日本より地元の方が子育てをしやすいとか、一家の土地や財産へのこだわりなどがその理由だった。しかし、居残った妻や子どもたちは、地域社会で厳しい反日感情に直面した。日本占領下でフィリピン人は100万人余りが犠牲になったので、日本軍に家族や親族を殺されたフィリピン人の憎悪はすさまじかった。このため、現地に残留した二世たちは、日本人の子どもであることを示す書類や写真を捨てたり、あるいは、日本名を現地名にかえて素性を隠したりした。今でも日本名を持たない日系人が多いはそのためである。

戦争を境にして転落した日系人社会を再興しようとする支援活動は1970年代以降、現地派遣の日本人修道女や日本引き揚げ組の二世らを中心に民間人の手で進められた。しかし、日本政府は戦後長くフィリピン日系人をフィリピン国民とみなし、日本人の親族捜しや年金支給等彼らの要望にまともに応えなかった。厚生省は、中国残留孤児に対する援助基準をフィリピン日系人にも当てはめようとした。中国残留孤児の場合、「両親が日本人」であることが援護適用の基準の一つとされたので、フィリピンの場合は、政府の一時帰国援護の対象となったのはパナイ島の「純血日本人」の孤児3人だけだった。

1960年代以降、フィリピン人の対日感情は好転していった。東南アジアでは最高額の賠償が日本からフィリピンに供与され、その後も援助が続いたことは大きな要因だろう。このような動きと並行して、日系人会は、60年代以降フィリピン各地に組織された。ダバオでは、従来のさまざまな組織を一本化して1980年にフィリピン日系人会ができた。そして、日系人のために日本語教室を開くなどして日本文化の継承者であることを主張するようになった。各地の日系人会が大同団結して日本政府に自分たちの要求を突きつけるようになったのは、日本フィリピンボランティア協会というNGOの資金援助を得て、1992年1月に日系フィリピン人全国大会がダバオで開かれてからである。この大会がきっかけになってフィリピン日系人会連合会が結成された。しかし、彼らの要望はすんなりとは受け入れられず、恩給や年金の支給は日本国民に限られ、日本政府は国籍保有を証明できない二世やフィリピン人妻への支給を拒み続けた。

1990年に改正出入国管理法が施行され、外国籍の日系二世、三世へ「定住者」という在留資格が付与されることとなり、これによって、日系人とその家族は日本で職種制限なく働けるようになった。南米から日系移民が大挙して日本にデカセギに来るようになったのは周知の通りである。

では、フィリピンの残留日系人はどうだったのか？ 先に述べたような事情で、彼らの多くは、一世の戸籍謄本を手許に持っていなかった。これがないと、定住者の資格は得られない。二世にとって一世の戸籍謄本を見つけることは切実な問題となった。1992年頃に日系人会連合会顧問に就任した西田研志弁護士は、親の戸籍にその子どもとして名前が登載されている二世とその子孫を「カテゴリーA」、親の戸籍は見つかったがそこに名前が登載されていない二世とその子孫を「カテゴリーB」、親の戸籍が見つからない二世とその子孫を「カテゴリーC」と分類した。

1995年は戦後50年の節目にあたる年で、6月12日に、二世32人が集団帰国し、村山富市首相に対し、日本旅券発給の要望書を提出した。この時に「残留日本人」という言葉が西田弁護士によって使われ始めた。

この集団帰国の際に10人の二世に日本旅券が発給された。『旅の深層』に書いた田中愛子さんもその一人で、彼女は日本人の父親の戸籍に自分の名前も載っているカテゴリーAだった。

当初はカテゴリーCが7割も占めていたが、戸籍割り出し作業の結果、カテゴリーAやBは年を追って増えた。カテゴリーBをAにかえる作業も同時に行われた。カテゴリーBからAへ変えるには、二世の公式の出生証明書や両親の結婚証明書が必要だが、1994年に、日系人会連合会はフィリピン国家統計局と交渉し、覚書を結び、この結果、日系人会は6主要都市に審査委員会を設け、遅延登録の審査、認証権限を与えられた。同年、日弁連人権擁護委員会は、二世たちを「フィリピン残留邦人」と断定した。1942年制定のフィリピン・コモンウェルス法625の規定で、外国人男性とフィリピン女性の間に生まれた子供は成人の年齢に達した際、公認の公務員の前で宣誓しないとフィリピン市民権を取得できないと定められているにもかかわらず、二世の大多数は宣誓をしていなかったというのがその理由である。

日本政府もこの頃から、残留日系人問題を残留日本人問題ととらえ直し、重視する姿勢を見せた。外務省は、1995年8月から2005年9月まで、日系人会連合会等に委託する形で、4回にわたって、実態や身元を解明するための全国調査を実施した。フィリピンサイドでは、1987年制定のフィリピン憲法で、先住民社会の権利の認識や尊重がうたわれ、先住民の部族婚が「合法的」と認知された。

私が弁護士登録をしているということもあって、ダバオ滞在中に沖縄県系人の二世、三世の方々から、戸籍探し、親戚訪問を結構たくさん頼まれた。カテゴリーBのケースとカテゴリーCのケースが半々ぐらいだった。

カテゴリーBのケースの場合、戦後一世の父親が沖縄に戻ってから、沖縄で結婚し、子どもも生まれているというケースがむしろ普通だった。その場合、フィリピンに血縁者がいるということを喜んでくれて、積極的に血縁関係の証明に協力してくれた人もいたが、逆に、迷惑がられることもあった。経済的に援助しなければならなくなるのではないかと心配する場合もあった。残留二世、三世の方々の気持ちとしては、定住者資格が取れればそれで十分で、沖縄に住んでいる親戚に迷惑をかける気はないという人たちがほとんどで、特に三世の場合は、あくまでデカセギが可能になるように協力してほしいということだったと思われるが、日系人証明というのが、この場合日本人証明に直接つながり、その結果一世の戸籍に記入するということになると、沖縄に住んでいる親戚たちの動きも重くなりがちだった。

私が具体的に関与した事例の中で、今でも鮮やかにおぼえているのはNさんという二世の女性の件である。

ダバオの日系人会でNさん及びその夫と会って、沖縄の異母きょうだいたちを訪ねてくれないかと頼まれたので、２００2年5月10日に金武村在住のきょうだいたちに会いにいった。Nさんのお父さんは戦後もダバオを訪ね、そのときにNさんの異母弟も一緒に連れていったそうで、話はすぐにつながった。

同年6月にダバオに行ったときに、同月9日(日曜日)の朝7時前に下宿を車で出て、ディゴス経由でサンタマリアナに行った。そこにNさんの親戚が集まって待っていた。戸籍の件について話してから、彼らの住んでいるところに行くことにし、私の車(スズキの軽バン)に全員ぎゅうぎゅう詰めで乗って(総勢15人ぐらい)、行けるところまで行き、そこからバイクに分乗した。これも行けるところまで行くと、Nさんの夫の親戚が住んでいた。そこにはアバカが干してあった。それから山道を歩いて、午後1時頃やっとNさんたちの親族が住んでいる家にたどり着いた。先に述べたように、戦後日系人だと分かれば殺されたので、こんな奥地にまで引っ込んだのである。この時撮った写真が残っているが、35人ぐらいの人たちが一緒に写っている。午後3時過ぎまでいてから、親戚のおじさんの先導で山をおりて、車のところまで戻る。サンタマリアナでこのおじさんをおろしてから帰った。その後、私は、Nさんたちと異母きょうだいたちの連絡係のようになって、金武村にも何度か行った。

Aさんという三世の女性からは2001年6月に豊見城在住の親戚訪問を頼まれ、同年7月10日(火曜日)に訪問したが、非常に警戒された。

同年11月にダバオに行ったとき、Aさんから神奈川に住んでいる二世のおじさんを訪ねることを依頼され、同年11月11日（日曜日）に姉と一緒に訪ねていった。Aさんのおじさんは心臓病で酸素マスクをつけ、その上白内障手術が終わったばかりだったが、しっかりしていた。当時おじさんは78歳、6〜7年前まで30年間長距離トラック運転手をしていたそうで、会ったときは厚生年金で生活していて、大きな仏壇は創価学会のものだった。私はAさんから預かった手紙を渡した。おじさんはAさんに対しては悪意はないようだし、沖縄在住の異母妹が父親の財産を全部相続したらしく、そのことがしっくりしないようだった。同月18日（日曜日）にも、姉と一緒におじさんに会いに行くと、歓迎されたようで、戸籍もすでに取り寄せ中だということだった。同年12月2日（日曜日）、また姉と一緒に会いに行く。飲めるというので、久米島の久米仙の1升瓶を土産に持っていったのだが、奥さんによれば本当は飲んではいけないそうだった。戸籍については、取り寄せたのは自分たち夫婦のものだそうであるが、奥さんの話で、息子さんが、この件に協力することに反対していることが分かった。何かあったとき保証人は大変だということと、あと、私が弁護士であることからだまされるのではないか、と。おじさんはAさんにということで、私に写真を1枚託した。同年12月12日（水曜日）、ダバオでAさんにおじさん関係の報告をすると、Aさんは、親戚関係が壊れても戸籍謄本を取り寄せてほしいということだった。

２００2年1月13日（日曜日）、姉と一緒にAさんのおじさん宅に行くと、おじさん夫妻はとても歓迎してくれた。おじさんの父親の戸籍を捜していることも正直に言ったら、Aさんから前日もそのような電話があったということで、沖縄の異母妹の息子に協力するよう手紙を書こうということだった。その後同年2月10日（日曜日）に姉とおじさん宅に行った。体調を崩したと聞いていたのだが、おじさんは意外にも元気そうで、色つやもいいし、酸素呼吸器もつけていなかった。

同年7月22日（月曜日）、島さんと一緒に豊見城市役所に行くと、Aさんの祖父（おじさんの父親）の戸籍はないことが分かったが、再編成のための仮戸籍申請が見つかった。それで同年8月24日（土曜日）、ダバオのAさん宅に行き、仮戸籍謄本を渡して状況を説明したわけである。

その後1年間ほど連絡が途切れたあと、２００3年2月9日（日曜日）に姉からメールで、Aさんのおじさんから会いに来てくださいとの連絡があったそうで、同年3月2日（日曜日）、会いに行った。おじさんは、酒を飲み過ぎて体をこわし入院していたそうである。この時私はおじさんに仮戸籍謄本等を見せた。同年3月16日（日曜日）、準備した日系人証明のための陳述書を持って姉と一緒におじさん宅を訪問した。混ぜご飯が出て大歓迎で、陳述書にも快く署名押印してくれた。奥さんが立会人として署名・押印してくれた。

同年4月25日（金曜日）、私は沖縄から台北経由でマニラに行った。ちょうどSARSが流行していたときで、台北では圧倒的多数の人がマスクをしていた。しかし台北からマニラへの中華航空便では、スチュワーデス等もマスクをしている人もしていない人もいた。マニラでも空港はマスクの人が多いが、街に出れば全然つけていなかった。この時マニラに行ったのは、私がダバオに住み始めた頃お世話になった日笠哲二さんがフィリピン人の看護師と結婚することになって、その式に出席するためだったが、ダバオからは香嶋愛さんたちも来ていた。それでこの時私は、愛さんからA

さん関係のことを聞いた。愛さんは、血縁関係がないにもかかわらずAさんと血縁があるかのような偽の血縁証明を得て日本に出稼ぎしようとしている人がいるのを、その人が日本語学校で教えていた知人の教え子であったことからたまたま会って知り、その人の話ではその代金としてAさんが10万ペソもらうという約束ができている（支払いは、出稼ぎしてお金ができてからではなかろうか）とのことだった。同年5月11日（日曜日）10時半頃、神奈川のAさんのおじさん宅を訪ね、前記のような状況を話したところ、Aさんのおじさんも日系人証明に協力する件から手を引くことで異論ないとのことだった。おじさんの奥さんは、たぶん以前バスの中で転んだときの後遺症で、腰痛がひどいそうで、体調がよくない様子なので、11時過ぎに引きあげた。

それからちょっとたってAさんのおじさんが亡くなったという知らせが姉のところに届いたので、同年8月24日（日曜日）、神奈川のお宅に行って、お悔やみを述べた。

２００３年6月8日（日曜日）、ダバオの下宿で中川先生、愛さんと一緒に二世のSさんの話を聞いた。Sさんの伯父が沖縄に住んでいるというので、沖縄の親戚に見せるためにSさんの話をビデオに撮った。10日（火曜日）夕方もSさんが下宿に来て話を聞いた。Sさんは短い自伝を持ってきた。それによれば、Sさんの母親はミンダナオ島西部の出身で、漁船員だったSさんの父親がその港へ立ち寄ったときに一目惚れし、ダバオで結婚式を挙げた。Sさんは１９４２年に生まれた。Sさんの父親は１９４５年7月14日に死亡し、母親はバゴボ族のプロテスタントと１９４７年前半に再婚したが、キダパワンを経てミンダナオ島西部に隠れ住んだ。その間にSさんは学齢になったが、人相と肌の色から日本人の子とわかっていじめを受け、ダバオのバゴボ族や日系人の人々が住んでいるところに戻った。

Sさんの伯父さんが沖縄本島北部に住んでいるらしいという手がかりしかなかったが、島さんに頼んだら、島さんの友人の比嘉さんという司法書士が2003年7月にSさん関係の戸籍抄本を見つけてくれたので、7月7日にそれを沖縄からEMS郵便でダバオのSさんに送った。

同年7月27日(日曜日)、島さんと一緒に国頭村辺野喜のSさんの伯父さん宅を訪ねていったら、辺土名の老人ホームにいるというのでそこに行った。私が収録したSさんのビデオを見せ、Sさんの伯父さんを撮影した。同年8月4日(月曜日)の夕方、ダバオの下宿でSさんに写真やビデオを見せた。

同年8月19日(火曜日)、那覇市内で衣料品製作販売のお店を経営していたSさんの伯父さんの娘の店に行き、Sさんの手紙を手渡す。同年10月5日(日曜日)、Sさんの伯父さんの娘さん、島さんと一緒にSさんの伯父さん宅を訪ね、Sさんのための書類作成し、翌日ダバオのSさん宛にEMS郵便で送った。

同年11月10日(月曜日)、ダバオの下宿でSさんと会った。Sさんには弟がいるそうで、その弟と一緒に日系人証明の手続をしたい、と。翌日Sさんは弟さんを連れてきたので、弟さんの話をビデオに収録した。出生証明書もそろっているし、2人が兄弟なのは間違いないように思われたのだが、突然弟さんの話が出てきてビックリした。

その後話は順調に進み、翌2004年5月下旬にSさんは沖縄に来て、伯父さんの娘さん宅に滞在していた。

2005年9月5日（月曜日）、ダバオの下宿でSさんと会うと、フィリピン政府の書類に昔、Sさんが日本人だと言ったという記録が残っていたそうで、公立小学校の先生として働き続けられなくなって辞めたのだそうである。翌6日（火曜日）、ビクトリアそばの中華レストランで同僚だった人達を招いてパーティーが行われ、私のほか中川先生と愛さんも出席した。

その後私がダバオを引きあげたあと、2007年4月になって、Sさんの件を扱っているという岐阜県の行政書士の方からメールが届いた。同年6月17日（日曜日）、娘と一緒にその行政書士の方を訪ねていった。その時Sさんの息子さんのアパートに行って話を聞いたところ、Sさんのビザはたぶんマニラの日本大使館でペンディングになっているようだとのことだった。行政書士の方の話では、Sさんの弟さんというのが日系人ではないことが判明したとのことであり、これが関係しているかもしれない。改めて考えてみるとSさんの弟さんというのは、確かに顔が全然似ていなかった。だまされたわけで非常に残念だったが、事実ならば仕方がないので、このことをSさんの伯父さんの娘さんにはメールで伝えた。行政書士として関わった方に尋ねたところ、Sさんは2009年10月12日に亡くなったそうだが、Sさんの息子さんやお孫さんは日本国籍を取得しているとのことである。

２００3年にフィリピン残留日系人リーガルサポートセンター（ＰＮＬＳＣ）が立ち上げられた。この活動の中で、カテゴリーB、Cのケースについて、日本に本籍を定めて、自分の戸籍を新たに作る「就籍」という法的手段で日本国籍をとろうという動きが出た。就籍というのは、無籍者（戸籍のない者）が戸籍に記載されることである（戸籍法１１０条~１１2条）。無籍は出生届が怠られたときや、戸籍の脱漏によって生じる。就籍の届出は、家庭裁判所の許可を得るか、または判決を得てする。

東京家庭裁判所は、２００6年2月3日、ダバオ市在住の二世姉妹の就籍を認める決定をした。2人の両親の結婚は部族婚で、公式の婚姻証明書はなかったのだが、裁判官はこの部族婚を正式な結婚と認定した（読売新聞朝刊２００6年2月3日）。これに続いて、集団での就籍の申立が続いた。就籍という手法をとれば、一世の戸籍とは別に、二世が自分の戸籍を作れるわけだから、一世との関係が証明できさえすれば、日本にいる親戚の気持ち等とは関係なく手続ができる。私は２００４年頃に、ＰＮＬＳＣの活動を知って、会員となった。就籍という手法を知ったときは、国籍取得の問題がこれによって個人問題化されたという気がして、目から鱗の感じがした。

日系人の国籍取得を加速させたのは、フィリピンにおいて二重市民権法案（Republic Act No.9225）が上下両院を通過し、大統領が２００3年8月29日に法案に署名し施行されたことである。これに伴い、海外で帰化したためにフィリピン国籍を失った市民も、フィリピン共和国への忠誠を誓えばフィリピン市民権を再取得できるようになった。私の周辺にも、この恩恵を受けた人がいる。

これに対して、日本は今も、公式的には日本国民の二重国籍を認めていない。しかし、日本国籍を取得する際に日本の法務当局がフィリピン国籍を放棄するように勧告するということは事実上ないようだし、二重国籍の日系ブラジル人が多数いるのも、同様に、当局が事実上これを黙認しているためである。

２００２年８月31日、名護での社会教育研究全国集会の第４分科会「多文化共生・人権尊重をめざす学習」は沖縄愛楽園で開かれ、参加者総数34人、他に愛楽園職員と居住者25人が参加した。ビデオ撮影をもとに知念さんが記録を作成してくれた。それをもとに私は報告書に載せる原稿を作成した。事例発表は三つあった。

事例発表①　松岡和夫（沖縄愛楽園入所者）「私が生きて来た戦前戦後の（ハンセン病）療養所」

２００２年６月30日に知念さんと一緒に愛楽園を訪問して松岡氏から直接話を聞き、園内も案内してもらった。この時、松岡氏から『自叙伝　私の勲章』をもらった。３００頁以上もある立派なもので、自問自答形式になっているのも読みやすいという以上に松岡氏の思考パターンを反映しているのであろう。

松岡氏は、１９２２（大正11）年石垣島生まれで当時80歳。愛楽園で執事をして30年。執事というのは、日本聖公会沖縄協会「祈りの家教会」の執事である。

松岡氏は小学校6年2学期のときハンセン病を発病した。今の中学校に入った頃から指の間にマヒが出てきて、鉄砲での軍隊訓練ができなくなり、学校に行かなくなり、家で農業をやっていたが、草刈りができなくなって、1940（昭和15）年7月に台湾の台北で働いていた叔母さんに連れられて台北の大学病院を受診したら、ハンセン病と判明した。学生用の寮に隔離されそうになったので、変装して石垣島に逃げ帰った。石垣島にも警察官が来るので、親戚の紹介で1941（昭和16）年6月30日鹿児島に行き、敬愛園に入園した。入園したら敬愛園だけで使われる園券というお金があり2円だけ支給され、石垣島から持っていったお金は取り上げられた。無断外出したり職員に反抗・抵抗すると食事は半減するなどの懲罰があった。昭和19年いよいよ日本は負け戦ばかりになって、食料不足になり、食料調達や薪の調達のため自由外出ができるようになった。敗戦後の1947（昭和22）年5月13日沖縄・奄美出身者は本土各地から沖縄愛楽園に引きあげてきて入園した。

1938（昭和13）年11月10日に臨時国立療養所として開園した愛楽園は患者立療養所と言われることがあるが、それは青木恵哉氏や大城平八氏らハンセン病を患う者自身が手に入れた土地が愛楽園の礎となったことに由来する。愛楽園ができる前の1932（昭和7）年に今帰仁村の呉我山に薬草園と称して療養所がつくられようとしていたが、ハンセン病の療養所だと新聞が暴露したことから周辺の町村から群衆が押し掛けてたたき壊して中止させたという嵐のような事件（嵐山事件と呼ばれているという）があったし、それから3年後も、名護市屋部に住んでいた青木氏らハンセン病患者たちの家が焼き討ちされたりした。

戦時中、1944（昭和19）年10月10日に那覇大空襲があり、愛楽園も焼き払われた。愛楽園のそばに基地となっていた運天港があったため米軍の飛行機が愛楽園の上空を旋回し爆撃を受け、海からは艦砲射撃を受けた。愛楽園の患者は白石部隊というのに防空壕掘りに狩り出されて多いときで1日7名余りの死亡者を出し、1年で270名余りの人が死んだ。そしてマラリアにかかった人もいた。1946（昭和21）年の4月に米軍に完全に占領されたが、翌5月に白石部隊の命令によって愛楽園にあった米15俵が持ち出された。こういうふうに軍隊というものは人間でなくなってしまう。こういう経験から松岡氏は有事法に反対し、「日本軍に米奪われし医療園のわれは反対有事法反対」という歌を歌っている。

こういったことを松岡氏は集会で話した。

松岡氏は1949年10月1日に愛楽園の女子不自由者寮にいた春子さんと結婚したが、結婚式の2日後に断種手術を受けた。その根拠となった法律であるが、1907年に癩予防に関する件という法律が制定されたあと、1931（昭和6）年にはこの法律を改正して「癩予防法」が成立し、強制隔離によるハンセン病絶滅政策という考えのもと、在宅の患者も療養所へ強制的に入所させるようにした。こうして全国に国立療養所を配置し、全ての患者を入所させる体制が作られた。

戦後になっても状況は変わらず、1948（昭和23）年に成立した「優生保護法」では、その対象としてハンセン病が明文化された。その一方で、入所者たちも、自分たちは犯罪者ではなく病人であり、もうすぐ治るはずだ、このような状況は改善されるべきだと考えていた。そして1951（昭和26）年、全国国立らい療養所患者協議会（全患協）をつくり、法の改正を政府に要求していったが、1953（昭和28）年、患者たちの猛反対を押し切って「らい予防法」が成立した。この法律の存在が世間のハンセン病に対する偏見や差別をより一層助長したといわれ、患者はもとよりその家族も結婚や就職をこばまれるなど、偏見や差別は一向になくならなかった。米軍支配下の沖縄においてもこのような状況が続いたということであろう。

海外では1873年にノルウェーのハンセン医師が「らい菌」を発見。1943年には米国で「プロミン」がハンセン病治療に有効であることが確認されたのを契機に、治療薬の開発が進み、1981年にWHOが多剤併用療法（MDT）をハンセン病の最善の治療法として勧告するに至り、ハンセン病は完全に治る病気になっている（日本財団の「ハンセン病とは」と題するネット記事等参照）。そして、ハンセン病が遺伝せず、伝染力が非常に弱いことも周知の事実である。

日本では1996（平成8）年になってようやく「らい予防法」は廃止された。1998（平成10）年7月、熊本地裁に「らい予防法」違憲国家賠償請求訴訟が提訴され、翌年には東京、岡山でも訴訟が提訴された。2001（平成13）年5月11日、熊本地裁で原告（患者・元患者）が勝訴、政府は控訴をしなかった。これをきっかけに6月には衆参両院で「ハンセン病問題に関する決議」が採択され、新たに補償を行う法律もできた。国は患者・元患者さんたちに謝罪をし、2002（平成14）年4月には、療養所退所後の福祉増進を目的として、「国立ハンセン病療養所等退所者給与金事業」を開始、啓発活動を積極的に行うなど、名誉回復のための対策を進めている（法制度の変遷については、厚生労働省の「歴史から学ぶハンセン病とは?」と題するネット記事を参照した）。

松岡氏の話のあと、戦後米軍占領下の状況、それから復帰後の状況について質問があったが、時間の制約もあって、沖縄の米軍統治時代と復帰後の違い等については十分明確にはならなかった。打ち合わせ段階では松岡氏は、ハンセン病に対する国際的な対応変化によって、沖縄の米軍統治時代には、例えば入園者が外部の病院で手術できるなど、本土に比べ30年、40年も進んだ対応があったこと、それは復帰後も維持されたこと等について述べていた。

なお、発表当時の愛楽園の入園者数は373人、平均年齢は73・2歳だった。

事例発表②　上原幸雄（(財)神奈川県沖縄協会理事長）「パスポートを握りしめ・船路川崎へ　沖縄に対する国民的理解と認識は今日的ではなかった」

上原氏は、沖縄の本部町伊豆味の出身であるが、高校を出てから米駐留軍に就職後、米国の財産である電話を無断で使って軍施設に電話をしたという理由で2年ほどで辞めざるをえなくなって川崎に行った。米軍統治下の沖縄は物言えば唇寒し、の状況だったと言われる。なお、上原氏の兄は全軍労委員長を経て1970年、沖縄において戦後初の衆議院議員選挙に日本社会党から立候補し当選した康助氏である。

日本は東京オリンピック前で、貧乏人は麦を食えと池田首相が所得倍増計画を掲げていた。上原氏は川崎で運転手として働く傍ら、県人会活動に取り組み、アメリカの沖縄支配に対する批判活動をし、沖縄の祖国復帰運動を本土の人たちに広める運動と本土の人々の沖縄に対する正しい認識運動を行い、沖縄からの集団就職者に対する交流活動を広めていった。川崎と沖縄の文化の架け橋として、近代的な会館（川崎沖縄労働文化会館）がつくられた。上原氏は、1972年の沖縄の本土復帰について、「私たちが目標としたのは、日本人になるということではない。自分たちは人間であるという人権を主張し、即時無条件返還というものに集約されていったと認識した方がいいのではないか」と述べた。

司会の星野修美氏は、川崎というのは、いろんな文化を背負ったまちで、在日韓国人の会館もあるし、生涯学習において人権とか多文化共生の問題が重要な課題を占めているとコメントされた。質問はなかった。

事例発表③　セイヤーみどり（アメラジアン・スクール・イン・オキナワ代表）「アメラジアン・スクール・イン・オキナワ　現状と課題」

まず、父親捜し、ハーフでなくダブルの教育を目指すこと等についてのビデオをみた後、アメラジアンスクールの概況が説明された。開設から4年たったところで、50人の子どもたちがいる。公的には学校と認知されていないが、学校への出席扱いとされて、子どもたちの学籍は公立学校にあるということが認められている。環境的には狭くて、体育館もないが、子どもたちにいろんな体験をさせたいと、助成金をもらってキャンプをさせたり、大阪まで行って交流会に参加させたりしている。たまたま沖縄ではアメラジアンの子どもたちが多いということで、これは沖縄だけの問題ではなく、フリースクールの必要性は全国各地で起きている問題である。「ハーフでなくダブル」とは言っても、実際には、特に言葉の教育は大変である。また特に米国籍だけの場合、中学校で卒業証書がもらえないし、父親への養育費請求にもいろいろ困難がある。今後の課題として、日本全国にいる不登校の子どもたち、そして国際児や無国籍の子どもたちとともに日本の教育制度の中に取り扱える枠を作ってもらえるよう模索している。

アメラジアンスクールの当時のカリキュラムは、5クラスあって、1クラスは日本人の先生、4クラスは外国人の先生。子どもたちの7割は母子家庭で、家庭での英語教育がなく、母親との会話が片言の英語だけということで授業の8割は英語で行って、子どもたちに英語に関心を持たせるために英語教育をしている。中学生に対しては小学校2年の教科書を使っていて、35人の日本語のボランティアの先生に週2回来てもらって、1対1で授業をしている結果漢字力も向上し、文章力もよくなっていて、高校受験をする子どもも出てきて、3人受験して3人とも合格した。国籍別内訳は、米国籍のみ5名、日本国籍のみ13名、日米二重国籍32名、学齢別人数は、幼稚園生11名、小学生28名、中学生11名。

「子どもたちの教育で悩むことは?」との質問に対して、スーパーのレジで特に黒人の子どもたちがジロジロ見られたり、お金持っているのーとか言われたり、カールヘアの子どもたちがラーメンみたいだとか、クルクルパーとか言われるから2万円もするストレートパーマをかけるとかあり、ありのまま受け入れるのは社会の課題ではないか、と。

また、アメリカンジャパニーズではなくアメリカンアジアンになっている理由については、ベトナム戦争時にこの言葉ができ、フィリピンや韓国にも類似例があり、日本だけにとどめたくないからと回答された。

この後討論する時間はほとんど残っておらず、主に司会の星野修美氏が指名する形で、数名の方が意見を述べられたにとどまった。一番最後に発言された伊藤長和氏（川崎市教育委員会）は、川崎市に居住する外国人の問題解決のために粘り強い運動と市民の力強い支援があったことを挙げられ、「当事者が人権問題に立ち向かって運動するのは大事ですけど、市民意識を改革していく粘り強い運動、市民の協力により人権意識を高めていくことなども必要だと思います」と述べられた。

その後分科会会場から懇親会会場へ移動するマイクロバス内で、戦前日本、とりわけ沖縄からの移民が多数住み、残留日系人の問題が今も残っているフィリピン・ミンダナオ島ダバオでの経験にもとづいて、現地世話人の島清氏が、「多文化共生というのは、文化の異なる者が融け合って暮らしていけるということで、それは当然に人権が尊重される社会でもあろう。今後日本は高齢社会に向かい、これまでと同じ経済規模を維持していこうとするならば、早晩、外国からの移民を受け入れざるを得ないことになるだろうが、その時、私たちの社会が多文化共生を実現していれば、安心して暮せる社会になるだろう」と発言された。これに対して、上記の伊藤長和氏は、「これまで人権問題として同和、アイヌ、水俣、沖縄などを考えていたが、将来は移民の人権が社会問題化する可能性が高い。今後は社会教育の現場にいる者だけではなく、より多くの方々にも学習会への参加を呼びかけていく必要があると思う」と述べられた。

発表②、③については事前の打ち合わせはなかったので、集会報告書に載せたものをほぼそのまま引用した。

集会のあと、2002年9月12日に宮古島に行った。1985年にサンパウロのペンション荒木で知り合った琉大卒業生の小倉浩之さんが宮古島で宮古上布づくりをしていた関係で遊びに行ったのである。14日（土曜日）、八月踊りを見るために、午前10時発のフェリー多良間で多良間島に行く。船内で小川さん（本書第2章参照）に会った。沖大の卒業アルバムを作成していた池間さんもいて、携帯で連絡して字公民館で泊まれるようにはからってくれた。着いたら雨だったが、まず池間さん宅に行き、それから嶺間公民館に行く。池間さん宅で昼食をごちそうになってから踊りを見に行った。公民館でスパゲティを作って食べてから1時過ぎまで字の人と飲む。15日（日曜日・敬老の日）朝食後、フクギの並木を散歩したあと、8月踊りを見る。1時前に船まで池間さんの弟に送ってもらって乗船し、小川さんと一緒に平良に戻り、最終便で那覇に戻った。小倉さんは多良間に残った。8月踊りは毎年旧暦の8月8日から10日の3日間連続して開催される民俗踊り・古典踊り・組踊だが、子どもも含め村が一体になって行われ、この世ではないような独特の雰囲気が今も頭に残っている。

第2章　読谷飛行場跡地の黙認耕作調査

「本土出身者の見た体験的沖縄図書館事情（下）」で、現在読谷村でPFI方式による図書館建設計画が進められていることを記したが、非常に驚いた。というのは、読谷村は独自に自治政策を推進してきた革新自治体として沖縄県内では知られているので、まさかという思いからである。しかし同時に、読谷村は米軍基地の影響を多大に受けてきた地域で、その影響で村内の統一的な意見形成が困難でもあったので、その影響かなとも推測された。

黙認耕作という言葉を聞いたことのある人は、沖縄では少なくないだろう。よく知られているのは、米軍嘉手納飛行場の周辺に畑を作って耕しているところなどであるが、基地のフェンスの周辺のわずかな土地での耕作とイメージされがちである。しかし２００３年の段階においては読谷飛行場跡地の黙認耕作というのはそんなちっぽけなものではなかった。トリイ基地第1ゲート前の三叉路を現在読谷村役場がある方向に向かうと、サトウキビやイモが植えてある見渡すばかりの畑が出現し、それが黙認耕作であるというのだ。飛行場跡地を囲うものがないので、どこまで広がっているのか視覚的に確認できなかった。

この読谷飛行場跡地での黙認耕作というのが瀬戸際に直面していた。１９９６（平成8）年のSACO（沖縄における施設及び区域に関する特別行動委員会）合意により、２００５（平成17）年3月31日限りで滑走路西側が米軍から国に返還されるということで、この日限り立ち退けという要請が那覇防衛施設局によってなされ、黙認耕作者は確認書への署名を求められていた。１９７８（昭和

53）年4月30日に返還された滑走路東側については、沖縄総合事務局によって同様のことが行われていた。沖縄大学から島根大学に転出していた小川竹一氏からの誘いで、私は一緒に、２００３年5月16日、黙認耕作者の会の代表照屋寛一郎氏を訪問して話を聞くところから調査を始めた。

この土地は、まず１９４３（昭和18）年夏、戦争目的遂行のために日本軍によって強制的に接収された。１９４５（昭和20）年4月1日に米軍が沖縄本島に上陸し、占領し、本土復帰の際も戦後処理はなされなかった。もともとは民有地であったから、本土復帰後、旧地主で組織する所有権回復地主会は、読谷村、読谷村議会とともに県と国に戦後処理を求めてきた。照屋氏によればこの旧地主とは別に黙認耕作者というものが存在するとのことだが、どのような過程を経て生まれたものなのだろうか。

読谷飛行場用地の黙認耕作は、戦後、１９４７～48（昭和22～23）年頃から始まった。米軍の許しを得て、石ころだらけだったこの土地の開墾がはじまった。当初は食料難で、米軍は積極的に開墾を許したようである。その後法的には、いわゆる島ぐるみ闘争の後の１９５９（昭和34）年２月に公布された布令20号の1項9号後段で、緊急な必要がなく、また経済的利益にも合致する場合、米軍はその賃借土地を一時使用することを認める、いわゆる黙認耕作地制度が設けられた。

１９５７（昭和32）年頃から１９６３（昭和38）年頃までは、ベトナム戦争との関連でパラシュート降下訓練やその他の演習が激化し、1メートル以上の農作物の植え付けは禁止され、サトウキビは植えられないため、イモの連作障害が出たという。

1972（昭和47）年の本土復帰後は、復帰特別措置法では布令20号に相当するような規定は設けられず、戦後処理はなされないまま、日米地位協定3条のもとで耕作は黙認されてきた。

ベトナム戦争の終結に伴い軍雇用員の解雇が目立つようになり、照屋氏も1974（昭和49）年に軍雇用員をやめて、父親が耕していた畑を耕すようになったのである。照屋氏自身は旧地主の一人であったが、旧地主ではない耕作者が増えていった。これらの人々の多くは地元の前耕作者から、何というか、「耕作する権利」を買い取ったのだという。復帰後に機械化のために畑の統合が進んだそうで、そういう過程を経て、調査当時耕作しているのは約300戸であり、一部は他市町村から耕しに来ている人々であるというのが照屋氏の説明だった。旧地主関係者というのは664名だそうだが、その中で現耕作者は130名余りに減っているとのことで、つまり旧地主の多くは農業で生活をしてはおらず、そして、旧地主等から「耕作する権利」を譲り受けたという者が多数を占めるようになっていたということになる。

読谷飛行場用地所有権回復地主会が、ここは日本軍が強制的に取り上げたものをそのまま米軍が継続使用してきたもので、ちゃんとした収用はない、だから復帰の時点で当然ちゃんと処理すべきだったという主張をしていたのに対して、周知のように国は、この土地は国有地になったとしている。単純に考えると、旧地主といっても、国の言うようにもう地主でないのであれば、補償についてはともかく、耕作権を譲るということもできないはずである。しかし実際にはそう単純ではなく、つまり、人々は所有権回復は無理であっても然るべき戦後処理はなされるであろうという期待を持って動いてきたのである。それは、旧地主だけでなく、読谷村と読谷村議会も同様である。

1979(昭和54)年6月1日、沖縄開発庁長官(三原朝雄)は参議院沖縄特別委員会で政府の立場と旧地主の立場をそれぞれ考慮した「開発計画に基づく解決案」を提示した。これを受けて、読谷飛行場用地所有権回復地主会は、1982(昭和57)年5月に読谷飛行場転用計画策定会議を発足させ、読谷村は1983(昭和58)年5月、「読谷飛行場転用計画調査報告書」をまとめた。読谷村はさらに翌年3月、読谷飛行場転用計画審議会を発足させ、1985(昭和60)年に「読谷飛行場転用計画」を政府関係機関に提出した。この計画では、所有権問題と並んで黙認耕作の問題も取り上げられ、次のように述べられている。「問題が戦後沖縄の米軍支配下という特殊事情に起因することや現実に耕作者の生活があることを考慮しなければならない。今後、正常な利用秩序への回復をはかるため、農業用地の開発整備とあわせて、農用地利用増進事業の活用など実情に即した現実的な方策の検討を行うものと」することとされ、「問題の円滑な解決を求める」ものとされている。

翌1986(昭和61)年2月7日、総理大臣(中曽根康弘)は衆議院で、「地元の土地利用構想を尊重して対処する」旨報告した。そしてその翌年の1987(昭和62)年7月に「読谷飛行場転用基本計画」は作られた。この基本計画の冒頭に置かれている緒言(執筆読谷村長山内徳信)でも、旧地主とは区別して、次のように黙認耕作者のことが触れられている。「地元読谷村内にあっては戦争体験を有する世代と戦後世代を含めて、又、飛行場関係字出身も、その他の方々もそして旧地主関係の所有権回復地主会員も、黙認耕作をしている人々も、全ての村民が心を一つにして、知恵を出し、協力し、理解し合い〝みんなで読谷飛行場の戦後処理をしよう〟という心が大切であり、問題解決の鍵となるのである。」そして、基本計画第5章 5-1において、「1 所有権問題の解決―利用計画に基づく用地処分」に続いて、「2 黙認耕作問題の解決―農地保有合理化促進事業の活用―」で次のように述べている。

(1) 飛行場用地管理問題の解決

① 飛行場用地管理問題として黙認耕作問題がある。国は、一時使用の許可等を受けないで使用又は収益をしている者があれば、その実情に応じて適切な措置を講ずるとしているが、その措置がなされていない。

② また一時使用等は、合衆国が当該財産を返還した時において、消滅するとされている。約1/3の軍用地が部分返還されたが、依然として黙認耕作が継続しており、その中の旧軍接収地は未管理の状態である。

③ 一時使用等の耕作については、農地に係る使用又は収益の保護に関連する農地法上の適用は無いものと解されている。なおかつ黙認耕作は、一時使用等の許可を受けていないものであり、極めて異常な状態が継続している。

④ 黙認耕作は沖縄の米軍基地の特殊な経緯の中で派生してきたものである。

当飛行場用地管理問題は、復帰時に黙認耕作の適切な処理をなさないまま、旧軍接収地の国有財産登載と同時に抱えこんだ問題である。これは戦後処理の一環として解決すべきであり、読谷飛行場転用事業の実現とあわせて解決をはかるものとする。

(2) 黙認耕作問題の解決方策

① 国は、読谷飛行場問題解決にあたり戦後処理事案としての立場を踏まえ、黙認耕作者に対し当転用事業が円滑に進むよう必要な措置を講じるとともに指導助言を行い、その具体的かつ積極的な推進をはかるものとする。

② 国及び読谷村は、読谷飛行場内の黙認耕作(者)の実態調査を実施し、実態調査によって戦前・戦後を通して読谷飛行場周辺字出身者か否かを明らかにする。

③ 黙認耕作者(戦前・戦後を通して読谷飛行場周辺字出身者)で、読谷飛行場内で農地開発事業後も、引き続き農業をしなければ生活が維持できない農家については、農業生産法人と協議し配慮していくものとする。

④ 黙認耕作問題は、極めて現地解決の性格が強いものである。現地調整能力を有する第三者機関は唯一読谷村であり、読谷村が主体となる農地保有合理化法人によって、農地保有合理化促進事業を活用し調整を進めるものとする。

基本計画では計画する用途は農用地と公共公益施設用地であるが、そのうち農用地とされた場所はまず、読谷村が農地保有合理化法人となって、農地保有合理化促進事業が行われ、しかる後、旧地主関係者によって組織する農業生産法人へ処分するほ場部分と、読谷亜熱帯農業振興公社（仮称）に処分する亜熱帯農工業振興センターとに分かれる。（2）の③と④で、読谷村が中心となって、戦前・戦後を通して読谷飛行場周辺字出身者に限ってであるが、黙認耕作について調整することが記されている。

その後、1992（平成4）年3月の参議院沖縄特別委員会で、内閣総理大臣（宮澤喜一）ら政府関係者は、読谷飛行場跡地利用計画の具体化は第3次沖縄振興開発計画の策定を受けて進めていくと答弁した。1996（平成8）年11月、沖縄米軍基地所在市町村に関する懇談会提言がなされ（いわゆる島田懇談会事業）、「沖縄米軍基地所在市町村活性化特別事業」が1997年（平成9年）から実施されるに至った。この事業の一つとして読谷村は亜熱帯農工業研究・試験場整備事業を提案し、同年度より亜熱帯農工業研究・試験場整備事業（基本構想策定）業務を進めてきたが、その一環として黙認耕作の現地調査も実施している。

われわれが照屋氏と会った直前の、2003年5月12日の琉球新報「論壇」に、「読谷補助飛行場用地内の耕作者　理不尽な撤去勧告」と題する照屋氏の文章が載った。読んだ限りでは、どのような権利に基づいて主張がなされているのか判然としない。しかし、照屋氏は、「いかなる理由にしても耕作者を追い出し生活を奪う施策は日本国憲法に違反している」と断固言い切るのである。なぜこんなに高らかに主張できるのか、背景が分からないと全然理解できそうにない内容である。

読谷村によって行われた黙認耕作の現地調査があることをまだ知らなかったし、とにかく現場を見ようということで、われわれは2003(平成15)年の8月に、滑走路西側の耕作現場をいきなり訪問して、耕作者から話を聞いた。

70歳前後の人が多く、中には1925(大正14)年生まれの人もいた。一人で仕事をしている人もいたし、夏休みの関係でか、孫かと思われる子ども連れの人もいた。黙認耕作が始まった当初からの人だけでなく、確かに、「耕作する権利」を有償で譲り受けた人もいた。金額と譲ってもらった経緯は、はっきり言わない人が多かったが、だいたい坪2000円前後のようであった。知り合いを通しての相対取引が多いようである。畑を分散して持っている人が多く、また、農業だけで生活しているという人が多かった。合計7000坪なんていう人もいた。このおじさんは、現在は読谷に住んでいるが、もともとは村外の人で、耕地を得るのに1300万円ぐらいは支払ったと言っていた。それでもうけは年100万円ぐらいなものだ、というのだが、真偽不明である。大きなトラクターを動かしていた。このおじさんは、トリイ基地内にも耕作地をもっているそうだが、通行パスが必要で、いろいろ制限がある。ところが飛行場跡地はなにしろ出入り自由なので申し分ないということだった。畑と畑の間の境界がはっきりしないところも多いが、トラブルがあるという話はまったく聞かなかった。

黙認耕作者といわれる人々で声高に権利主張する人は、われわれが回った範囲ではいなかった。ただ、特に農業だけでやっている人たちは、できればこのまま耕せればと、はっきりと言っていた。生活のためということもあろうが、もう年配の人が多く、むしろ、ここで耕すのが好き、みたいな感じを強く受けた。旧地主の耕作者の中には、地権者がものを言うべきだという人もいた。

多くの人が言っていたのは、宮古島の人が入っていて、3万坪もの土地を耕しているというのである。照屋氏に紹介してもらってその人にも会ってみた。その方は多良間島出身者である。1982（昭和57）年から黙認耕作しているそうだ。あちこち合わせて確かに3万坪だが、仕事はもう息子に任せているようである。「耕作する権利」を得るのに、最初は坪1000円ぐらいで、ほとんど旧地主の4～5名から。その後坪2000円ぐらいになった。機械化が進んだのは1975（昭和50）年頃からだそうである。当時はトラクター4台。用途に合わせて使い、キビ刈り時はハーヴェスターを頼むそうだった。話を聞いて、この人も農業が好きでやっているんだなと、ごく自然に伝わってきた。投機とかで土地を集めている感じは全くなかった。

それからもう一つ、かなりの人が言っていたのは、読谷村が庁舎の敷地を黙認耕作者から有償で得たということである。国体会場用地については坪2000円、新庁舎文化センター用地については坪2700円。

読谷飛行場用地所有権回復地主会現会長だった比嘉憲一氏にも会った。比嘉氏は読谷村内でスポーツ具店を経営している。紳士然とした感じの方だった。次のような話をしてくれた。地主でない黙認耕作者は、国のちゃんとした何もないままに生活の場を求めて来た人たちである。今後については、新しい職場を作らないといけない。村は縦割り行政で担当省別になっているのが問題だ。省別じゃない、内閣直属の予算をもらってやる必要がある。外郭団体から将来の計画を提案したが、無視された。地域振興に寄与できるような将来計画が必要である。返還後、社団法人をつくって運営させるという計画は前に村でもあった。土地の権利売買とは何なのか。そんな権利はあるはずがない。この問題は、戦後処理の問題として大きな枠組みで考えないといけない。以上である。

2004年1月になってから、照屋氏を通して、鹿児島大学大学院連合農学研究科山之内卓也氏の二つの論稿に接した。一つは「黙認耕作と戦後処理問題―読谷村を中心として―」(「離島・へき地の環境問題と自立的発展に関する研究」基盤研究(B)(2)[11410048]研究者代表　神田嘉延(2003年3月発行)の第四章第2節に掲載されたものを修正したもの)、もう一つは、この要約版ともいうべきもので、九州農業経済学会での発表レジュメ「黙認耕作と戦後処理問題―沖縄県読谷村を中心として―」である。山之内氏の論稿によって、亜熱帯農工業研究・試験場整備事業(基本構想策定)業務の報告書が出ていることを知り、読谷村補助飛行場転用促進課でコピーさせてもらった。１９９９（平成11）年２月刊の「亜熱帯農工業研究・試験場整備事業（基本構想策定）業務報告書」、及び２０００（平成12）年２月刊の「亜熱帯農工業研究試験場整備事業（基本構想策定及び全体計画調査）基本構想推進調査報告書」である。１９９９（平成11）年刊の報告書第４章にまとめられている黙認耕作調査結果は概略次のような内容である。

（黙認耕作の現状）

１９９８（平成10）年７月に予備調査、同年９〜11月に現地本調査、同年12月〜１９９９（平成11）年１月に補足調査、同年２月に集計がなされた。

国有地として登載されている土地全域２５５・５haについて調査がなされた。全域の黙認耕作者数２９９人、うち旧地主関係者１０９人（36・5％）である。返還地・未返還地の重複を含む延べ人数は３４６人（返還地１４５人、未返還地２０１人）である。

２５５・５haのうち、耕作面積は２０４・６ha（79・8％）。他は軍施設及び滑走路跡等で、これらを除くほとんどが耕作されている。耕作面積中、不明・原野が11・６haで、これを除いた１９２・９haが調査で捕捉された。

返還地の耕作面積72・７ha（37・７％）、未返還地耕作面積１２０・３ha（62・３％）。うち、旧地主関係者の耕作面積は、全域で83・０ha（40・７％）。返還地は28・３ha（36・６％）、未返還地は54・７ha（47・９％）である。

耕作者299人中、村内耕作者は267人（89・3％）、村外居住者32人（10・7％）。旧地主関係者についてみると、109人中107人（98・2％）が村内である。

村内居住者は、飛行場の属地字（伊良皆、喜名、座喜味、波平、楚辺、大木）の居住者が多く、中でも字座喜味が97人で最も多い。

村外居住者は那覇市が10人で最も多い。次いで、浦添市6人、嘉手納町4人、宜野湾市3人、沖縄市2人、その他である。

耕作開始時期は、復帰前が196人（67・6％）、復帰後94人（32・4％）。旧地主関係者は復帰前からが88・9％と多い。返還地では復帰前からが61・3％、未返還地では復帰前からが71・7％。

耕作者構成は、耕作者中、字及び法人等が8団体。これを除く291人中、男性273人、女性18人。

年齢は、60代が111人で最も多い。次いで70代84人。60代以上で210人（72・2％）を占める。

職業は、当人が農家と答えたものは274人（94・2％）、うち専業169人、兼業105人。報告書は、高齢のため他に仕事を持たないものが専業と答えている割合が高いのではないかと推測している。

住所別に耕作筆数は、村内耕作者が643筆（84・4％）、村外居住者が73筆（9・6％）。

耕作従事者については、本人による耕作は226人（77・7％）、その他25人（8・6％）、複数回答36人（12・4％）である。

作目については、全域ではサトウキビが１３８人（46・2％）、次いで、複合栽培が61人（20・４％）で、複合栽培はサトウキビとの複合であることから、約7割近くはサトウキビを生産している。返還地では野菜の割合が14・５％（未返還地では４・０％）で大きい。未返還地はサトウキビの割合が54・２％で大きい（返還地は37・９％）。

耕作開始方法については、自己開拓１３５人（45・２％）、購入64人（21・４％）、複数回答53人（17・７％）、その他37人（12・４％）。複数回答には自己開拓が含まれているので、これを合わせれば60％余りが自己開拓であるとされる。

耕作地の範囲は、飛行場のみ１１９人（40・９％）、他にも耕作しているもの１６９人（58・１％）となっていて他にも耕作しているものの方が多い。

同じ第4章に、補償事例もまとめられている。

〔補償事例〕

①１９７８（昭和53）年運動広場整備に伴う補償：サトウキビの作物補償を中心とする。単価は夏植で５１６円／坪、株出で４０１円／坪。「作付面積にキビの価格を乗じた価格から収穫の労務費を差し引くべきと考えるが、キビは多年作目であり又農家の協力を得るという立場から収穫の労務費を差し引かないで算出」している。

②1984（昭和59）年国体会場用地補償：「国体という県全体での行事であったこと、他に用地を求められないことから、上記運動場と隣接する軍用地内に共同使用で整備を行った」もの。「作物補償に加え、開墾費、営農準備費等の項目に拡大している。補償単価は2、200円／坪となっている。」（内訳は作物補償542円＋開墾費1000円＋営農準備費（作物補償の6ヶ月分）271円＋調整費387円となっている。）

③1995（平成7）年庁舎・センター用地に係る補償：「国体会場の考え方が踏襲されているが、単価は2、700円／坪と引き上げられている。」

④波平地区かんがい排水事業に係る補償：1997（平成9）年度の波平地区畑地かんがい施設工事において、「畑地にパイプを引き込む工事の際の移設、もしくは作物がつぶれる場合の補償（補助事業の対象となる）が行われている。」さとうキビ、ハイビスカス、牧草に分けて補償額が算出されている。

この問題に対して行政は、一言で言えば、黙認耕作者というのは不法占拠者であって、何の権利もないという立場のように見えた。

1996（平成8）年10月11日に読谷飛行場跡地利用促進連絡協議会が設置され、これに、沖縄総合事務局、那覇防衛施設局、沖縄県及び読谷村が加わっている。この協議会は1999（平成11）年6月8日に、次のような読谷飛行場内黙認耕作問題解決要項を策定している。

読谷飛行場内黙認耕作問題解決要綱

1　目的

「読谷飛行場跡地利用促進連絡協議会」（1996年10月11日設置）に参加する沖縄総合事務局、那覇防衛施設局、沖縄県及び読谷村の四者は協力して、読谷飛行場における黙認耕作問題解決に向けて、ここに要綱を策定する。

2　対象区域等

（1）この要綱にいう「対象区域」とは、読谷飛行場（旧日本軍が北飛行場として建設した用地で、現在国有地として管理されている地域をいう。）のうち、昭和53年4月30日に返還された部分をいう。

（2）読谷村が作業を行う対象としての「黙認耕作」とは、対象区域の土地について、国との契約に基づく権利なく、耕作又は立木等の植栽・栽培を行うほか、畜舎、納屋、農機具小屋等の敷地として使用している状況をいう。

3　関係四者の措置

（1）読谷村は、次に掲げる作業を行うものとする。

①黙認耕作地の測量、図面の作成及び耕作者の調査、耕作者台帳の作成

②黙認耕作の解消を図る交渉

（2）沖縄総合事務局は官民境界の確定、境界杭の設置を行うほか、国有地の有効活用を図る観

点から（1）の②の交渉の結果を受け、法令の定めるところにより適正に対処するものとする。

（3）那覇防衛施設局は、沖縄総合事務局が行う（2）に関し、協力するものとする。

（4）沖縄県は、「読谷飛行場転用基本計画」が沖縄振興開発計画に則って推進されるよう、読谷村と協力して跡地利用計画の策定及びその実現に努めるものとする。

附　則

この要綱は平成11年6月8日に策定した。

この要項が対象としている場所は、すでに返還済みの滑走路東側であるが、読谷村は「①黙認耕作地の測量、図面の作成及び耕作者の調査、耕作者台帳の作成」をするとともに、「②黙認耕作の解消を図る交渉」を行うものとされている。このように、黙認耕作は解消すべきものとされている。

沖縄総合事務局は上記「②の交渉の結果を受け、法令の定めるところに従い適正に対処する」ものとされ、那覇防衛施設局もこれに協力する。沖縄県は、沖縄振興開発計画にのっとって「読谷飛行場転用基本計画」が推進されるよう読谷村と協力して跡地利用計画の策定及びその実現に努める」ものとされている。これからすれば、黙認耕作者への対応は読谷村に任せられていると思われる。

そこで、同村補助飛行場転用促進課で話を聞いた。そこで話されたことが、読谷村としての立場なのかどうかはっきりしないので、あくまでわれわれは次のように聞いたということであるが、メモによれば次の通りである。

＊戦後処理は時間がかかる問題なのに、一部の性急な権利主張者が話せなくしてしまっている。
＊立ち退きの際の補償については、植えてあるキビとかの作物補償はするが、それだけ。これまでの補償事例についての話もしてくれた。
＊この問題は沖縄だけでなく、本土を含む他の返還地とのバランスもあるので、ここだけ特別なことをするわけにはいかない。
＊しがみついても先は見えている。
＊先例として立川。それから白保。

もし、読谷村がこのような立場であるとするなら、黙認耕作というのは単なる不法占拠に過ぎないと考えているものと推測されたのである。そうだとすれば、1985（昭和60）年に「読谷飛行場転用計画」が作成された頃の読谷村の立場とは違うように思われた。

調査当時、黙認耕作だけで生計を立てている者は農家台帳に記載されていなかった。いくら高い農業生産力を持っていたとしても農家として認められず、農業委員の選挙権や、軍用地以外の、つまり、通常の農地の売買権を有しない。

ところが、山之内氏は、沖縄県農林水産部としては、黙認耕作者も調査対象として収量などを把握し、農業基本台帳に記入していくよう促していたとし、次の二つの文書をあげている。一つは、沖縄県農林水産部長から沖縄県農業委員会にあてた「農地基本台帳の作成について」と題する文書である（農政第881号　昭和51年2月5日）。これによれば、黙認耕作地も含まれる。もう一つは、沖縄県農林水産部長から各市町村農業委員会へあてた「農業委員会選挙の選挙人の資格要件の審査について（通知）」と題する文書である（昭和63年1月27日）。ここでは「資格要件の基礎となる耕作面積の認定にあたって、いわゆる黙認耕作者における耕作を正当な権原に基づく耕作ではないとして耕地面積に参入しないという取り扱いをしている事例が見られたので」、上記「農地基本台帳の作成について」に留意して今後の取り扱いに遺憾のないようにと通知している。しかし読谷村では黙認耕作農家を農家として認めなかった。それは読谷村の軍用地等地主会が反対したからである。山之内氏が紹介している、読谷村軍用地等地主会から読谷村農業委員会にあてた、「黙認耕作地に係る農地法等の取り扱いについて（要請）」と題する1991（平成3）年8月26日付文書を読むと、このことがよく分かる。この第1項で、「軍用地は、民法に基づく先行された法律行為（双務契約）であり、農地法等の及ばないのが正当であり、基本的理念である。」とし、第8項で「経営面積に参入希望者は村民のごく一部であり、それに比較して、参入すべきでないとする村民が多いことを念のため申し添えます。（村民総意の尊重）」とある。最後のまとめの文章は、「貴委員会が村民少数の意見を反映して黙認耕作地を経営面積に参入するとした場合、我々全地主は、地主以外の耕作者を排除し、最悪の場合は阻止行動を取る」としている。

山之内氏によれば、1983（昭和58）年の「読谷飛行場転用計画調査報告書」も、1985（昭和60）年の「読谷飛行場転用計画」も、それに続く1987（昭和62）年の「読谷飛行場転用基本計画」もすべて、旧地主関係者とその家族の支持を受けて推進されたものであるという。この支持を得て、読谷村は飛行場内に思い通りのものを建てることができた。他の軍用地と比べ、読谷飛行場は国有地で、旧地主といっても、はっきりした立場ではなかった。だからこそできた施策なのだ、と。そして、664名とされる旧地主数は、3000票の得票につながるから、十分な政治的意味を持ち得たのだというわけである。

照屋氏宅で会った黙認耕作者の人たちが、絶えず旧地主のことを持ち出して、反感を込めた口調であれこれいうのを聞いて、同じ耕作者として一つにまとまれないのかと思ったのであるが、もう20年以上にもなる対立であったということなのか。

たまたま、1991（平成3）年8月31日の沖縄タイムスに掲載された渡久地政實弁護士の「黙認耕作地補償問題」と題する文章を読んで、これとまったく同じとらえ方をされていることに気づいた。渡久地弁護士は次のように書いておられる。

黙認耕作地補償問題の特異な点は、沖縄における他の土地問題のように国・米軍対住民という形ではなく、村対住民、住民対住民という形で争いが生じていること。

旧陸軍が取得し敗戦後は米軍が使用していた読谷村の土地に、戦後二年ほどたって、避難していた村民が戻ってきた。折からの食糧難、生活のため住民は基地内遊休地を耕作し始めた。まったく自然発生的だった。

彼らのほとんどが元々の土地所有者ではなかった。だから権利関係とは関係なく耕作を続けていた。初めは彼らを排除していた米軍は、後には許可証を公布（ママ）するなど黙認の態度に変わった。

復帰後、旧地主らは飛行場跡地の返還要求運動を始めた。村もこれをバックアップし転用基本計画を策定。跡地を、旧地主が構成員となる農業生産法人に帰属させることなどを求めた。

これらの主張に、生活の基盤が失われるとして現耕作者らが反発。村に対し、計画を原案通り実施するならば補償せよと要求している。一方、村や旧地主らは現耕作者に補償しなければならない法的根拠はないとして拒んでいる。

村や旧地主が言うように、現耕作者の権利を法的に主張するのは困難。しかし終戦直後からこれらの土地を基盤として生活してきた人たちを無補償で追い出すのもおかしい。この問題は、戦争があったために起きた沖縄の社会事象の重要な一局面だと思う。

こういう状況を反映して、黙認耕作者と読谷村との間の紛争は裁判にもなった。

前掲1999（平成11）年2月刊の「亜熱帯農工業研究・試験場整備事業（基本構想策定）業務報

告書」第4章3（79頁以下）で、読谷飛行場の黙認耕作に係る三つの裁判例について述べられている。第一の事件も第二の事件も1988（昭和63）年に提訴されている。第三の事件は第二の事件の続きである。上記の渡久地弁護士は、第二、第三の事件で黙認耕作者の訴訟代理人となっている。

第一の事件は、那覇地方裁判所沖縄支部昭和63年（ヨ）第34号土地立入禁止等仮処分命令申請事件である。字喜名在住の黙認耕作者O氏は1973（昭和48）年から本件土地を耕作し、占有してきたところ、1988（昭和63）年3月読谷村は本件土地の一部を含む道路工事に着工しようとしたので、O氏が立入禁止等の仮処分を求めたものである。決定は1988（昭和63）年5月10日に言い渡され、O氏の請求は却下された。決定の理由で、裁判所は、O氏の占有権を認め、読谷村らに対する妨害予防請求権を有することを認めている。しかし、占有が妨害されるのが本件土地の僅少部分に過ぎないこと、O氏はこの道路工事を承諾していた形跡があること、この道路ができれば住民の通行及び農産物の出荷などに多大な利便をもたらすものであり、しかも工事はかなりの程度進んでいるにもかかわらず、本件土地の箇所で工事が中止されることになると社会、経済上の損失は大きいことが認められるとして、裁判所はO氏が占有妨害の予防を請求することは権利の乱用として許されないとした。（昭和63年5月10日決定）

第二の事件は、那覇地方裁判所沖縄支部昭和63年（ヨ）第75号占有妨害禁止等の仮処分命令申請事件である。債権者は読谷村、債務者は黙認耕作者の1人M氏と、照屋氏を代表とする読谷旧飛行場耕作者の会である。読谷村は1978（昭和53）年4月1日、「読谷貯水池」（上水道タンクで、直径34mのコンクリート造りの構造物）を沖縄県から譲り受けるとともに、国からはその敷地を無償で借り受けた。M氏はこの敷地の一部を1975（昭和50）年1月頃から継続して耕作して使用し、1988（昭和63）年7月頃も甘藷を栽培して使用し、占有していた。沖縄県の立案した読谷調整池整備事業を実施するため、上記「読谷貯水池」を除去し、ほぼ同規模の「読谷調整池」（上水道タンク）を設置することとなったため、沖縄県の要請を受けて読谷村は上記敷地を確保して提供することとなり、同年7月27日から29日までの間に、上記敷地のほとんどの地点に鉄製のフェンス（直径10㎝の鉄製のパイプの支柱と金属製の網を組み合わせて作ったもので、支柱を地中に打ち込んで立てたもの）で囲い込んでこれを管理するに至った。読谷旧飛行場耕作者の会の会長照屋氏ほか数十名の会員は、27日と28日の両日、フェンス設置工事現場において、読谷村に対しフェンスを設置しないよう申し入れ、また、上記敷地に座り込むなどしてフェンス設置に強く抗議した。なお、M氏と照屋氏は同年1月以来読谷村に対し、「読谷調整池」の設置によってM氏が土地耕作することができなくなることによって受ける損害をM氏に支払うよう求めているが、読谷村はM氏に対し、請求には応じられない旨回答している。裁判所の判断によれば、このようにして読谷村は、7月29日に上記敷地の中のM氏が占有していた部分も含めて占有するに至り、その占有もその後6ヶ月余りの経過によって安定した事実状態を形成し、現に占有していることが認められるとする。これに対して、M氏と読谷旧飛行場耕作者の会は読谷村の占有を妨害するおそれがあるものといえるとして、裁判所は、読谷村が、M氏に対して妨害排除請求権を、M氏と読谷旧飛行場耕作者の会に対して妨害予防請求権を有すると認めた。M氏の、読谷村によるこのような請求権行使は権利乱用であるとの主張は理由がないとして認めなかった。保全の必要性についても、裁判所は、M氏の植えた甘藷を撤去しなければならないこと、「読谷調整池」建設は国庫補助事業であるが、予算措置を得るためには読谷村は、敷地の占有を安定したものとして確保して国との交渉に当たる沖縄県に提供する緊急な必要性があり、もし、それに失敗して予算措置が得られないとなると、読谷村の受ける損害ならびに債権者から給水を受ける利便の喪失は大きく、かつ回復しがたいものがあるので、これに比べれば、甘藷の撤去及び土地への立入禁止などによってM氏らが受ける損害は僅少であって、その受忍もやむを得ないとし、結局、読谷村の求めた仮処分命令を認容した(平成元年2月22日決定)。

第三の事件は、第二の事件で甘藷等の収去を命じられたM氏が引き続き、占有回収の訴を提起したものである(沖縄簡易裁判所平成元年(ハ)第120号占有回収の訴)。上記のように、読谷村は1988(昭和63)年7月29日、その職員を多数動員して、M氏の抗議にもかかわらず「読谷貯水池」の敷地を金網で囲い、M氏がその敷地内にある耕作地に立ち入ることを不可能にし、もって耕作地の占有を奪った。読谷村は1990(平成2)年7月20日、敷地を国に返還し、その後、沖縄県は国からこの敷地を無償で借り受けて占有している。そのため、この訴訟では当初の被告読谷村は訴訟の途中で脱退し、沖縄県（企業局）が引受参加人になった。この事件でも裁判所はM氏が1975（昭和50）年頃以来1988（昭和63）年7月29日まで、耕作地を継続的に占有してきたことを認めた。裁判所は、読谷村職員が「読谷貯水池」の清掃を年に2ないし3回行ってきたことや、読谷村が1988（昭和63）年2月2日、「読谷貯水池」の敷地への立入を禁ずる旨の立て看板を4カ所に設置したこと、さらに、同年2月8日書面でM氏所有の農機具小屋撤去を求めてきた等の事実を認めたが、これらをもってしても未だM氏の占有を覆すには至らなかったとしている。裁判所は、M氏が継続的に占有してきた期間にM氏から読谷村への占有引き渡し等について何の交渉もなく、M氏の抗議にもかかわらず、その意思に反して読谷村は「読谷貯水池」の敷地をフェンスで囲い込み、耕作地への立入を不可能にし、M氏の耕作地の占有を奪い、その占有を自己に移した事実を認定し、このような読谷村の占有移転行為は、M氏の耕作地に対する永年の支配状態によって形成されている既存の平和的秩序を崩壊するものであり、非難に値するとした。その結果、裁判所は、M氏の請求を認容し、沖縄県はM氏に対し耕作地を明け渡せとの判決を言い渡した（平成3年9月12日判決）。

この判決に対し、沖縄県企業局は判決を全部不服とし控訴したが、途中で裁判上の和解が成立した。和解条項は、①被控訴人（M氏）は本件訴えを取り下げること。②控訴人は、いわゆる黙認耕作地をめぐる読谷村と被控訴人を含む黙認耕作者間の紛争が両者間で円満に解決するよう最大の努力をする。との2点である。

以上のように、いずれの件でも、黙認耕作者の占有権は認められている。単なる不法占拠者というのとは明らかに違っている。

占有権が認められることから、黙認耕作者は民法196条によって有益費の償還請求をすることが可能であろう。同条は占有者の費用償還請求権についての規定であるが、その2項は、占有者が占有物の改良の為に費やした金額その他の有益費は、その価格の増加が現存する場合に限り、その費用ないしは増価額の返還請求が可能であると規定されている。

黙認耕作者たちは、黙認耕作地を長期間にわたって平穏に占有し、耕してきたのである。その結果、耕作地を立派な畑として維持してきた。読谷飛行場転用計画でも7割以上は農業団地として利用されることが予定されているので、耕作可能な現状で返還されることの意味は大変大きい（なお、周辺の農地が幾らぐらいで売買されているのかを調査の際に照屋氏にきいてみたところ、坪1万5000円から2万円ぐらいとのことだった）。

しかし、たんに有益費償還ということだけで問題を終わりにしていいのだろうか。多くの人が指摘するようにこの問題はもっと大きな戦後処理、復帰処理の問題の一環として考えられるべきである。その際に、黙認耕作者の存在を無視しては正当な処理、解決ができるはずもないことは、これまで述べてきたことから明らかではなかろうか。また、過去の問題としてだけでなく、多くは読谷村民である黙認耕作者の今後の生活設計をどのように考えるのかも大きな問題であろう。

関係機関の中でもとりわけ読谷村は、読谷飛行場内黙認耕作問題解決要綱においても黙認耕作者への対応を委ねられている。この問題は基本的に読谷村の問題なので、村内での話し合いがまとまるならば、それが一番望ましい解決方法と考えられる。読谷村役場の敷地入り口に二つの門柱がたっていて、左側には「自治の郷」と刻まれている(右側は「平和の郷」である)。調査を始めてから何度もこの門柱を眺めてきた。自治の郷というに恥じない対応を示して頂ければとの希望を持った。

この調査をしながら、絶えずフィリピンでの経験を想起させられた。フィリピンに滞在していると不法占拠というのをいろんな場面で体験してきた。

身近なところでは、2001年以来、筆者がお世話になっていたサンアントニオバランガイの老人会長が不法占拠者の会の会長でもあった。バランガイというのは一番下の地方政府単位である。サンアントニオバランガイは、アグダオという大きな公設市場がある地区にあって、ミンダナオ島のダバオ市の中心部に位置している。この市場周辺がもともとは別の場所から移ってきた人々のたまり場で、老人会長のおじいさんもレイテ島から来たそうである。今も貧しい人々が多いが、昔は治安が悪くて物騒な場所だったそうである。不法占拠者は会を作ってダバオ市と交渉した結果、代替地を提供してもらえることとなり、筆者もその場所に連れて行ってもらったが、一応ダバオ市内だというものの、交通不便な山肌みたいなところで、とてもすぐには住めそうにない場所だった。でもとにかく一応代替地は提供してくれたわけである。

それから、ミンダナオ島の国有林になるともっと大規模である。戦後の農地改革がほとんど骨抜きになった代わりに公有天然林地帯に開墾入植させる政策がとられ、1978年までの間に、人口が希薄だったミンダナオ島、パラワン島等の公有林野に国家プログラムによって17万人の人が入植したが、誘発された自発的な入植者ははるかに多く、推計120万人に及ぶという。これも黙認耕作者のようなものだったのではなかろうか。1960年代になって、日本への木材輸出が急増し、主要な外貨獲得源になったことから、広範囲にわたって伐採会社に貸し付けた結果、公有林野内部居住者は不法占拠者（スクオッター）とされ、強制退去させられたのである（永野善子・葉山アッコ・関良基『フィリピンの環境とコミュニティ――砂糖生産と伐採の現場から――』明石書店、2000年、等参照）。

第3章　オランダ・ベルギーの図書館　２００３年9月

『旅の深層』第3章161頁以下に書いたように、2001年5月に私は西川馨さんが企画した英国図書館見学ツアーに飛び入り参加した。私は難聴で、話もよく聞き取れないし、図書館関係者でもないのでこの旅行中ビデオカメラ撮影に専念していた。見学の際のメモは旅行中にホテルで同室だった大阪府立中央図書館の谷山和央氏がコピーさせて下さった。旅行後はビデオをダビングして、参加した皆さんに配っていたのだが、2001年の8月頃からダバオの下宿のパソコンに西川さんから英国の地方行政組織や図書館法関連の質問メールがしばしば入るようになり、東京飯田橋の西川さんの設計事務所などで行われた旅行の報告書編集作業の会議にも何度か出たし、娘や姉と一緒に個人的にも会った。それで西川さんが那覇市の図書館計画に関与されていたことなども分かった。

報告書の出版は、出版社がなかなか決まらなくて、『改革を続ける英国の図書館―最新事情・見学報告―』と題してリブリオ出版企画から出版されたのは2003年3月になってからだったが、出版直前の同月17日に行われた研究報告会では私も話した。報告会に行く前に、飯田橋駅近くのビル内にあった図書館計画施設研究所へ行って、そこで菅原峻(たかし)氏とも会って話した。言うことが非常にはっきりしていて、かつ話しやすい人だった。当時問題になっていた図書館PFIについてもちょっと話し合ったが、図書館なり、それを支える市民なりのイメージがすごく強固にある人だなと感じた。西川さんも一緒に3人でタクシーに乗って図書館流通センターに行き、ここがツアーにも参加していた根岸廣道氏の職場だと分かった。研究報告会はその前のビルで行われたが、ちょうど本ができたところだったせいもあるのかたくさんの人が来て、たぶん50名ぐらい集まった。建築会社勤務の仁科真弘さんが写真を使って旅行報告をしたあと、私も話した。日系人証明の件で2日前にAさんのおじさんと会ったばかりで、これからダバオに行く直前だったので準備が本当にできておらず、何を話したのか記憶がない。「日常の記」の記録を読むと、図書館PFIのことも話したようで、30年契約が長いのか、というと、従来の例からすればそうだが、でも図書館事業ってのは30年間で終わりってなものではないはずだ、と述べ、だいたいPFIというのは「終わり」のあるもの向きだといったようなことを述べたらしい。最後に仁科さんが、実際に桑名市の図書館でPFIをやっている担当者として擁護する発言をした。8時半に終わって、茗荷谷駅近くの店で飲んだようだが、寺田芳朗さんという建築コンサルタントが、名護の中村誠司さんや島袋正敏さんを知っていたのにはびっくりした。

こういう感じになっていたので、2003年はじめ頃にオランダ・ベルギー図書館見学ツアーの話が出た頃は、もう逃げられないな、という感じになっていた。

オランダ・ベルギーの旅は2003年9月6日(土曜日)11:45発スカンジナビア航空便でアムステルダムに着き、同月16日(火曜日)の朝スカンジナビア航空便で成田に戻ってきた。この間の「日常の記」を読んでみたが、図書館見学の際のことにはほとんど触れていない。その具体的な内容は『オランダ・ベルギーの図書館　独自の全国・ネットワークシステムを訪ねて』(教育史料出版会、2004年）に詳しく書かれている。

この旅行には娘が一緒に参加してくれて、「としょかん」№93（2003年11月15日発行）に旅行記を書いているので、ここではそれを引用する。

＊

〈組原慎子　オランダ・ベルギー図書館の旅（2003年9月6日～16日）〉

この旅の11日間のうち、2日は機内で過ごし、5日は図書館めぐり、残りは観光で美術館などを回った。私がこの旅に参加することになったきっかけは、父から行かないかと誘われたことからである。父は図書館と特別関係なかったのだが、99年に他界した母が図書館司書をやっていたので、2年前、母のお友達が父に英国図書館の旅の話を教えてくれたのである。それで、父は今回で2度目の図書館の旅に参加したことになる。

この旅の参加者は図書館員、建築関係、そして図書館利用者の方々だった。私は、いくつかの図書館をちょっと利用してきた程度だったので、この旅についていけるか非常に不安だった。予想通り、それぞれの図書館を訪れる度に、説明や講義内容は難しいと感じた。旅の参加を決めた大きな理由に講義内容のメモを作ることがあった。父が難聴で補聴器を着けており、会話などはできるのだが聞き取りが十分でないため、行ってくれたら助かると言われた。だから図書館のことを知らないのはしょうがないので、とにかくメモをとることに専念していた。

成田空港からスカンジナビア航空でまずデンマークのコペンハーゲンへ向かった。乗り換えてオランダのアムステルダム空港へ飛ぶ。オランダでの印象は人々の背が非常に高いことだった。チーズや牛乳などの乳製品を多く摂取しているからであろう。

着いた初日は夜の8時近くになっていた。ホテルの近くにあるという〝飾り窓〟を歩いた。川沿いに店が並んでおり、その中にいる娼婦が人々の通る道に向いてお客を待っている。男性が喜んでいるのが見受けられた。土曜だったこともあってか多くの人で賑わっていた。我々の団体の何人かが通りすがった時に、「ハポン、ハポン（日本人）」と通行人が笑いながら言っているのを見てバカにされているように感じた。着いた翌日はアムステルダムの町を見学した。建物が白枠にレンガで統一されているところが見られた。外観のため、他の色は禁じられているんだそうだ。夕方、ホテルに戻って来て、夕食まで空き時間があったので、父と個人的に散歩をしようと地図を開くと、アンネフランクの家をみつけた。旅行団員の中の2人の方もお誘いして行こうということになった。もう閉館になるのではとタクシーで駆けつけた。アンネの家、アンネの日記の本物を見て興奮した。日本に帰ってからアンネの本を読みなすことになった。

私は22歳なのだが、この旅の参加者で一番若いということから会計係を任された。途中でいくら計算しても残金の数字が合わないことがあり、幾度か混乱した。当たり前のことなのだろうが、使ったその都度、逆算してメモを書いておくことや肌身離さず持ち歩く責任感を学んだ。参加者は私を含めて22名の団体で、20代は私のみ、30代の方が2名、次は40、50、60、70代で、大人に混じっての旅だった。私も成人を迎えたのだから大人になるのだが、まだまだ一人前ではない。正直にいうと、オランダ・ベルギーの旅というよりは大人の方々の中にいるというのが強く印象に残っている。女性の図書館員や利用者の方々は日本とは違った町の様子や子どもたちをみて「可愛らしい」「まあ、素敵」などと口々に話されており、主婦の視点から八百屋などのお店も見られていたように思う。又、図書館に対する熱い思いをそれぞれが持っていらっしゃるようだった。男性の図書館員、建築家の方々は建物を細かく眺めたり、時々メジャーを取り出して、本棚や机の高さ、長さを測ることもあった。あっと驚くような、面白いデザインを探しながら観察しているんだとおっしゃっている方もいた。通訳の片山睦美さんは、通訳の仕事と共に添乗員の役割も的確にこなされていた。私もこんなに英語が話せればなと思うくらい、かっこよかった。

滞在したオランダとベルギーの図書館について5日に分けて書きたいと思う。

1日目は三つの図書館を回った。初めに行ったアムステルフェーン図書館はスペースをゆったりととってあり、斬新なインテリアデザインが印象に残る。そして利用者に対して今までは、利用者が聞いてこない限りこちらから聞くということはしなかったが、彼らが何を必要としているのかを知ることが大切だと思うので図書館員の方から出掛けていくようにしているとおっしゃっていた。貸し出し返却カウンターとは別にカウンターを設けており、本に関する情報を得たり、相談（レファレンス）ができるようにしてあるようだ。そして常時、図書館員がいるようにしているんだそうだ。訪問したときは休館状態だったので利用者がいなかったのが残念だった。

二つ目は、図書館と言うよりも図書館の裏方の役割をしているプロビブリオというところへ行った。これはオランダにある多くの市町村の公共図書館の運営に関わっていて、それぞれの図書館の問題解決や図書館員の配置に関係し、とにかく大きなものらしい。

そして三つ目はリッセ図書館である。小さな町だが、土地の値段は高く、ガーデニングで成功した人たちが多く住んでいるということだ。素敵なガーデンを持った家々がずらりと並んでいた。図書館の館長はリッセには世界で誇れるものが二つあると、一つはお花で、もう一つは図書館だと。それくらい自信を持っていらした。小さな図書館だったが、ウェスタンハットのような形の屋根で、あっと言わせるものだった。リッセの人々は自分たちの地域に対して関心が薄いそうで、そういうことを知ってもらおうと、地域の情報やリッセの歴史的なことを展示するようにしていた。24時間の返却ポストもあった。図書館の利用法を学ぶために小学校などのクラスを受け入れて学校側との協力もある。特に障害のある子どもたちのクラスが利用しているそうだ。

2日目は二つの図書館を回る。まず、ハーグ図書館へ行った。こちらは高いビルだった。シンプルな印象を受ける。建設するに当たって、図書館側と建築側の意見が合わなく、多くの問題を抱えていたそうだ。例えば、建築側の意見でテラスを付けることによってビルの見た目がよくなると。しかし図書館側にしてみれば、そんなものを作って本でも落とされたらかなわないし、危ないと。建築側にしてみればいいことが図書館側にとって無駄となることが多かったようだ。結局、妥協して完成したようだった。市役所がすぐ隣にあり、そちらと協力して討論の時などに使う資料の提供もあるんだそうだ。1階の奥の隅っこにカフェテリアがついていた。

その後、デルフト工科大学の図書館へ向かう。ここも突飛なデザインで皆さんが驚いていらっしゃった。芝生が山のように盛り上がっていて、その下に図書館があるという状態だ。館内に入ると、円形になっており、その円形にそって本が本棚にぎっしり並べられている。細い階段が付いており、円形状の自習机が2、3階とある。天井はとんがり帽子をイメージしたようなもので、外側の芝生からはとんがった部分が顔を出している形だ。1階にも勉強机やカフェにあるような丸テーブルが数多くあった。細い柱が何本かあったが、その柱はエアーコンディショナーの役割をしていて、手をかざすと風が出ていた。リクエストをすると30分以内に下の倉庫から探し出してコンベヤーでカウンターに運ばれる。下の倉庫は広くて、何人かの人がそこで働いており、ローラーのついた、片足を乗せられる位の乗り物を使ってリクエスト本を見つけていた。図書館の隣には大きな自習室もあり、私語禁止の場所もあった。ほとんどの図書館が充実した自習室を持っているなあと感じる。広くスペースをとれるということから日本と違ってくるのだろうかと感じる。

3日目は三つの図書館を回った。デルフスフェーベンというロッテルダム図書館の分館の小さな図書館。主に子供用で、カラフルなのが印象的。次にロッテルダム図書館へ行く。ここは一番大きかった。いすの配置や本の種類ごとになっている区画のムード作りに力を入れていた。なるべくスペースをとれるように本の数を考えて、量より質を重視していた。そして全体が見渡せるように棚の高さが低めに設定されていた。丁度、半分まで改装中で、改装前後が見られてラッキーだった。改装前はまっすぐに本棚が並べられてあるだけで改装後を見た後だったこともあり、面白みがないように見えた。とてもよかったのだが、自然な感じがなかった。ここまで図書館を回ってきて一番疲れが出て、吐き気がして目が回りそうになった。

三つ目はバスで1時間ほどいったところにあるブレダ図書館に行った。館内のことよりもラテン系のノリの挨拶で現れた館長の方が目立っていた。図書館をビジネスと捉え、情熱的に取り組んでいらっしゃるようだ。日本ではそういうビジネスのようにしていくのは難しいでしょう、できないでしょうと言う声が旅行団員の方から聞こえた。ほとんどの図書館がコーヒーや紅茶でお持てなししてくれるブレイクタイムを設けてくれて印象に残ったのだが、ブレダではジュネーバという地酒まで出てきた。この図書館の中庭のようなところに1本の桑の木があり、窓越しに見えたのだが、横に広がって伸びている。ずいぶん長く生きているそうで、建物を建てるときに残しておき、この桑の木のように低くて横に伸びた形の図書館設計にしたそうだ。俳優さんのような館長で図書館に一生懸命に見えた。

4日目はベルギーの方に来た。二つの図書館を回った。最初はゲント図書館に行く。高いビルで、階段やロビーに芸術品が取り入れられている。美術館から一定期間借りて飾ってあるのだそうだ。図書館の地下ではベルトコンベヤーなんかを使って整理なども行っている。次にルーベン図書館へ行った。こちらの館長さんもラテン風でよく笑う、明るいイメージの方だった。30から40代ぐらいの女性の方だった。館内の壁などが単調なクリーム色で統一されており、それはカラフルな服を着た人たちが目立つようにしたからだとおっしゃった。ロッテルダム図書館とは対照的に自然さを感じた。見学後、ベルギーから再びオランダへもどる。

5日目はマーストリヒト市立図書館を回った。大きくてシステム化を導入していた。ベルギーの後だったのでオランダという感じを強く受けた。こうしてやっと図書館をめぐり終わった。ほっとして午後は父と町を歩いた。町の外れに向かっていくと床屋があり、父はそこで散髪してもらった。理容師さんは黒人の女性だった。中国人の理容師さんもいた。その後、床屋の前のインターネットカフェに入るとそこはイラン人がやっていた。さらに町を歩いていると、この辺りは外国人労働者がまとまって住んでいる地域であることがわかった。訪問した多くの図書館では移民や外国人労働者に言語や教育の問題でどのように対応するかを話していたが、その必要性が実感としてよく分かった。

オランダの図書館は全体的に有料制になっており、場所によって微妙に異なっているようだが、原則として成人はお金を払ってメンバーになることでカードをもらい本が借りられる。他には延滞料があるし、CDを借りたり、パソコンの使用（30分ごとに一定の料金を支払う等）も有料である。有料になっているのが理由でメンバーの数が伸び悩んでいるという問題もあるが、利用者は定着しているようだ。

私はこれまで専ら利用する側にいて、図書館の裏が全く見えていなかった。今回の旅に参加して、図書館が利用者の人々に情報をオープンにしている場所であり、一人ひとりにつながっていくものなんだなあと思った。自分の関心だけから利用してきた図書館だが、運営している人たちの話をいろいろ聴かせて頂いて、よりよい図書館にしたいという思いが分かってきたような気がする。

＊

以上が娘の旅行記である。

旅行から帰ってちょっとして、私は琉球新報10月8日朝刊に、「オランダ・ベルギー図書館の旅」と題して、おおむね次のような記事を書いた。

＊

9月6日から16日まで、オランダ・ベルギーの図書館を見学してきた。一番印象に残っているのはオランダのアムステルダムとハーグの中間にある人口2万2000人のリッセという小さな町の図書館である。

館長のリディアさんはしょっぱなに、「小さな町ですけれど世界的に誇れるものが二つあります。一つは花で、もう一つは図書館です。」と胸を張った。そんなに大きくはないが、機能美の建物・配置で使いやすそうである。大小にかかわらず、オランダの建築は採光が巧みである。そして、見通しのよい構造になっている。

リッセはガーデニングで豊かになった。キューケンホフ公園というチューリップで有名な公園がある。図書館は町議会の支援を受けて1976年にオープンし、2000年に現在の建物ができた。オランダでは議会が行政も担当するが、この図書館は町役場の付属として人々がもっと集まれるところとして建てられた。だから例えば、この辺の開発の会議も図書館の中で開かれているし、地域の歴史を住民に知ってもらう展示や近隣のアーティストの作品展示等、活発にやっている。また、オランダでは公共図書館と学校との連携が密で、他の図書館でも学習中の児童をしばしば見かけた。

館長のリディアさんは、親がインドネシアから来たそうで、実際、オランダでは植民地だった関係でインドネシア系の人や、南アメリカのスリナム系の人々をよく見かける。また、ロッテルダムなど大都会で特に顕著であるが、移民の多い地域では移民への対応も重視されている。

（中略）

2年前に訪れた英国の図書館はサッチャー政権に始まる行革と、IT化の波の中で大きな変革のさなかにあり、その見聞をまとめて、『改革を続ける英国の図書館』と題する報告書が今年リブリオ出版企画から出版された。

英国では納税者に対して十分な図書館サービスが提供されなければならないという強い意志があり、国の図書館政策は日本とは比較にならないほど本格的で強力なものであった。

今回のオランダは国際図書館協会連盟の事務局が置かれている国で、数字的には日本の2・5倍ほどの公共図書館サービスを提供している。

ベルギーもそれに並ぶ水準を保っている。ベルギーの図書館は、今回は、途中2カ所を見学しただけである。EU内は国境というのが事実上ないし、通貨も共通なので、知らないうちにオランダから入っては出るということをくり返した。

ベルギーは、オランダ語地域とフランス語地域にはっきり分かれた連邦制で、図書館なども国全体のレベルでなく、連邦構成体レベルで全部決めてやっている。これから説明するオランダとは別の意味で興味深い国である。

オランダは九州とほぼ同じ面積で、人口約1650万人である（九州よりちょっと多い）。全国が12の州に分かれ、そのもとに547の市町村がある。市町村レベルに本館600、分館550の公共図書館があり、そのうちの60～70％ほどの小規模な図書館は全国に10ある州図書館センター（PBC）と提携し、完全サービス契約を締結している。リッセの図書館も、配本や運営、人事まで含めPBCの全面的なバックアップで成り立っている。

このように、日本でいえば県レベルにＰＢＣという、市町村の図書館を支える組織があり、小さな町でも十分な図書館サービスが受けられる。実際、かなり大きな図書館でも蔵書数にはあまりこだわっていない様子で、それよりも必要な本や資料が必要な時に手にはいるようネットワークを最重視している。

驚いたのは、公共図書館の利用が原則有料であることだ。登録しないと利用できないサービスが多い。会員制図書館の伝統を引きずっているのである。リッセの場合、登録料は年齢によって異なるが、21歳から65歳の成人で年間22・5ユーロ、15歳以下の子どもでも2・5ユーロ。貧しい人々の利用の多い大都会では、子どもは無料のところが多い。それから、貸し出しに応じて著作権料を公共図書館が負担し、それは結局利用者に負担が回ってくるようになっている。日本でも図書館がベストセラーを何冊も大量に買い込んで貸し出すことがあり、著者への補償が問題となり始めている。

オランダの図書館協会は国から援助を受け、公共図書館の方向性をリードしている。こういうふうに、市町村、州、国の各レベルできちんと役割分担できている。日本での制度設計にも大いに参考になると思う。

＊

この新聞記事を書いたことがきっかけになったと思われるが、「沖縄県図書館ネットワークを考える」というテーマを特集した沖縄県図書館協会誌第8号（2004年12月）に書くよう求められ、「図書館ネットワークの比較政策論」と題した論考を書いた。

新聞記事にも書いたように、オランダのPBCは図書館の後方支援（バック・オフィス）の仕事を担当し、利用者に対して直接サービスを遂行する組織ではない。

PBCサービスには次のものが含まれる。管理とコンサルタント業務、スタッフの供給と支援、組織の展開、メディアの選択と読書推進の支援、メディアの取得と貸し出し、情報と検索サービス、図書館間貸借、リサーチとイノベーション、コンピュータ化とデジタルネットワーク、移動図書館サービス、訪問サービスと印刷サービス。公共図書館以外の、例えば学校、教育施設、療養所などの施設もPBCのサービスを利用することができる。

PBCは、提供するすべての製造物とサービスのカタログを、毎年の価格を付して提供する。図書館とPBC間のサービス供給についての合意は、契約書に書き込まれる。PBCは総合的かつ（図書館）技術サービスのための組織として働く。製造物とサービスの分担提供が地方の図書館との緊密な協力の中から発展してきている。政策に関しては、地方の図書館は大部分PBCの理事会におんぶしていて、PBCは地方図書館の関心興味を支援し、共通の政策を定式化できるようにする。地方の図書館を構成している利用者グループは、PBCの製作物とサービスについて議論する。州の図書館政策で現在最も重要なイノベーションはICTを図書館サービスに利用することである。

管理をＰＢＣに譲った公共図書館は、資格のある地域マネージャーを得ることができ、ＰＢＣは中央の雇い主としてスタッフを提供する。スタッフへの政策と訓練はＰＢＣ規模で行われうる。たくさんの実際的な訓練コースが提供されていて、例えば、管理、マーケティング、展示、上演、読書推進、ＩＣＴ、特殊グループへのサービス等である。

ＰＢＣの運営の仕方は州によって異なるが、実際に見学したプロビブリオという、ノールトホラント・ザイトホラント両州担当のＰＢＣの場合、対象奉仕人口６００万人に対して本部スタッフ数は約２５０人（フルタイム換算で約２１０人）、年間予算約１７００万ユーロの約半分に当たる８１０万ユーロは州の助成を受けるが、残りは上記のような業務収入による。

このように、日本でいえば県レベルにＰＢＣという、市町村の図書館を支える組織があり、小さな町でも十分な図書館サービスが受けられる。実際、かなり大きな図書館でも蔵書数にはあまりこだわっていない様子で、それよりも必要な本や資料が必要な時に手にはいるようネットワークを最重視している。我々が見学した公共図書館は大都市を除いて保存書庫をまったく持っていなかった。

公共図書館分野における国の仕事は大部分オランダ公共図書館協会（ＮＢＬＣ）に委任され、行使されている。これは、オランダの公共図書館が中央政府の押しつけを嫌う体質を持っているためであろう。国は、職業資格、ＩＴ、読書推進、外国語のための設備貸し出しを含め、公共図書館のネットワークを維持改善するために、ＮＢＬＣを資金補助する。ＮＢＬＣはプログラムを展開し、新たな図書館サービスプロジェクトを運営し、新しい図書館への挑戦のための政策とプログラムを展開する。NBLCはまた、コンサルタント業務と監督業務を提供し（有料）、知識／資源センターを提供する。

実は、公共図書館も、70％～80％自治体から補助を受けているが、多くは自治体の直営ではなく私立（財団立）である。こういった性格の組織が協調し合ってネットワークを形成しているわけである。是非はともかくオランダでは有料制が定着していて、会員獲得のため図書館を積極的に売り込もうとしているところも見られた。

オランダと並んで、2001年5月に見てきた英国について見てみると、当時英国の図書館はサッチャー政権に始まる行革と、IT化の波の中で大きな変革のさなかにあり、英国では納税者に対して十分な図書館サービスが提供されなければならないという強い意志があり、国の図書館政策は日本とは比較にならないほど本格的で強力なものだった。その反映として、2001年1月、文化・メディア・スポーツ省は公共図書館基準を発表した。全国的な基準を設定し、厳しい監査や検査を伴う（場合によっては自治体内部に立ち入って干渉する）もので、この基準は、アクセス、ICT設備、資料選択等の鍵となる項目について、すべての図書館当局が達成することを要求される最低限の全国的基準を定めることによって、立法的な枠組みを明確にしようとしていた。基準値は基本的に、同年4月1日現在の全図書館サービス統計の上位25％の水準によって基準を定め、それに達することを求めるもので、すなわち、75％の図書館設置体は基準に達していないことになる。そのうえで、各図書館設置体が3年以内、つまり２００４年4月までに達成すべき当面の目標値を設定していた。この公共図書館基準は２００４年10月に改訂され、「公共図書館サービス基準」として公表されていた。

英国でもオランダ同様、ネットワークの大切さは強調されてきているが、それが、どのレベルの自治体が公共図書館を運営すべきかということと関連づけて論議されてきた点に特色が見られる。当初は小さな自治体も図書館を設置していたが、規模が小さいと十分な活動はできないということで、日本でいえば県レベルのカウンティに公共図書館設置権限を持たせることで決着がついた。図書館相互貸借については、１９３１年～37年に、イングランドとウェールズ（ロンドンは除く）に八つの地域図書館局が設立され、各地域ごとに、公共図書館、大学図書館、数多くの専門図書館を一つに結びつけた。各地域図書館局は相互貸借業務の地方機関として活動し、地域内で満たすことができなかった要求のみを国立中央図書館に回した。１９４２年、図書館協会の委託によるライオネル・マッコルビン（ウェストミンスター図書館長）レポートが出た。このレポートは、相互貸借システムは、のろくて、面倒で、高くつくとして、地域図書館局に批判的だった。また、効果的な図書館サービスを確保するためには、もっと大きな図書館サービス単位を創設する必要があると主張し、効果的サービスを行うには最低30万人の人口が必要とし、イギリス全土にすでに設けられていた６０４の図書館設置体を93に減らす等の案を提案した。このような案は小規模な図書館設置体の反発を買い、戦後、適正サイズについての論議が続いた。１９６４年に、公共図書館・博物館法が生まれ、同法は、図書館設置体に対して、「包括的かつ効果的サービス」を義務づけると同時に、零細図書館の統合の方針を打ち出した。

以上のように、形は違うが、オランダでも英国でも、基本的に、公共図書館業務は日本の県レベルでネットワークされるべきサイズの仕事であると考えられている。だから、例えば、沖縄県立図書館と那覇市立中央図書館が並んで建って、同じようなサービスを並行して行うなどというようなことは起こりようがない。

現在どの自治体でも、三位一体改革の影響で図書館予算は劇的に削減され、人員削減も進んで困難な状況に直面している。そのような状況の中で、アウトソーシングは進み、桑名市ではＰＦＩ方式の図書館ができて注目を浴びていたし、指定管理者制度が公共図書館にも導入される流れとなっている。

利用者としては、公共図書館サービスの質は低下していっているように思われる。一番感じるのは、日本の公共図書館の場合、図書館で働きたくて働いている人がどれぐらいいるのだろうかということである。やる気に満ちた、質のよい職員がなぜ育たないのか。どうして図書館は魅力ある職場にならないのか。それから、一般市民に対して良質なレファレンスサービスが行える人がどれぐらいいるかも疑わしいだろう。これは、情報化というより、時の流れが速くなって、実際誰も追いつけないほどになっていることも関係している。例えば、私の専門の法律の世界でも、なにしろ次から次へと新しい法律がどんどん生産されていって、全然知らない重要な法律というのがままある。従来司書に求められてきた能力とはちょっと違った資質が必要になってきているのではないか。沖縄に住んでいると、資料の質と量については、個人的に特に満足できず、一つでいいから満足できる図書館があればとよく思った。沖縄の場合、那覇市にジュンク堂ができるまでは本屋もまったく使い物にならないため、東京などの大書店をよく利用したが、大量で新しいだけでなく、並べ方等からしても、非常によく研究がなされていると思った。沖縄でも図書館を持つ自治体は増え、それはそれで結構なことであろうが、どの図書館も同じような気がする。そして、蔵書はどんどん古くなる。

そこで単純に考えると、仮に県レベルにＰＢＣのようなものがあり、市町村の公共図書館がそのサービスを利用することになれば、市町村間でも無駄が省けるはずで、全体としてはコストは低下し、その分サービス向上に役立てることもできるのではないか。そう思って、例えば、日本の県立図書館がオランダのＰＢＣのような役割を果たすことが現実的に可能なのかどうか、オランダ図書館の旅の仲間の何人かに意見を求めてみた。返答を私なりに理解し、以下にまとめてみた。

相互貸借とかレファレンス等の支援業務ならば、たぶんどの県立図書館でもやっているであろう。しかし、それ以上に、例えば職員や館長を派遣することを通常業務として行ったり、サービスや物品を有料で提供したりすることは、現行法のもとでは困難であろう。

そこで考えられるのはまず、県立図書館が中心となって県内の自治体と一緒に共同組織を作って、ＰＢＣ的な事業を行うことである。すでに亡くなった大澤正雄氏（当時戸板女子短期大学教授、図書館学）は、既成観念を取り払って構造改革特区制度を利用し、県立図書館を中心とする事業体をつくって、市町村から分担金を取り、司書の養成・研修、職員派遣（館長も含み、また他県からの紹介も含む）、資料の選定、購入、整理、供給、レファレンス業務の援助等をこの事業体が行ったらどうかとされる。これによって人材育成ができることは大きなメリットと言えるであろう。また、PBC的な業務の中には、アウトソーシングできる部分もあるだろう。実際、大英図書館ドキュメントサプライセンターやオランダのPBCの一つであるプロビブリオを実際に見た感じでは宅急便の会社のような感じがする。こういった部分は、日本ではアウトソーシングした方がむしろ効率的に行えるであろう。このような事業を民間企業が行うのであれば、指定管理者制度を利用することになるのであろうが、企業の食い物にされることが懸念される。やはり、県立図書館などが中核となってしっかりと組織を把握し、人材を配置していくことが必要であろう。

沖縄県でも、県レベルの組織が何らかの形で沖縄県内の図書館業務を統括する必要性は、最近の情報化の進展とともに現実的な課題となっていると考えられ、そして、こういった問題に対処するのに、沖縄県内の各種図書館組織をカバーしている沖縄県図書館協会は最適な組織の一つではないかと考えられる。

オランダや英国での見聞をもとに考えてみると、実は、県レベル云々ということ以上に、公共図書館の、自治体行政との関係の持ち方が日本と非常に異なっていることに気がつく。例えば、オランダのデン・ハーグ市立図書館がいい例であるが、図書館は市庁舎と併設されている。図書館が自治体行政と不即不離の関係にあることが一目瞭然である。私は、勤務先の沖縄大学で１９９６年度以来、自治体学入門という科目を担当し、那覇市役所の職員を中心とする講師を招いて話を聞いてきたが、２０００年代に至るまで継続してきた流れは規制緩和と地方分権化である。これと並行して、日本の公共図書館の陥没が始まった。貸出業務中心に展開してきたためにアウトソーシングしやすく、どんどん委託が進んだ。しかし、自治体や市民にとって、現在、情報をストックして利用可能にすることは死活の問題であることをしっかり認識しなければならない。それなしでは自治体行政もまともにはできないし、市民へのサービスも尽くせない。その受け皿としての図書館を現状に適合するよう速やかに整えなければ、たぶん取り返しがつかなくなるであろう。

ＰＦＩとの関連で話題になっていた桑名市立中央図書館は２００４年10月に開館となったので同年12月26日に訪問した。訪問後の２００５年1月6日、沖縄大学での自治体学入門の講義で自治体アウトソーシング（外部民営化）をテーマに話した。

那覇市でも、繁多川公民館の運営をＮＰＯに委託することなどが話題になっていたし、那覇市の新都心庁舎（第二庁舎）建設にあたって「リースバック方式」が採用されて新聞記事にもなっていた（沖縄タイムス２００２年10月4日）。これは、庁舎はリース会社を事業者とし、ほか4社が設計と工事を行い、できあがった建物をリース会社が所有し、那覇市が賃借するというもので、市はリース料金を10年かけて支払っていくが、期間満了後は建物の所有権は市に無償譲渡される。

これによって単年度の出費が抑えられるだけでなく「通常の公共工事の6割程度で済む」と言われ、実質的にPFIと同じようなものであることが分かる。

桑名市立中央図書館訪問については、次のような講義案を配布した。

〝桑名市立中央図書館（04年10月開館）見学（041226）〟

「くわなメディアライヴ」という複合施設

1階：多目的ホール、カフェ、託児室、自動閉架書庫等

2階：中央保健センター、勤労青少年ホーム等

3・4階：図書館

桑名駅（JR・近鉄）から歩いてける距離にある。

桑名市は04年12月6日、多度町、長島町と合併。旧桑名市は、2004年3月31日現在で人口11万人余り。旧多度町は人口約1万人、旧長島町は人口約1万5000人。

多度町、長島町にあった図書館は新しい桑名市の分館となったが、旧桑名市域には中央図書館だけしかない。

PFI：Private Finance Initiative

１９９９年「民間資金等の活用による公共施設等の整備等の促進に関する法律」

図書館は、図書館法17条によって対価を徴収しない。収入ゼロ。

サービス購入型ＰＦＩである（独立採算型、ジョイントベンチャー型（従来の第３セクター方式がこの類型）と対比される）。桑名はＢＯＴ（Build Operate and Transfer）方式。ＢＴＯだと、いつでも逃げ出せるし、責任放棄したりすることが考えられる。Ｔ：譲渡がないものは施設等が永久に公的機関・組織の所有にならない。Ｏ：運営が入っている。それがないものは直営方式と考えられる。

出資者：鹿島（代表企業）、図書館流通センター、積村ビル管理、ＵＦＪセントラルリース、佐藤総合計画、三重電子計算センター。

アドバイザー：日本経済研究所。

30年契約。トータルコスト１１６億４０００万円と推計。

ＶＦＭ：Value For Money が強調されるが、その算出方法が明確でないとの批判もなされている。

説明してくれた市の担当者が強調されたこと：図書館における基幹的業務は市が担当する。事業者と市は一体となって業務を担当する。

問題点：30年先を見通せるか？　一番感じた疑問は、説明を聞いても、分館ネットワーク等の計画はないようである。想定されている「業務要求水準」の妥当性はどうか。市職員によるモニタリングは実効的に行えるか。

第4章　週末アジア旅行

本書のまえがきにも書いたように、当時出版されたばかりの下川裕治『週末アジアに行ってきます』（２００４年3月刊）を読んで、２００４年の4月から6月にかけて、そこで取り上げられている台湾の金門島、北朝鮮との国境になっている中国の丹東、タイのメーサロンとテレサ・テンのお墓がある台湾の金山を連続的に旅行した。いずれも短い旅だったが、行った場所を並べてみるとそれぞれの国の辺境が多く、私が行きたくなるようなところがたくさん並んでいたし、なにしろ出たばかりの本だったので書かれている内容が最新で、そのままガイドブックとしても使える感じだった。

〈台湾・金門島　２００４年４月〉

４月９日（金曜日）、那覇市の自宅からモノレールで空港。11時20分発ＣＩ１２１便で台北。台北のイミグレーションはすごい人だった。中国のパスポートを持った人たちが並んでいた。その後の荷物もなかなか出てこなかった。税関はフリーパスに近い形。出たところで5万円両替。20元のチャージを引いて、１万５００５元来た。１元3・3円。それから空港バスで台北駅に行く。１１０元。1時間ちょっと。歩いて、ゲストハウスおおしろを探していく。これがなかなか難しかった。途中、地図を持って歩いていたら、女の人が日本語で、分かりますかという感じで日本語で話しかけてきた。分からなくなってファストフードの客引きみたいな人にきいたら、親切で柔らかい物腰だった。ゆったりした雰囲気が気に入った。何とかたどり着いてチェックイン。ちょうど名古屋からの宿泊者もオーナーの大城さんと一緒に着いたところだった。1泊目が400元、あと350元だそうで、3日分1100元払う。私の部屋は2段ベッドが三つ入っていて、上のベッドになった。近くのニコマートで水とジュースを買ってくる。それから出て、まずタクシーで、『週末アジアに行ってきます』に書かれている勝美旅行社に行く。金門島のツアーはやっていないそうである。つまり自分で切符を買うしかなく、しかしここでは扱っていないというので、台北空港（国内線）に行く。遠東航空というのがいい時間に飛んでいるのでそれに決めて、明日の日帰りの切符を買う。3980元。歩いて忠孝復興駅まで行って、そこから地下鉄で台北駅に行く。そして、おおしろに戻ってくる。近くに図書館の入った公共ビルがあったので入ってみた。4階が図書館。たくさんの人が来ていた。荷物は何でも持って入ってかまわないが、入り口に無断持ち出し防止装置がついている。日本の新聞は産経が入っていた。おおしろの近くの食堂で排骨飯というのと、野菜スープ。ちょうどいい分量だった。65＋25元。おおしろに戻る。おおしろの主の大城勉さんはきいてみたら名護出身の方だった。インターネットを使わせてもらって、娘等にメールを送る。大城さんとも、ちょっと話をする。大城さんは16日から21日まで名護に帰る予定だそうで、ここはお休みになるらしい。シーミーかな。たまたま今晩は夕食会の予定があるとのことだったが、7時半になってもその様子がないし、そもそも私はもう食べたので、シャワーを浴びてゆっくりする。黒糖の甘みがついたお茶（黒糖冬瓜茶）を買ってきて飲んでから、9時過ぎには寝てしまった。台北はタクシーがとにかく多いのでびっくりした。初乗りが70元である。高くない。車は多い。

10日（土曜日）6時頃起きる。7時前にインターネットでメールを送ってから出発。地下鉄で中山國中駅まで行き、そこから歩いて飛行場。遠東航空でチェックイン。8：55発EF053便で10時頃金門島に着く。しばらく動き方を検討してから、タクシー乗り場に行く。一番前で客待ちしているのが若い女性の運転手だった。行きたいところを『地球の歩き方』で示して、時間決めでやってくれないかと筆談すると、1時間400元と。高いのか安いのか分からないが、『地球の歩き方』から予想した値段よりずっと安かったので、即決。ちょっと走ったところで、帰りの切符を見せて、5時間、つまり2000元でお願いする。彼女は、適当に見所を順に回ってくれた。民俗村で一緒に、名物料理（ウニか貝か、そのようなものの汁と、お好み焼き風のもの）の食事をしたが、彼女が払おうとしたのを私が払った。100元×2。それでか、途中セブンイレブンでジュースと水を買って私にくれた。自分でも飲んでいた。お返しというのをするところなんだなと思った。彼女は私の興味に敏感に反応してくれて、たとえば、資料館でコーリャンが写真パネルになっていたので、これが今畑に生えているものなんだなというと、コーリャン酒造所に連れて行ってくれた。38度のコーリャン酒を買った。アモイへの船が出るところに連れて行ってくれて、そこには実際にアモイに行く船も停泊していた。タテマエとは違い、実際にはこうしてフェリーでアモイとの間を人が動いている。金門島での見所というのは、どうしても中共軍との交戦関連のことになる。武器や軍用機等の展示がしつこいほど何度もあった。普通の民家とかお墓を見たかったのだが、ちょっと無理。ちょうど3時半に空港に戻ってきて、まだ時間があり他の会社の先に出発する台北行きが空席があったので、遠東航空のカウンターで他の会社に変更できないか聞いてみたが、だめだという。それで待って、17:40発のEF060便で台北に戻る。地下鉄で台北駅に戻り、おおしろに荷物を置いてから出て、中山駅方向に歩いていって、今晩は鶏排骨を食堂で食べてから帰る。台湾ビールを飲んでから寝る。

11日(日曜日)、10時過ぎに起きる。インターネットでメールを送ってから出て、まず、台北駅前の新光三越前ビル展望台。150元。霞がかっているのかスモッグなのか、遠くがよく見えない。おりてから、三越内の食堂街で、村吉の日式素食定食というのを食べる。110元。素食というのは菜食ということである。地下鉄で淡水に行く。河岸公園になっていて、お寺もあるようで、とにかくすごい人出である。歩きながら腸詰めを食べ、酸梅湯を飲む。とにかく暑かった。帽子をかぶり、サングラスをかける。足が疲れるまで歩いてから、地下鉄で戻ってきて、台北駅で乗り換えて西門というところに行ってみたが、特に興味はわかないので、ちょっとで引きあげる。宝くじ売りがやたらに多い。そして、売っているのは車いすの人とか、障害者が多いので一種の社会政策ではなかろうか。おおしろに戻って昼寝する。起きてから、まず、台北駅前の中正飛行場行きバスの出発場所に行って確認すると、朝5時から出ているので、明日はこれで行けるだろう。それから台北駅北側の市場の方に入る。台北では、デパートも多いし、コンビニなど日本以上であるが、昔からの市場もまた活気がある。地下鉄の中山駅の先まで歩いていって、引きあげる途中で牛胃麺を食べた。あっさりしてちょうどよかった。主人がすごく色白で、大陸から来た人ではないかと思った。おおしろに戻る。札幌から来た方と、ビールを飲みながら話した。誕生日前後2週間沖縄に誕生日割引の片道1万2000円で来ていたが、この4年間で沖縄の離島はだいたい回ったので、今回は台湾だそうである。

12日（月曜日）、4時過ぎに起きて、5時前に台北駅前。5時発のバスで中正空港。お金が5000元も余ってしまったが、近いうちにまた来るだろうから、再両替しないことにした。8：10発CI120便で11時前に沖縄に着く。

ゲストハウスおおしろは『地球の歩き方』に載っていたので知ったが、とにかく場所が台北駅から歩いて行けるところにあるので、その後大城さんが沖縄に引きあげてくるまではひんぱんに利用するようになった。

旅行の前後に、亜洲奈みづほ『現代台湾を知るための60章』（明石書店、2003年）を読んでいた。台湾は、2000年に陳水扁氏が総統（大統領に相当）に就任し、与野党交替とともに半世紀近く続いた1党独裁制が終わり、大陸への抵抗から、大陸中国との共存、大陸中国と同時にWTO

加盟等、国際社会への復帰も進んだ。

経済的に四小龍、ＮＩＥＳの一つとして韓国と並べられていたが、経済的にはかなり違い、台湾は企業名をふせた相手方ブランドＯＥＭ（Original Equipment Manufacturing）生産でひそかに世界各国に浸透し、韓国が大財閥志向であるのと比べて中小企業志向が強かった。大陸中国との間ではなし崩し的に緊密な分業体制が営まれ、中小企業の生き残り策としてコストダウンのため労働力の安い中国大陸に進出したがっていた。民族分裂についても、内戦は朝鮮戦争よりはるかに長く、米ソの代理戦争ではなく自発的なものだった。大陸から来台した人々は主に男性兵士だったが、台湾の女性と結婚する形で根づき、公に帰郷が認められるようになった関係もあって離散家族問題も統一の求心力にはならない。台湾の海外直接投資が受け入れを超えたのは１９８８年で、アジア通貨危機では輸出産業（例えば台湾の代表的パソコンメーカー「エイサー」等）はメリットを享受した。

２００１年１月１日より金門島―アモイ、馬祖島―アモイ間に定期船の直行便が就航し、２００３年には中華航空が初めて上海に乗り入れ。２００４年末本格的直航の準備を進めていた。相互定住化も進み、大陸妻は国際結婚の６割を占めていて、９割以上が女性は大陸側で、夫婦の年齢差は平均16歳だった。

金門島を訪れた当時はこういった状況だったので、純然たる観光地の感じだったが、現在はまた全然違う感じになっているだろう。

〈中国・大連、丹東　2004年5月〉

5月20日(木曜日)、調布の娘のアパートを朝5時半出発。新宿から成田エクスプレス3号で空港。10：15発全日空NH093便で大連に。着いてから、3万円両替したら2144元来たので、元の15倍すれば円になる。空港バス(5元)で大連海橋大酒店に。1泊400元あまり。蔡莉萍さん(厦門出身の卒業生)のお友達の周昌輝さんの携帯に電話したら連絡が取れた。大連駅まで歩いていく。快晴で日差しがまぶしく、のども渇いた。駅で丹東行きの車を探すと100元だそうである。明日の朝、駅横の郵便局前に来るようにと教えてくれた。夕方7時にホテルロビーで周さんと会う。私の話を聞くと周さんが明日のセットを全部やってくれた。すごく安心した。周さんは、出版関係の仕事をしているようだが、感じから中国の「幹部」と思われた。日射病か、過労か、ふらつくので早く寝る。

21日(金曜日)、ホテルで朝食。ホテル代と込みかと思ったら30元別払い。8時に周さんが来て、チェックアウトのあと、周さんが手配してくれた運転手つきの車(フォルクスワーゲンの黒塗りの車)に一人で乗って丹東に行く。昼過ぎに着く。ちょうど4時間。中連大酒店前で、丹東を案内してくれる劉さんが待っていた。まずホテルにチェックイン。北朝鮮とつながっている橋の見える部屋は高くて526元。車で、まずレストランに行って食事。ソバのようなものがおいしかった。それから、長城に行く。山を登るのは相当キツイ。ぐるっと回ってからホテル前に戻ってきて、船で北朝鮮側を見る。橋も歩く。橋は途中で切れている。夕方5時頃別れて、ちょっと休んでから、散歩に出て、食堂でおかず2品と白いご飯を食べたが、おかずの一つは辛くて少しだけ。もう一つのなすと肉のはさみ揚げのようなものはおいしかったが、疲れすぎて食欲が出なくて、たくさん残した。合計30元ぐらい。ふらつくので、早々に寝る。

22日(土曜日)、6時頃から散歩。丹東駅周辺を歩く。毛沢東像があった。朝食は込み。8時にチェックアウトし、劉さんの車で、五龍山。ここの山登りも相当キツイが、たくさんの年寄りが来ていた。今日はえらい坊さんが来る特別の日で、すごい人出だった。市内に戻って、錦江山公園。昼食は皇朝レストランという韓国料理店。劉さんは刺身は食べないそうである。そばとおかずに中華まんじゅうみたいなもの。うまかった。抗美援朝記念館。午後2時に道路で待ち合わせ、劉さんと別れて迎えの車に移り、夕方6時過ぎに海橋大酒店にチェックイン。周さんには電話でお礼を言う。散歩に出たら、女の子の乞食に物乞いされ、ポケットから50元札が出てきたので、まあ最後なのでいいかと思ってあげたら、その姉か妹も来て、同じだけあげないととてもおさまらない様子なのでまたあげる。母親もいて3人でホテル前に立っていた。中山公園まで歩いて行ったが、疲れがひどいので、ビール等を買ってからホテルに戻ってNHKで巨人・阪神戦を見る。それが終わった直後から、テレビは小泉首相一行と帰ってきた拉致家族の5人の子どもたちのことばかりになった。ちょっと興奮して寝つきにくかった。

23日（日曜日）、6時前から散歩。中山公園は主に年寄りがグループで来て、踊りの練習やバドミントン等をやっている。リーダーがいる。10時前にチェックアウトしてタクシーで空港。30元。NH904便で成田に5時過ぎてから着いた。旅行中、どちらのホテルでもeメールは使えなかった。ADSLの宣伝は大きくやっているから、インターネット自体はあると思うのだが。

〈タイ・メーサロン、台湾・金山（テレサ・テンの墓）　2004年6月〉

6月18日（金曜日）、9時に那覇の自宅を出て、モノレールで空港。11：20発中華航空CI121便で台北。13：05発CI121便で4時頃バンコク着（日本より2時間遅れ）。着いたら笑いが漏れた。緊張が抜けて、調子が出てきた。3万円両替。1バーツがだいたい3円ぐらい。歩いて国内線ターミナルに移動し、18：20発タイ航空TG142便でチェンラーイに夕方の7時半頃着。リムジン（200バーツ）でツーリスト・インに行って投宿。1泊200バーツ。ちょうどオーナーの大久保さんがいたので相談すると、今日中に手配しないと明日では遅いということなので、歩いてJトラベルに行って、明日の旅行手配をする。車代等込みでガイド料金2000バーツ。インターネットカフェでメールを送り、麺を食べてから、ナイトバザールを見に行く。しばしばにわか雨が降る。ホテルに戻ってからビールを飲んですぐに寝る。

19日（土曜日）、朝9時に運転手つきの迎えの車が来る。ガイドはSaengduan Saranoさん（女性）。はっきりした英語で、大変分かりやすかった。まずゴールデントライアングルとアヘン博物館を見てから、国境のタチレク。1日日帰りのビザを取得してビルマ（現ミャンマー）に入国。ビザ代350バーツ。国境を越えてから別の車で、まず寺に行く。仏像が三方向から違う表情に見えるようになっていた。寺院で小鳥売りの子どもがいたので買った。小さなかごに入った鳥を買って、その鳥をかごから逃がしてやるのである。女の人はたいてい顔に塗料のようなもの（タナカ）を塗りたくっている。それから、民家を見た。相当昔の感じである。そして市場。ガイドさんは手提げの袋を探すのに夢中になってしまった。550バーツだというので、プレゼントに払ってあげたらものすごく感激されて、お返しに宝石風の首飾りと腕輪を買ってくれた。タイに戻って昼食後、メーサロン。こんなに山奥だとは思わなかった。途中で大雨になった。村の入り口あたりでお茶を飲んでから、村を見物。坂道に沿った家が建っている。ちょうど5時にチェンラーイに戻る。昨夜空港に着いた時はレンタカーでまわろうかと考えていたのだが、今日のような観光はガイドしてもらわなければ到底不可能だった。これで一日2000バーツというのは安い。インターネットカフェで降ろしてもらい、メールを送ってから、ツーリスト・インに戻り、宿の大久保さんの息子さんに空港まで送ってもらう（150バーツ）。大久保さんはタイ人と結婚している。20：25発TG

143でバンコクに10時着。予約がなかったので、はやく行って決めようと思い、リムジン（550バーツ）でバンコクセンターホテルに。空室があってホッとした。歩いて高架鉄道（BTS）の駅に行こうとしたがなかなか出ないので引き返して、ビールを飲んで寝る。

20日（日曜日）、6時に起きて、タクシーでサイアムセンター。サイアムセンター周辺は、車で入るにはお金を払わないと行けない（ゾーンがあるのでしょう）。1日フリーパスを買う（100バーツ）。高架鉄道に乗ってまず北のモーチットに行ってみる。市場はまだ開いていないので戻って、東バスターミナルまで行ってみる。それからナショナルスタジアムまで行って、歩いてホアランポン駅まで行く。以前はこの周辺に泊まっていたので懐かしかったが、区画整理が進んで安宿は無くなっていっているようである。ホアランポンでドンムアン行き列車の時刻表をもらったら、9：10発の普通列車があったので、それで行くことに即決し、ホテルに戻りチェックアウト。9：58にドンムアン空港に着いた。駅前の屋台店でイモとバナナの天ぷらを10バーツで買って、空港内で食べたら満腹した。13：30発CI694便で台北に夕方6時過ぎに着く。残ったバーツを元に両替。バスで台北駅。120元。まっすぐゲストハウスおしろに行く。大城勉さんとちょっと話しただけで、シャワーを浴びたあと、そのまま寝てしまった。

21日（月曜日）、6時に起きて、台北駅の北側のバスターミナルからバスで金山。95元。1時間ちょっとで着く。タクシーでテレサ・テンの墓。往復600元。同じタクシーでキールンまで行く。700元。値引きすればできたんでしょうが、十分持っていたので、いいやという感じで値引き交渉はしなかった。運転手のおじさんは大喜びのようだった。途中で知り合いのおばさんをちょっと乗せてから降ろし、また、後半はバス乗り場で待っていた女生徒みたいな娘を乗せてそのままキールンまで着いた。仏光山・極楽寺で降りる。そこから歩いてキールンの中心部に戻って、麺を食べてから、国光バスで台北に11時に戻る。おおしろのそばの理髪店で散髪。900元。髪を切って洗ったあとでひげを剃るのが日本とは違う。耳たぶも丁寧にそってくれた。それから、弁当（排骨飯）を買って、おおしろに戻って食べる。大城さんのお友達なのか、こちらの人と結婚して住んでいる方と話した。話を聞くと、ビザはなかなかとれなくて、結婚するのが一番簡単みたいだが、でも、仕事がなかなか見つからないということだった。午後1時前に出て、バスで空港に行く。14：30発CI122便で沖縄に夕方の7時過ぎに着く。

『週末アジアに行ってきます』の「中国国民党の老兵たちが待ち続けた出撃命令」という章の場所がメーサロンである。中国共産党の勢力が優勢になって蒋介石は軍隊を率いて台湾にその拠点を移したが、雲南省にいた国民党勢力には台湾はあまりに遠く、彼らはビルマへの逃走を開始したが、そこには英国軍がいて、結局落ち着けた標高1350メートルの場所に忽然とメーサロンという町が出来上がったのである。彼らは台湾との連絡ルートを開設していき、物資や資金は台湾からも届き、一時期メーサロンと台湾を結ぶ軍用機すら就航していたのだという。彼らも飯を食わねばならなかった。ベトナム戦争時、タイ、ラオス、ビルマ国境に暮らす山岳民族がケシの花からとるアヘンは、潮州系中国人がもっていた技術で精製され、モルヒネやヘロインになっていった。それらはロバの背に積まれて国境を通過していったのだが、国境の稜線には国民党の町や村があり、彼らは通行税という形で金をとり、ときに運び屋になり、ヘロインシンジケートの一翼を担った。しかし、台湾政府が発するはずの出撃命令はその後も届かず、メーサロンの国民党もタイ軍の手先になることを受け入れ、武装解除に応じていった。今は道に沿って何軒ものお茶屋が並び、名産のお茶が飲めるようになっている。

台湾出身のテレサ・テンは、父親が元国民党軍の職業軍人であり、彼女自身、軍隊への慰問活動を熱心に行っていた。お墓は台湾にあるが、持病の喘息をこじらせてタイのチェンマイで亡くなったのだった。そういうことで、『週末アジアに行ってきます』の「年に一回のテレサ・テンの墓参りを去年は実現できなかった」の章とくっつけて旅をした。

それから2か月後の2004年8月にも娘と沖縄からマニラ経由でダバオに行き、帰りに台湾に寄って、台中の国立図書館に行っているし、2005年6月には姉と台北からタクシーで霧社に行っている。

第5章　スリランカ・南インド旅行　2004年9月

南インドに行ってみたいという考えは1988年10月に那覇市内の映画館で開催されたインド映画祭でタミル語のインド映画を見て以来ずっと持っていた。この時見たのは「第一の敬意」という題の映画である。ネットで検索したら、「日印交流年　インド映画の輝き」https://intro.ne.jp/contents/2007/10/05_2146.html#29 という記事の中にあらすじが書かれていた。

『第一の敬意』

MUDHAL MARIYADHAI（PRIME HONOUR）（163分・35㎜・カラー・タミル語）
'85（監）（脚）バーラディラージャー（原）R・セルヴァラージ（撮）B・カンナン（音）イライヤラージャー（出）シヴァージ・ガネーサン、ラーダー、ディーパン、ランジャニ
村の実力者がよそ者の女性との間にあらぬ噂を立てられるが、彼女の真心に触れその真実の愛を知る。バーラディラージャーはタミル語映画の人気監督の一人。ラジニカーント主演作でもお馴染みの大御所俳優S・ガネーサンが誠実な初老の男を好演、ヒット作となった。

この映画を見て私は次のような感想を書いている。「妙な題だと思ったのだが、素晴らしい。昨日一番感激した「渡河」と比べ、優劣付け難い。タミル語の映画なので南インドの様子が分かるんではないかと期待していた。歌でのやり取り、パンチャーヤト（注・長老会議制。「パンチャーヤト」とは本来、5人（パンチ）の賢い尊敬されている年長者の会議（ヤト）が村落共同体から選ばれ、その決定

に従うという意味である。伝統的に、これらの会議は個人同士や、村同士の争いをおさめてきた)、カースト、ヨソ者の扱い、どれをとっても興味深かった。インド南部の豊かさも実感できたし、話の筋もよくできている。」

なお、「インド映画を見よう」という題で書いた私の投書が1988年10月7日の琉球新報に掲載された。投書が採用されたのは初めてである。妻に、インド映画祭の観客が少なかったことを話したら、書け、と言うので書いた。それを、どのようにしてかは知らないが、妻が新聞社に届けた。インド映画祭は10月7日までなので、もう掲載されないのだろうと思っていた。職業として、原稿には末尾に「沖大講師・弁護士」と書いたら、新聞では「弁護士」だけになっている。

インド映画を見よう　弁護士 組原洋

今、那覇市桜坂の名画座ロキシーでインド映画祭をやっている。公開されているのは七本で、一日に四本の割合で七日(金)までやっている。

なかには、もうテレビで見たのもあったし、私にはつまらないのもあるが、とても素晴らしい作品が多い。とにかく、リアリティーがあるのが共通の特徴で、多大の興奮と刺激を与えてくれた。

ところで、このインド映画祭は、琉球新報社の主催であることもあってか、大々的に前宣伝されたのに、その割には観客数が少なすぎる、というのが、土曜(深夜)、日曜と二日行ってみての印象である。全く意外である。インドは、若い人びとに人気があると聞いていたのだが。もうビデオで見たのだろうか。それにしても少なすぎる。

インドなんて、開発途上国の映画はつまらない、という先入観がもしあって、それが影響しているとするなら、そんなことはないと自信をもって勧めたいし、忙しい人にも、時間を切りつめて行っても余りあるものが得られるだろうと確信する。

せっかくのチャンスを利用して、より多くの人が、狭い日常世界、退屈が退屈だとも分からなくなるような世界から一時脱出してみるのはとてもいいことだと思うのである。

勘ぐる向きもあるかもしれないか、私はこのインド映画祭の運営とは何の関係もなく、ただ一観客としての立場でこの文章を書いている。（那覇市）

南インドに行くということを具体的に考えるようになったのは2004年になってからで、小熊英二『インド日記　牛とコンピュータの国から』（新曜社、2000年）の第十章「ビジネス都市バンガロール」を読んで、最初はIT産業で有名なバンガロールに行くつもりだった。

南インドにはスリランカ経由で入ることにして、最初はスリランカに着いてからインドのビザをとるということを考えたのだが、時間的な制約があるので、東京でとってしまってから行くのが一番であるという結論になった。ビザ申請してから2日後に交付ということに公式にはなっていたが、インターネットで体験談を読むと当日もらえたというのもあり、時期によって違うのではないか。

早いに越したことはないが、アクセスしてみてそれで間に合わなければスリランカ抜きで考えてもいいと思っていた。

9月1日（水曜日）、前日までコンコン寝ている状態で、体調は万全ではなかったので、果たして予定通り出発できるかどうか分からないという感じだったが、午前中、当日売りのＪＡＬの安売りチケットを買って夕方那覇から上京した。

2日（木曜日）朝8時頃に小平の家を出て、九段下。インド大使館に行って、ビザ申請。順番を待ってから窓口に行く。問題なく手続きがすんで、代金１２００円を支払う。やっぱり、この日の午後5時から5時半までの間に発給と分かったので、そのまま御茶ノ水のＨＩＳに行く。スリランカも、南インドも大変こんでいるようで、最終的には、明後日4日（土曜日）発、帰りは13日（月曜日）と決まった。もうちょっと短い旅でもよかったのだが、満員なのである。結局10日間になった。インドについては、6日（月曜日）にトリヴァンドラムに行って、帰りは、トリヴァンドラム発の便は満員だそうで、最初バンガロールからとしたが、時間が遅いので10日（金曜日）にチェンナイ（マドラス）からにした。そうすると、最初の2泊と最後の2泊がスリランカのコロンボである。最後のコロンボ発は夜だから実質3日。いい配分ではないかと思った。インドは4泊5日だが、時間的に飛行機でないと厳しい。トリヴァンドラムからバンガロールか、なければチェンナイに飛ぶことになるだろう。列車があればそれでもいいが、どうかな。バンガロール・チェンナイ間は列車で5時間ぐらいだから大丈夫だろう。神田の本屋をみてから、新宿紀伊國屋。それから、八重洲ブックセンター。そして5時前にインド大使館に行って、ビザのついたパスポートを受領。東西線でまっすぐ小平の家に帰る。

3日（金曜日）、コロンボのホテルは、昨夜、『地球に歩き方』に載っているLakeLodgeにメールで予約を入れたところ、今朝起きてみたら返事が来ていた。空港まで迎えに来てもらうことにした。連絡先を作っておくという意味でよかった。

4日（土曜日）、早く目がさめる。チェチェン独立派が北オセアニアの学校を占拠していたが、昨日学校に突入し死者200人以上というニュースを見る。新宿から成田エクスプレスで成田空港。13：20発スリランカ航空UL455便にチェックイン。乗客は若い日本人が圧倒的に多い。機内では本を読みながら、インドでの動き方を考えていたが、予定を変えてバンガロールに行かないことにした。インド南端のカニャクマリに行き、あと、マドゥライを経てチェンナイという線にした。読んでいた本は、小島眞『インドのソフトウェア産業』（東洋経済新報社、2004年）、小熊英二『インド日記　牛とコンピュータの国から』、山田和『21世紀のインド人―カーストvs世界経済』（平凡社、2004年）。いずれも、「インドのシリコンバレー」と言われ、IT産業で有名なバンガロールについて書かれているのだが、バンガロールは私が一人で1日、2日ぶらついても文献から得られる以上のものは得られないであろうと考え、それよりは、普通の旅行の感じで動いて、南インド全体の現状を感じ取ることにした。『地球の歩き方』がそういう線で編集されているので動きやすい。バンガロールに行くということで、重いのに本を持ってきたのに皮肉な結果である。どの本を読んでも、南インド全体がバンガロールのようになったのではないことはすぐに分かる。バンガロールを中心とした地域で、米国の裏側にあるということを生かして、米国内の電話サービスの代行業務等のサポートビジネスは発展しているようであるが、現在、大小のハイテクベンチャービジネス間の競争は熾烈を極め、バタバタ共倒れを起こしながら進んでいる状況なのだという。小熊氏の本を読んでいて、今回の旅は、「インドはアジアなのか」という大きな問題意識で行こうと思った。それは、アジアという時にどんな内容を込めるのかということでもある。

夕方7時15分頃コロンボに着く(日本より3時間遅れ)。多くの人は乗り継いでモルディブに行くようである。２００ドル両替して2万ルピー来たので、１ルピーがだいたい1円の計算になる。予定通りLakeLodgeからの迎えがあったが、実際に迎えてくれたのは旅行社の人で、薄暗い道を30分ぐらいは走ってLakeLodgeに着く。送迎代１４００ルピー。宿泊費は2泊で３０４０ルピー。インターネット屋の場所を聞いたら、ホテルのマネジャーが教えてくれたが、もう閉まっているそうだ。でも、運動をしてこようと思って、ちょっと近くの池の周辺を散歩してくる。真っ暗。しかし、人はいる。路上で夜を過ごすらしい人もいる。正直言って、こんなに開発途上国然とした所だとは思わなかった。ドミニカのサントドミンゴに夜着いた時のことを思い出した。ホテルに戻って、ビールを注文する。ライオンという銘柄であるが、うまかった。シャワーを浴びて洗濯して、すぐに寝る。

5日（日曜日）、7時に起きて、朝食（ホテル代に含まれている）。トースト、卵、紅茶。野菜がない。同宿の人が、自分でパパイヤを持ってきて食べていた。ホテルそばで客待ちしていた三輪でまず、昨日教えてもらったインターネット屋に行ってもらったら、日曜日で閉まっていた。三輪の運転手とうまい具合に気が合うので、そのままチャーターして午前中コロンボの中心部を１９００ルピーで走ってもらう。市場（ゴーヤがあった）、仏教寺院、ヒンドゥー寺院、キリスト教会、インターネットカフェ（hotmail はつながらなかった）、ビーチ、ヴィハーラ・マハー・デーウィ公園。公園の一角に図書館があったので中に入ってみる。古い本が多く、暗い。貸出はコンピュータ化はされておらず手作業。コロンボ国立博物館にも行く。仮面が一番印象に残った。Sokari Performance という仮面劇があるそうだ。日本語の入った中古車を結構見かける。12時にホテルに戻る。ホテルで注文もできるが、できるまでに時間がかかるというので、歩いて出て、Dine-mor という店を見つける。サンドイッチ、バイキング方式のサラダ、コカコーラ2杯で２６９ルピー。サンドイッチがちょっとしょっぱかったが、おおむね満足できる食事だった。スリランカは、どこにでも食事する店がある東南アジアとはかなり違う。ホテルに帰って昼寝する。あんまり眠らずに、『地球の歩き方』を読む。これに載っている、コロンボ北東11キロにあるキャラニアのラジャ・マハー・ヴィハーラという聖地に行くことにする。釈迦が沐浴したとされるキャラニア河のほとりにある仏教寺院だそうである。ホテルから出てみると、午前中の三輪の運転手が見あたらなかったので、しばらくホテルに隣接した運動場でクリケットをしているのを見ていた。やがて運転手が来て、交渉の結果、往復2500ルピーということになった。たぶんボラれているのだろうが、まあいいよ。寺院にはそんなに人は来ていなかったが、おばさんたちが一生懸命に拝んでいた。三輪の運転手は2000ルピーでいいといって、それ以上受け取らなかった。ホテルに戻ってから、最初はホテルで食べようと思っていたのだが、昼に行った店がテイクアウェイもできるので、もう一度行って、ブリヤーニ（カレーで炊いた混ぜご飯にチキンがのっている）とサンドイッチを注文した。できるまでに相当な時間がかかったが、多くの人はあらかじめ電話で注文するか、注文後いったん別の場所に行ってから戻ってくるようで、ずっと待っている人は少ない。ホテルでビールと一緒に食べたが、量が多すぎて、ホテルの使用人のおじさんにもだいぶわけてあげたのだが、それでも相当残した。食後すぐに寝てしまった。

6日（月曜日）、朝早く目がさめた。断水しているため、水浴はできなかった。6時前にホテルの人が部屋に来て、空港に出発しよう、と。早朝で、車はスピードを出したにもかかわらず、30分はかかった。送り賃は2000ルピーにチップ200を要求された。チェックインのために空港の中に入るとものすごい人だった。ドバイ等、中東に出稼ぎに行く人たちが大部分のようである。スリランカ航空のチェックインは行き先ごとに別になっていなくて、私も長い列のうしろに加わって待ったが、なかなか進まない。大丈夫かなと心配だった。結果的には私が一番最後の方で、あとはいなかった。イミグレを通って、中に入ったところにインターネットカフェがあったので娘に

hotmail を送った。やっと連絡ができた。それから8：35発スリランカ航空UL162便に搭乗。9時過ぎにトリヴァンドラムに着いた（インドは日本より3時間30分、スリランカより30分遅れ）。

外に出たところでトーマスクックが両替をやっていたので、アメックスのTCは使えるかと確認したらOKだそうなので、ちょうど100ドルが4枚あったので全部両替した。ずいぶん古いですねといわれ、いつ作ったのかと聞かれたので、考えると30年ぐらい前ではないか。ひょっとするとこの前1974～75年にインドに行ったときの残りかもしれない。トラベラーズチェックを使っていたのは海外旅行をやり始めた頃だけで、やがて現金だけ持つようになって現在に至っている。トラベラーズチェックのうたい文句は紛失しても再発行できるということであるが、実際には再発行はそう簡単ではなく、むしろ再発行にまつわるトラブルの話ばかり聞かされてきたためである。それよりは、クレジットカードを現金とは別の場所に持った方が実際的だと思う。ゴールドカードだと自動的に保険もつくということなので、私は旅行保険は多くの場合掛けていない。両替の際に、小さいお札にしますか大きいお札にしますか、ときかれたので、小さいので、と言ったら、100ルピー札100枚の札束でくれようとしたので、それではあんまりかさばるので、50枚だけにしてもらい、あとは1000の札にしてもらった。全部で1万7000ルピーぐらい来たので、1ドルが42・5ルピーで、1ルピーが2・5円ぐらいの計算になる。プリペイドタクシーで鉄道駅に行く。120ルピー。雨がだんだんひどくなって、駅に着いてから土砂降りになった。そしてみるみるうちに駅前は水がたまっていって、駅の向かいにあるバスターミナルにさえ行けなくなってしまった。

トリヴァンドラムの街の中をざっと見ることもできない。鉄道の切符販売窓口でカニャクマリへのAC 2Tierというのが買えた。座席指定はなく、2段寝台である。昼間だから寝台として使わない。切符には列車番号らしい6526とあるのみで、そして窓口で14：50発だと教えてもらっただけで、うまい具合に乗れるのかどうか心配だった。どうせ雨で町中を動けないので、駅の構内をうろついて乗り方を研究した。Upperクラスの待合室の時刻表から、私が乗るのはBangalore-Cape Expressというのだと分かった。私はCape、つまりコモリン岬に行くわけだが、逆方向に乗ればバンガロールに着く。実際ほぼ同時刻にバンガロール方面への列車が来ることが分かった。それで、バンガロールに行けるじゃないかと、心はかなり揺れた。実際、寝台が取れれば簡単に行けただろう。コモリン岬に行くよりよかったのかもしれない。が、着いたばかりで、鉄道のことが分からないというか、時刻表を売っていないので、どこからどこへどんな列車が走っているのかよく分からなくて、決断ができなかった。プラットホームは決まっていなくて、最新情報は入り口脇の白板に書かれている。私の乗った列車が来る直前までほとんど全部のホームが他の列車で埋まっていて、決まったのは到着の10分ぐらい前で、1番ホームに入っていたChennai Mail（Mailというのも急行列車の一種）が出発したあとの1番ホームということになった。そのころまでには事情がだいたい分かったので落ち着いて乗車出来た。昼食は、乗車前に駅のホームで、紅茶とエッグカレー、チャパティ等を食べた。うまかった。食べたら元気が出た。トイレはUpperクラスの待合室にあった。女性だけの待合室というのもある。クロークに安い値段で荷物を預けられるが、『地球の歩き方』によるとカギのかからないものは預からないそうである。

私の列車は時間通りで、2時間ほどでカニャクマリに着いた。着いてから駅で明日の列車を調べたが、朝適当な時間にマドゥライに行く列車はないようだ。バスにしようと決めて、まず三輪タクシーでSamudraホテルに行く。タクシー代20ルピー。部屋代は500ルピーぐらい。海岸が見えるよい部屋だった。すぐに歩いてバスターミナルに行ったが、Lonely Planetに書かれているSETCバスの事務所は入っていなくて、きいたら、ホテルそばのロータリーの所だそうで、三輪の運ちゃんが10ルピーで連れていってくれた。明朝9時半発のバスが一番早い便だそうで、切符を買った。それからインターネット屋を探していく。1軒見つけ、そこでhotmailが読めた。しかしこちらからの送信は結果的に届かなかったようだ。店で魚とチャパティ、野菜等をきざんで炒めたものを作っていたのでそれを食べた。辛かった。量も多すぎた。店主は日本人か韓国人のような顔つきだった。ホテルに戻りビールを注文して飲んでから寝る。

7日(火曜日)、朝6時に海岸に行ってみる。確かに結構たくさんの人々が拝むために集まってきていた。9時頃出て、店で食べてから(チャパティを油で揚げたプーリーの食事が10ルピー。辛くなくて、味付けのジャガイモを煮たもの等が非常においしかった)、バスに乗る。前半はバスはこんでいなかったが、だんだん人が乗ってきた。途中、『地球の歩き方』に書かれているように、風力発電の風車がたくさん出てきた。午後4時過ぎにマドゥライのバスターミナルに着いた。三輪タクシーで

Indian Airlines の事務所にまず行く。チェンナイまでちょうど100ドル（4550ルピー）。ルピーで支払ったら、なぜか、100ルピー戻してくれた。それから、ホテル Supreme に行って泊まる。450ルピーぐらい（税金を含めて結果的に483ルピー）。マドゥライはヒンドゥー寺院でもっている街である。歩いて出て、寺院まで行ってみた。途中、ものすごい人だかりである。寺院の先をさらに歩いていたら頭がボーっとしてきたので引きあげる。ホテルの屋上のレストランで中華料理（麺と炒めご飯）、それにビール。寺院がシルエットのように浮かび出て、すばらしい眺めだった。日程が全部決まったので気分的に落ち着いた。

8日（水曜日）、6時半頃目がさめたが、やっぱり疲れていて、街を歩く気にならない。ホテルの前の通りでプーリーを食べ、紅茶も飲んでから部屋に帰って休む。11時過ぎにホテルの車で空港に行く。料金125ルピー。空港は小さかった。チェックインの際に手荷物にタグを付ける（あとで検査済みのスタンプを押すため）。それから、身体検査等を終えて中に入ってから、預けた荷物をもう1度確認して（identification）、搭乗券にラベルを貼ってもらわないといけない。私が乗ったのはインディアンエアラインの13：20発IC672便であるが、他に、Air Deccan 16：50と Jet Airways 20：40の2便がある。乗ってみると席の配分にバラツキがあり、コンピュータを使わずに適当に決めているみたい。こんでいなかった。1時間ちょうどでチェンナイに着いた。荷物受け取りについてはなんのチェックもなかった。プリペイドタクシー（210ルピー）でエグモア駅（中央駅と並ぶターミナル駅）そばのホテル Pandian に行って、2泊分デポ。1泊550ルピーぐらい。小さめの部屋で使いやすい。窓からは緑が見えた。ちょっと寝て休んでから出て、インターネット屋の場所をきくと、ホテルのビル内にあった。ここで、娘からのメールで、カニャクマリから送信したメールが、何も内容のないメールであったらしいことが分かったので、ちゃんと届くかどうか確かめることにした。それから、まずエグモア駅に行こうとしたがその前の道が広く、中央には柵があり渡れそうにない。三輪で、一番のショッピングセンターらしいスペンサープラザに行く。30ルピー。なんというか今風ではなく、廃墟的な感じがした。店も少ないし、品も少ない。スーパーが入っていたので、瓶入りのマンゴージュース（30ルピー）、三角チーズパック（60ルピー）を買った。サモサも別の店で買う。三輪でホテル前まで戻り、近くの食堂でフライドライスを食べた。38ルピー。コックさんが出てきて、どうだうまいだろう、と。まずくはなかったのだが、たぶん疲れすぎで食欲があまりなく、だいぶ残した。インターネット屋（24時間営業だそうだ）でもう1度メールを確認したら、娘から返事があり、ちゃんと届いていることが確認できた。ホテルに戻ってから、ビールはないかときくと、バーで飲んでくれと言って、ホテル内のバーに連れて行ってくれる。よく冷えた Kingfisher という銘柄のビールで、うまかった。税金込みで97ルピー。気持ちよく眠れた。

9日（木曜日）、ワールドカップ予選で、日本がインドに4－0で勝って、そのニュースを何度もテレビでやっていた。このホテルは朝、新聞も届けてくれるが、それにもこの記事が載っていて、日本チームのことをformidableと形容していた。昨日買ったマンゴージュース、チーズ、サモサでゆっくり朝食。インターネットカフェに入ってから、歩いて出て、州立博物館、子ども博物館、美術館に行く。これらは同じ敷地内にあり、入場料もまとめて払う。入場料250ルピーはともかく、ビデオ撮影料500ルピーというのは高い。が、払った。金を払えば撮ってもいいという決め方が珍しかった。敷地内でまっさきに出るのはカネマラ（Cannemara）図書館であるが、ここは入場自由なので料金の範囲外で、撮影もできない。構成は1階：Periodical、2階：Reference section、Librarianの部屋（すごく立派な机と椅子が見える）とOffice、3階：Indian Language section（Tamil、Hindi、Marathi、Kannada、Malayatam）、4階：UNESCO&Fine arts section、Binding section（製本）、5階：Textbookで明るくて広々としている、6階：Civil Service section、Language（Bengali、Gujarat、Urdu、Sanskrit）。子ども博物館では、州ごとの展示パネルと並んで日本の紹介パネルもあったが、芸者に富士山といった感じで唖然とした。撮影の目的を書くようにと言われたのでeducationと書いた。ちょうど昼になったので、駅で食べようと思い、中央駅に三輪タクシーで行く。中に入ると度肝を抜かれるようなすごい人だかりだったが、だんだん度胸がついて楽しくなってきた。多くの人が床に直接座って待っているので、私も、沖縄のポーポーのようなもの（手でちぎっておかずで味付けして食べる）を買ってきて、床に座って食べた。うまかったし元気が出た。それからネスティー（ネスカフェと一緒に売っている）を2杯のみ、売店で列車の時刻表の英語版を売っていたので買う（25ルピー）。時刻表がもっと早く手に入っていたらなあと思う。それから歩いて、高等裁判所のある方に向かった。が、ちょっと道をはずしてしまって、バザール街に入ってしまったが、それはそれで面白かった。道を修正したら高等裁判所に出た。ココナツの汁12ルピー（コプラも）、サトウキビの汁3ルピー。インドはいろんな人がいてピンからキリまでなので、つまり何やってもいいって感じで疲れない。道に寝ている人も多いし、立ちションもよく見かける。いろんな表情があり、厳しい顔もあるが快活に笑っている人も多く、そういうのをみているとまったく愉快になる。いったんホテルに戻るより、そのまま本屋に行ってしまおうと考えて、まず、三輪で昨日行ったスペンサープラザまで行く。そこから、Anna Salai（Mount Rd.）を歩いていって、Higgin Bothamsという書店に行く。大きな書店だった。インドの家族法の本と、インドの統計集を買った。これで行きたいところは全部行ったので、三輪でエグモア駅前まで戻ってから、インドで一番よく見かけるタイプの買い物かご（持つところに長い棒が入っている。ブラジルでも同じタイプのものがある）を買った。OUR UNITYという文字がプリントされているので気に入った。25ルピーだというので、50の札しかなくてそれを出したら、おつりがなくて、持ち合わせの小銭をありったけくれたが微々たるものであった。売っていたおじさんに悪意は全然感じられず、快活に笑い飛ばすのだった。憎めない。ホテルに戻ってインターネットをやってから、休憩。夕方になって出ると雨だった。近くでラスクを買ってきて、あと、ホテルのレストランでチキンヌードルとsweet and sour vegetableを食べる。うまかった。さらにもう一度インターネット屋に行く。娘がすぐに返事をしてくるので、何度もやりとりすることになった。娘には帰国後の沖縄への飛行機の切符の手配等を頼んだ。部屋に戻って本を読む。読んでいたのは、出たばかりの、内藤正典『ヨーロッパとイスラーム―共生は可能か』(岩波新書、2004年)のオランダとフランスの部分。多文化主義の問題点が非常によく分かる。旅行から帰った当日に『オランダ・ベルギーの図書館』の出版記念会があるのと、スリランカもオランダの植民地時代があったことが分かったので、読む気になったのである。このホテルの部屋には照明がたくさんあり、非常に明るかった。ケーブルテレビも入っていて、長期滞在しやすい。気がつかないうちに眠ってしまった。

10日(金曜日)、昨夜から、ジャカルタでの爆弾テロのニュースをBBCが繰り返しやっていた。6時半にホテルの車で空港に向かう。昨日300ルピーで契約しておいた。乗るのは10:45発スリランカ航空UL122便であるが、『地球の歩き方』によると3時間前にチェックインとあり、国内線でもマドゥライでチェックが厳しかったし、テロ事件があったばかりなので、早めに行くに越したことはないと思った。7時過ぎに空港に着くと、ほんのちょっと待ってすぐにチェックイン手続が始まった。国内線とまったく同じで、イミグレのあとカスタムの所で預けた荷物のidentificationをさせられる。それから奥に行って、インターネットをやってからハンバーガーを食べた。荷物検査を経て中に入り待つ。搭乗は1時間前からで、飛行機に乗る手前で荷物検査と身体検査があった。予定より早く飛んで、12:15にはコロンボに着いた。早く着いたのはいいが(予定は12:30着)、預けた荷物がなんと1時間ぐらいも出てこなかった。それから両替の所で、残したインドルピーを再両替しようとしたら、できないそうだ。大きなミスであるが、大変ビックリした。今インドは国際的に経済開放路線を取っていて、そういう国は皆ドルとリンクさせて対外的な信用を維持しようとしている。スリランカは隣国だし、まさか両替できないとは思わなかったから、たぶん200ドル近くも残したのではないか。仕方ないので200ドルほど現金で両替した。この前迎えに来た旅行社の人が迎えてくれて、空港内にある事務所で今後の動き方を相談した。彼は、LakeLodge にはもう泊まらないで、キャンディーの先の文化三角地帯といわれる所に2泊3日の泊まりがけで行くべきだというのである。冗談じゃない。私は山奥の仏像などには特段の興味はない。それより街がいい。だから LakeLodge に泊まりながら回ることを主張し、私のほうがお客なのだから当然私の希望通りになった。1日100ドルぐらいの計算のようで約300ドル。手持ちのルピーでは足りないので、150ドルほどドル現金で払った。今日もまる1日の計算にしたらしいのは高いと思うのだが、まあもういいよという感じで、クレームはつけなかった。『地球の歩き方』にコロンボの旅行社が載っているので、今日はそこに自分で行って、明日、明後日の計画を立てるつもりでいたのだが、このように抱えこまれてしまっては逃げようがない。思えば、最初にスリランカに着いた時に迎えを頼んでからこうなることは決まったようなものだったわけである。私はできるだけ北部に行ってみたかったのだが、現在は危なくて行けないそうである。今もシンハラ・タミル間の民族紛争は続いているということである。仕方がないので、今日は、コロンボのちょっと北のニゴンボ、明日は南部のゴールまで、明後日はキャンディーに行ってからそのまま空港ということになった。運転手はアショカさん。まず、空港からニゴンボに行く。あっけないほどすぐに着いてしまう。漁港である。小さいのであっという間にまわり終わる。そして、コロンボに向かう。私はとにかく疲れていて、早く1人になりたかったので、どこにも行かなくていいからLakeLodgeに直行してくれるように頼んだ。LakeLodgeに着く手前に寺があって、なかなかいい感じだったので、荷物を置いてからまず歩いてその寺に行ってみた。ちょうどおじさんが中に入ろうとしていて、私もそれについて入った。靴を脱いで裸足になる。奥の大きな木の下で、女の人とカップルがそれぞれ座って拝んでいた。私もちょっと座ってボーっとしていた。皆さん本当に熱心に祈っている。何を祈っているのであろうか。その願いは叶えられるのであろうか。そのあと、歩いて、コッルピティヤ(Kollupitiya)駅の方に行ってみた。インターネットカフェは探し出せなかったが、スーパーマーケットがあったので入ってみた。チェリモヤ、マンゴスチン、アボカド、マンダリン、チャイニーズメロン、パッションフルーツなどの果物があった。今日は外で食べるのでなく、ここで買って帰って自分で食べることにした。ウインナーポークの5本入りパック、ホットドッグ用の柔らかいパン6本入り、トマトとオレンジ(量り売り)、スリランカ産の缶入り黒ビール等。そのあと、コッルピティヤ駅に行って、ホームから海を見た。列車も見た。暗くなってきたのでホテルに戻って、買ってきたものを部屋で食べた。非常にうまかった。疲れていたので、すぐに寝た。

11日(土曜日)、朝ホテルの食堂に行ったら日本人がいた。篠原司さん。川崎から来たそうで、コロンボには昨夜遅く着いて空港で紹介を受けてこのホテルに来たそうである。なんでもストップオーバーしながら旅をするのが趣味だそうである。出発は明日の夜遅くシンガポールに向けてだそうである。今日はとりあえずコロンボ市内を見てまわる予定とのことだったが、私が一緒にまわらないかと誘ったら彼は乗り気になって、8時半にアショカさんが来てから交渉したところ、篠原さんが2日で4000ルピーの追加支払いということで妥結。南に海岸沿いに行く。ドライブが始まると、とぎれずに集落が続いている。歩いている人も多い。ヒンドゥー寺院もあるし、たまにモスクもある。海は波がかなり荒いようである。Bentotaあたりでウミガメの孵化場を見た。Ambalangodaあたりで仮面博物館を見た。ここの仮面は全然怖くない。ゴール（Galle）に着いて、オランダ時代の建物等をまわってから食事。アショカさんは別。食事後コロンボに戻っていって、途中、ガラスボートに乗った。サンゴ礁はたいしたことない。亀が泳いでいるのが見える。帰ってホテルでちょっと休んでから、夕方6時半頃篠原さんと出かける。ホテルの人が車で、Sea Fishというレストランまで送ってくれた。まずそこから歩いてフォート駅を経てバスターミナルあたりを歩く。明かりが少なくて暗いが、結構たくさんの人がいた。篠原さんがデジカメを撮るとたくさん人が集まった。危ないとは全然感じなかったが、生活水準の非常に大きな落差を感じた。インドとスリランカはどちらが貧しいのかとずっと考えていたが、インドはピンからきりまでの国なのでそういう比較はできない。スリランカにもカーストはあるが、しかし全体として、スリランカは田舎の感じである。コロンボの街もそんなに大きくない。歩いてSea Fishに戻りそこで食事。ここではたぶん一流のレストランなのだと思うが、魚の天ぷらが330ルピーだから、つまり300円ちょっとである。なかなか立派。ビールは昨日缶で飲んだIrish Blackの瓶で、飲みやすくてうまかった。ホテルに戻ってから、ロビーでさらに篠原さんとビールを飲んだ。私は昨日スーパーで買った缶ビールの残りを飲んだ。飲み終わったところで部屋に戻って寝た。

12日(日曜日)、昨夜今度は日本人女性が到着したようである。彼女はわれわれと一緒にキャンディーまで行くことになった。ずっと坂道を上っていく。途中、アーユルヴェーダという伝統療法とセットになった薬草園に立ち寄った。紹介していたものの中に脱毛クリームがあって、篠原さんの足に塗ってからしばらくして拭き取ると毛はきれいに抜けていた。これは売れるんじゃないか。キャンディーに着いてから、紅茶製造工場に行って見学。そのあと、キャンディーの中心部で彼女は降りた。私と篠原さんはその後、バチックの織物工場も見てから、レストランでバイキングを食べて引きあげる。この国はスピードが出る車があっても道が狭いので追い越しにも限界があり、あまり急ぐことはできない。空港には夕方5時半頃に着いた。私はすぐにチェックインを済ませた。チェックインの際にうっかり荷物検査をしないで出したのに、問題なく通ってしまった。それで荷物検査官に、荷物検査を通さずに預けてしまったがどうなるのかときいてみたら、ノープロブレムだというのだ。なんのために検査しているのだろうか。検査の仕方も適当でいい加減。篠原さんのシンガポール航空は夜中で、まだまだだったので、しばらく一緒に話してから、6時半頃別れて中に入った。20：45発スリランカ航空UL460便は、1時間ほど飛んでモルディブのマーレに着く。そのまま機内にいて、1時間後また飛び立った。空いている席があったので、そこに移って、食事後横になって本格的に眠ることができた。

13日（月曜日）、12時頃成田着。預けた荷物も問題なく着いた。

帰国後すぐに2004年度後期の授業が始まり、比較法文明論の講義で山田和『21世紀のインド人―カースト vs 世界経済』から作成した次のようなメモを配布した。

＊9頁以下　好き嫌いをしないこと、何でも食べることは、日本人の美徳にしか過ぎない。

インドでは菜食・非菜食の意識は特に強い。

インドでは、大皿から各自好きなだけ取って食べる方式が一般的で自分の皿に食べ残すということはまずない。食堂でも一定金額を払うと好きなものを好きなだけ食べられる。日本で食べ残しを禁ずる価値観が生まれたのは、あらかじめ一人前盛りつける文化を持っているからではないか。何でも食べるのを善とする文化は明治以降の軍国主義教育が作り上げた。戦場で好き嫌いの激しい人間がいては強い軍隊は望めない。「給食を絶対に残してはいけない」教育の源。

インドでは何でも食べる人間は賤民。何でも食べる人間＝賤民＝無学という考えのもとがカースト制。法律では禁じられているが、現実にはカースト制は生きている。職業選択の自由を規制するカースト制は徹底した世襲制度であるので、職業保証制度でもある。だから、多くの面で社会主義国家に共通する病根を持っていた。労働に対する無気力と向上心の欠如、複雑で非生産的なシステム等々。さらに悪いことに、植民地として長く英国民主主義にさらされた結果、インドの労働者は自己の怠惰を顧みずに権利だけを主張し、すぐに裁判とストライキに訴える。

＊172頁以下　1991年社会主義計画経済のインドがIMFからの資金投入を受け入れ、大幅な規制緩和を行って、自由主義経済へと一大転換を図った。子どもたちが、それまで「大きくなったらお父さんのようになる」といっていたのに、「プログラマーになる」と口をそろえて言い始める。

＊179頁以下　現在年間3万人のペースで米国のIT社会へ頭脳流出を実現し、米国社会を脅かし始め、インド人を含む外国人の労働許可を制限する法案を連邦議会が検討するに至っている。インドのIT技術は今のところソフト分野にとどまり、システム分野での活躍はない。当分は地球の裏側にあって24時間営業できる利点に立った米国の外注先、委託先として、ソフト開発や米国内の消費者向け電話サービス業務等をこなしていくことになろう。

＊181頁以下　IT分野を除く他のビジネスではシルクロード商法でひんしゅくを買っている。例えばサンプル商法や売れ行きのいい商品を注文したあと難癖つけて代金をまともに払わないというクレーム商法等。

＊ピザハットやマクドナルドが大都市に登場。このようなグローバリゼーションに対する反発は今

もわずかだが起こっている。例えば、2002年に入ってからシアトルで起きたインド系弁護士(ヒンドゥー教徒)によるマクドナルドの「フライドポテトの牛脂分使用に対する損害賠償訴訟」。事件は翌年、マクドナルド側が1000万ドル(約12億5000万円)の賠償金を支払うことで和解。

スリランカについては、島国のせいか旅行中万事ぼられているような感じがしてこの国を好きになれなかったのだが、日本に帰ってから、上田紀行『がんばれ仏教!』(NHKブックス、2004年)の第1章「生きているスリランカ仏教」を読み、また、同『覚醒のネットワーク』(カタツムリ社、1989年)も読んで、非常に面白く、また考えさせられた。スリランカのことを知るのに、内藤俊雄『イスル・ソヤ―スリランカの海外出稼ぎ事情』(同文館、1990年)は非常によかった。スリランカへの著者の接近の仕方も大変興味深く、そういう面からも薦められる。なお、「イスル・ソヤ」というのはシンハラ語で「しあわせをさがして」「豊かさを求めて」という意味だそうである。また周知のように、旅行後の2004年12月26日、スマトラ沖大震災が起こり、スリランカにも津波が襲来して3万人以上の死者を出したが、一緒にキャンディーまで行った女性がその時も再びスリランカ南部のゴールに滞在していて、彼女自身は無事だったが、目の前で津波の襲撃を目撃したそうで、その後彼女は精神不安定になったとの便りをもらった。

第６章　マダガスカルの旅　２００５年８月

記憶ではマダガスカルに行く直前に、養老孟司『私の脳はなぜ虫が好きか?』(日経BP社、2005年)の116~127頁に載っているマダガスカル関係のところを読んだ。2005年7月24日には、御茶ノ水で鈴木正行さんに会ってマダガスカルのことなどをきいた。

8月6日(土曜日)の昼に、娘と一緒にマダガスカルに行くセットができた。新宿にあるMAPのネーチャーワールドでやってもらった。以前キューバに行ったときに、ここでビザをとった。マダガスカル往復が1人21万円ちょっとというのは安いと思う。

8月13日(土曜日)の夜マダガスカルのホテルに予約のメールを送ろうとしたが届かなかった。

8月14日(日曜日)、朝起きてから、季刊民族学86号(1998年10月)に載っている「マダガスカル断章」を読んだ。娘と調布から空港バスで成田空港第2ターミナル。着いてから娘はAIUの保険に加入手続き。タイ航空TG677便は30分ぐらい遅れ、午後5時半頃に出発した。機内では、まずマダガスカルのガイドブックを読み、娘とどう動くかを話し合った。自然保護区や国立公園などは本格的な準備をしないとちょっと無理である。しかし、マダガスカルの象徴のようになっているバオバブとかが見られるムルンダバならばなんとか動けそうである。あと、アンタナナリボから南の方も乗り合いタクシーまたはミニバスで動けそうである。着いてからやることがはっきりしたので気分が楽になった。また、タイについても、新しい地下鉄が完成したのでその路線とかを調べた。バンコクに夜10時頃着（日本より2時間遅れ）。2万円両替。1バーツが3円ぐらいの感じ。エアポートタクシー（７００バーツ）でホテル Bangkok Centre に行って泊まる。明日は夜9時頃までいたいと希望を述べたら、１泊料金１６００バーツの半額で延長できるそうである。大変良かった。冷蔵庫にあった缶ビールを飲んでから12時頃寝る。疲れて胸がちょっとむかついた。

15日（月曜日）、ホテルで朝食。10時頃に出て、ホアランポン駅にまず行く。それからチャイナタウンを歩く。なかなかチャオプラヤ川に出られないので、トゥクトゥクで行こうとしたが、逆さまの方向の全然違うところに連れて行かれて、変な感じだったので、約束の20バーツを払ってからタクシーを拾って、王宮の隣にあるワットプラケオに行く。タクシー代は81バーツだった。ワットプラケオは大変なにぎわいで、外国人が多かった。入場料が１人２５０バーツ。半ズボンでは入れないので、半ズボンで来た男性が、ダバオで売っているような麻の生地の長ズボンを買わされて、はいていた。建物等は立派だが、ごちゃごちゃたくさん建てたものだなあというのが率直な感想である。だいたい見終わって出るところで、船ツアーの勧誘に応じる。１人７５０バーツで、２人１５００バーツ。チャオプラヤの川岸から奥の方に向かっていく。ずいぶん奥まで船が通れるようになっていることがわかった。しかし単調で飽きてしまった。もう引き返してほしいと思ったのだが、我慢していたら別の水路でワットポー前に着いた。ワットポーに行って寝仏を見る。確かに巨大なものだった。見終わったらちょうど雨になったので、タクシーでホアランポン駅に戻る。55

バーツぐらい。駅構内に日本語可能のインターネットカフェがあったので、hotmailをチェックした。その後、駅横の食堂で麺を食べた。あっさりしてうまかった。水も1本全部飲んだ。ホテルに戻って、シャワーを浴び、一眠りする。起きてから、日記をまとめたりする。6時頃になって、お腹が空いたので、食べに出る。地下鉄でどこかに行こうということになり、ホアランポンから二つめのSi Lom駅まで行く。14バーツ。切符が、オセロゲームのコマのような形のプラスチックの黒色の玉で、ここに運賃支払い情報が入っている。最初、ホアランポンで切符を買うとき、買い方を駅員が教えてくれたのだが、そのときに間違えてホアランポンの次のSam Yanまで買ってしまったので、エラーになって、不足の2バーツを窓口で追加支払いして、切符に情報を入力してもらってからそれを出口の改札の穴に入れて出た。切符は何度でも使えるわけで、合理的である。Si Lom駅で高架鉄道BTS（バンコク・スカイトレイン）のSala Daeng駅と接続している。両駅周辺にたくさんの店が集まってにぎわっている。路上で双眼鏡を売っていて、それを娘が買った。350バーツ。スターバックスでコーヒーを飲む。それからサンドイッチを買ってから戻り、ホテルで食べる。午後9時頃ホテルをチェックアウト。ホテルでメータータクシーをお願いした。高速代も含めて300ちょっとで空港に着いた。しばらくいすに座って休んでから、11時頃にチェックイン。午前1時半発のマダガスカル航空MD011便でマダガスカルに向かう。空いていて2連座席で横になれた。

16日（火曜日）、午前6時前にアンタナナリボ着（日本より6時間遅れ、タイより4時間遅れ）。ビザ代1人16ドル。ユーロならば13ユーロ。イミグレ、税関とも問題なし。500ドル両替したら96万アリアリ来たのにはびっくりした。書類の束みたい。1ドルが2000アリアリだから、1円が約20アリアリということになる。そうすると1万アリアリは500円。タクシーでホテルシャンガイ（上海）に行く。3万アリアリ。ホテルは大変気に入ったのと、あまり高くないので（1泊3万1000アリアリ）、6日間通しで払ってしまった。途中で何日か動いて、アンタナナリボにいなくてもよけいな荷物を置いていける。眠くてたまらなかったのでまず寝る。起きてからガイドブックで調べたら、ここは午前中は8時から11時まで、午後は2時から4時半までの事務時間だそうなので、とりあえず切符のリコンファームをしにいく。エアマダガスカルは石段を下りてすぐのところ。独立大通りに面していてすぐにわかった。エアマダガスカル事務所では道路まで人があふれて列を作って待っていたが、並んだら、10時半過ぎ頃に番が回ってきた。リコンファームした後、明日17日朝行って、19日朝帰ってくるムルンダバへの切符をクレジットカードを使って買う。リコンファームしたことはちゃんと切符に書き込むので、形だけではない感じがした。事務処理はパソコンを使って迅速だった。事務処理していた5～6人はいずれも女性だった。事務所を出たら私は元気がなくなってしまったので、ホテルに戻った。たぶん時差ぼけの他に、高度による影響があるだろう。ホテルで食事。うまかった。それから昼寝。目がさめてからあれこれやっていたら4時になった。娘と出て、坂の上の、以前ホテルイビスというのがあったところに行ってみる。今はホテルルーブルにかわっている。その横の公園には、平日なのにたくさんの人がいた。乳児を抱えた母親もいて、物乞いされたり、土産を買わないかとうるさく言われたりで、落ち着かない。下の方に降りていって、独立大通りに出た。途中本屋が2軒あったが、地図はなかった。人々は穏和で、楽しそうにおしゃべりしている人もいる。顔自体丸っこい感じで、あまり黒い人はいない。マレー系というのはこういうことなのか。ゴルフのタイガー・ウッズの顔を思い出させる。彼は、タイ系のアメラジアンである。旅行社もあった。アンタナナリボに戻ってからのことは、しかし、ムルンダバから戻ってから、体調とか見てからにする。大通りの裏手にスーパーがあったので買い物をする。朝食用に食べ物をいろいろ買った。おおむねマダガスカル産である。6時になるともう暗かった。ホテルに戻って、また寝る。8時頃起きたらふらふらした。ホテルでヌードル、ワンタンを食べてから、すぐに寝た。

17日(水曜日)、4時半頃起きて、荷物の整理や日記打ち。体調はよくなっている。6時頃娘を起こし、荷造りと朝食。最初は、小さなバッグ一つにまとめるつもりだったが、無理なので二つにし、娘の衣類等も一緒に入れて、娘のカート付きバッグは置いておくことにした。ちょうどいい分量。7時前に出て、タクシーで空港。2万アリアリ。8時45分発のMD702便でムルンダバに行く。ムルンダバに着いてから荷物が出てくるのを待っていたら、ガイドが話しかけてきた。私は、バオバブカフェという、これから行こうと思っているホテル兼ツアーとかも扱っているところの名前を挙げて、そこに行くと言う。ところが、タクシーがなくて、彼に誘われて乗ったら、日本人男性が乗っていて、この方も何も決めていないというので、じゃ、一緒に動こうかということになった。彼はマダガスカルに来て5日だそうだが、ここは1泊だけだそうである。最初アンタナナリボから南に行ったら車が手配できず、見たいところが見れなかったようである。それにマダガスカルは思ったほどでもないと言って、とにかく非常に疲れた様子であった。彼は日本人から紹介されたというLE RENALAというホテルに泊まるそうなので、われわれもそこに行き、バンガローに泊まることになった。1泊が6万アリアリなのだが、広いし、ビーチに面しているのである。ただし、明日は部屋替えしないといけない。見物については、ホテルに着いてから現れたガイドが、3人は多すぎてだめだが、夕方公園からいったん帰ってきてからバオバブを見に行くのは一緒に連れて行ってくれるというので、そうすることとした。そう決まるまでに、空港で会ったガイドとホテルに着いてから現れたガイドとの間で悶着があった。その後、私と娘はバオバブカフェに行って、セスナーでツインギー（世界遺産）が遊覧できるかどうかききに行った。バオバブカフェは泊まることになったホテルのほんのちょっと先で、歩いていける。バオバブカフェではそういう遊覧ツアーは扱っていなくて、陸路で3日かけないと行けない、と。そこになぜかまた空港であったガイドがやってきて、結局明日われわれは空港であったガイドにキリンディィ森林保護区を案内してもらうこととなった。ホテルに戻って、先に昼食をすませた日本人の方に私の名刺を渡したら、彼は熊本のマリスト高校出身で、その高校には沖縄からたくさん来ているそうで、彼の友人も半分は沖縄だということであった。また、空港で会ったガイドはホテルに着いてから現れたガイドの恩師に当たるのだそうで、それで、譲歩せざるをえなかったのだと、空港であったガイドは彼に言ったそうである。日本人の方は、最初に空港で会ったときから、何か一緒に行ってあげた方がいいかなという感じがしていて、それでこういうことになった。空港で会ったガイドが切符のリコンファームについて娘に話していたそうなので、昼食後、2時過ぎにタクシーでエアマダガスカルに行った。2時半に事務所が開くのでちょっと待ってから、リコンファーム。ここでエアマダガスカルの時刻表がもらえた。それから銀行に行って、出発前に成田で替えた70ユーロと50ドルを両替した。50ドルというのは、100ドルでは金額が大きすぎると言われてのことで、やはり成田で少額貨幣として作った10ドル札5枚である。エアマダガスカルに行ってくれたタクシーの運転手は少年で、待っていてくれて銀行に向かったのだが、途中ガス欠で車が動かなくなったので別のタクシーに乗り換えた。その後、歩きながら、ムルンダバの中心街を見た。市場は結構大きかった。娘はサンダルを買った。マダガスカルフラン（Fmg）は使えなくなって、アリアリに統一されたというのだが、人々はまだFmgを使っているようである。ガソリンを補給した少年のタクシーとまた出くわしたので、そのタクシーでホテルに戻った。銀行が開くのを待っているときに現地住民が牛を連れて歩いているのを娘が写真に撮っていたら、牛を追っていた男の人が走ってやってきて、娘に写真撮影料を要求した。娘はびっくりしただろう。市場でも、魚の写真を撮っていいかきいたら、断られた。人々はアンタナナリボと違い、顔はもっと黒く、顔つきも丸くなくて、頭に荷物を載せて歩いている動き方も含めて東アフリカのスワヒリ世界を連想させる。ホテルのバンガローの先は非常に素晴らしいビーチになっている。バンガローで昼寝してから夕方、小熊英二『〈日本人〉の境界』(新曜社、1998年)を読んでいた。6時半頃に日本人の方が戻って来るというのだが、だんだん日が落ちてきて、6時半になったらもう日が暮れていた。でも約束なので6時頃から6時半まではホテル受付横でいつでも出発できるように待機し、その後はバンガロー前で本を読みながら娘と話していた。やがて日本人の方が戻ってきて言うには、2時半に一緒に行く予定だったのだそうで、それもバオバブだけだったそうである。なんか話しに行き違いがあったらしい。その日本人は大変恐縮して何度もわびた。バオバブは明朝タクシーで行けばいいからと私が言うと彼は安心したようであった。ビールが飲みたくなったのでホテル前の店で買ってきて飲んで、ビンを返しに行くついでに、そこで揚げた魚やレバー等を食べる。大変おいしかった。そのときに日本人の方が夕食を終えて戻ってきたが、娘が名前を聞いたら前田さんというそうである。私は戻って、コップに残ったビールを飲んでいたらそのまま寝てしまった。

18日(木曜日)、高里鈴代さんが夢に出てきたのには驚いた。そういえば、高里さんと一緒に行ったベトナムもかつてフランス領だった。4時頃起きる。6時頃前田さんのバンガローに行って話す。前田さんが言うには、バオバブをわざわざ見に行かないでもガイドに言えば途中で寄ってくれるのではないか、前田さんは7時にマングローブツアーに行くが、そのときに空港であったガイドが来るので話してみたら、と。それで了解して、いったんは引きあげたが、やっぱり自分でバオバブを見にいってみようと決めて、もう1度前田さんのところに行ってその旨伝える。ホテルを出てから町の中心部に向かって歩いていっていたら、後からタクシーが来てとまった。バオバブを見に行きたいというとOKしてくれる。ちょっと走って乗っていた客を降ろしてから、ガソリンスタンドで給油。このときに2万アリアリ前払い。30分ぐらい走ったらバオバブが見え始めた。そして、ポスターの写真になっている場所まで来る。大感激。写真を撮ってから戻っていく。帰りの分2万アリアリを払う。戻る途中にメナベ動物園があるのでそこに寄ってもらう。運転手が交渉し、1万アリアリ払ったらLemurien（キツネザル）に直接さわらせてくれた。運転手にはお礼にさらに2万アリアリ渡したらびっくりしたみたいだった。お礼をはずみ過ぎたみたいだが、自分で見にいけたのがとても嬉しかったし、運転手もいい感じだった。8時に戻ってきて、ホテルで朝食。バンガローに戻ってきてからちょっとして部屋替え。バンガローでなく、普通の建物の2階であるが、こちらの方が大きくて使いやすい。約束の午前10時前にもう、昨日空港で会ったガイドが来たのですぐに出発。バオバブを通り過ぎて北方に向かって走る。11時すぎてキリンディ森林保護区に着いた。森の中を1時間余りガイドと歩く。キツネザルや鳥をたくさん見ることができた。ガイドなしでは何も分からなかったであろう。ガイドは以前サイエンスの先生をやっていたそうで、森林の自然について非常に詳しい感じだった。休憩所に戻ってから昼食。バンコクからの飛行機で一緒だった人たちもここにいた。食後帰っていく途中で、一番大きなバオバブの木とか、2本の木がつるんだラブリーバオバブとかを見ていく。よかった。夕方5時頃ホテルに戻る。シャワーを浴び、写真をパソコンに入れてから、娘にホテルの前でビールとつまみのおかずを買ってきてもらって飲む。のどが渇いていたので全部飲めた。そのあとすぐに寝てしまった。今日はやりたかったことが全部できたので、気分的にとても落ち着いた。旅行モードになった感じで、日本のことを考えなくなった。

19日(金曜日)、5時半頃に起きて出発の準備。パソコンがダメになった。ウィンドウズのファイルの一つが欠けて起動できないという表示が出た。お手上げ。私はかなりショックを感じたが、娘は何でもないみたい。7時前に管理人の建物に行って、ホテル代を払う。17日の分は昨日払ったので、18日の分。6万+Tａｘ３０００アリアリ。昨日のガイドが空港まで送っていくと言っていたが、私は冗談だと思って、歩いて出発。ちょっと歩いたところで、向こうの方からガイドの乗ったタクシーが来た。娘曰く、「最後まで信用しなかったね」昨日撮った写真を送ってほしいということでガイドから名刺をもらう。空港に着いてからチェックインしたが、もやがかかっていて視界不良。10時過ぎにサンドイッチが出る。やがてアンタナナリボからの飛行機が着いて、11時過ぎに搭乗して出発。搭乗するまで、クアラルンプール・モーリシャス経由で来た日本人の方と話した。12時過ぎにアンタナナリボに到着。タクシーでシャンガイに行く。部屋に荷物を置いてから食堂で昼食を食べようとしているところに、同じ飛行機に乗っていた28歳の照沼晋一さんという方がチェックインする。飛行機で見かけた時、いいカメラを持っていたのでカメラマンですかときいたら、ただのサラリーマンです、と。照沼さんも22日にバンコクだそうで一緒だが、ホテルシャンガイは21日は満員で、別のホテルに移らなければならない可能性が高いそうである。ムルンダバには、アンタナナリボからアンチラベまでタクシーブルース（乗り合いの小型バス）で行って、さらにタクシーブルースで16時間ぐらいかかってムルンダバに着いたそうである。着いたら熱が出て、2日ぐらい寝ていたとのことで、もう二度とやりたくないと言っていた。アンタナナリボでの予定は特にないそうで、ホテルで食べたあと一緒に出て、まず、マダガスカル航空で照沼さんのチケットのリコンファーム。その後Tany Mena Toursに行って、ペリネまでのレンタカー（運転手付き）の値段をきく。照沼さんが、他の店でも聞いて比較しようと言うので、マダガスカル航空の隣のMadagascar Air Toursに行ってみたが、Tanyの方がいいということと、アンチラベの件も決めないといけないのでもう時間もないということでTanyに戻って、明日は15万アリアリでペリネ、明後日は16万アリアリでアンチラベの契約をする。ペリネには照沼さんも一緒に行くそうで、三分の一の5万アリアリを負担してくれた。アリアリの手持ちが少ないのでドル払いにしてもらい80ドル払ったのだが、１００ドル札は偽札が多いようで使えず、照沼さんが20ドル札5枚と交換してくれたのでペリネの分はそれで払った。アンチラベの方は、ドルの小さい札がないのでアリアリで払った。契約が終わりかけたときに運転手のHeryさんが実際にやってきたのにはびっくりした。契約後にHeryさんが店のすぐ近くの本屋に連れて行ってくれた。地図はないかときいたら、アンタナナリボのものだけあって1万アリアリ。私が買って、包装をほどいて見てみたが、精密とはいえない代物である。その後、照沼さんが王宮に行ってみたいということなので、歩いていく。Tanyの先から上り坂になっていて、すぐに市場や、昔写真で見た階段だらけの町並みが出てきた。タクシーブルース乗り場とかもあった。王宮というのはRovaというのだそうだが、女王宮だそうである。非常に見晴らしのよい場所でアンタナナリボの家並みが見えた。帰りも歩いたら、道を間違えて迷い、結局湖畔に出て、トンネルをくぐって戻った。ホテルに戻ってから、ホテルのレストランで3人それぞれ注文して一緒に食べた。照沼さんは東京の大森に住んでいて、日立の営業だそうで、普段は忙しくて、夜遅くしか帰れず、遅い夜食後にインターネットするぐらいしかできない、と。旅行も、働くようになってからするようになったそうであるが、休みはこんでいるときしか取れないので、バンコク・成田のオープンチケットを持っているそうである。日本で買うと、高いときは10万円を超えるが、バンコクならそういうときでも1年間オープンが6万円で買えるそうである。年に何度かバンコクに行って、そこからさらに先に行くらしい。いい考えだと思うが、バンコクまで6時間かかるので、ちょっと遠すぎてきついんじゃないだろうか。下川裕治氏の動き方と似ているので、知っているかと思ったら全然知らないらしい。ちょっとびっくりした。今回は12日間の休みを取ったそうである。

20日(土曜日)、7時前にホテルで朝食後Heryさんの車で出発。10時過ぎにペリネ自然保護区に着く。4時間コースで入園料1人2万5000アリアリ。ガイド料8000アリアリ。キツネザル類で最大のインドリがいた。あと、カメレオンやヘビ。植物ではマラリアの薬になる植物など。午後2時に引きあげ、ムラマンガという町の中華レストランで食べる。麺に野菜炒めをのせたミサオ（misao）というのがとてもおいしかった。これにチャーハン＋ジャスミンティー。夕方アンタナナリボに着いてからジャンボ（Jumbo）という大きなショッピングセンターに連れて行ってもらう。ビールのほか、グレイワインというマダガスカルのワインや、おかず、プラスチックの食器等を買う。アリアリが不足しそうなので、Heryさんに週末でも両替できるところはないかと聞いたら、明日、アンチラベにいく前にHeryさんの友人に両替してもらうということなので安心した。ちょうど7時にホテルに戻り、われわれの部屋で3人で食べながら話す。グレイワインは酸っぱかったが、飲めなくはない。3人で1瓶全部空けた。買ってきた料理はしょっぱく、フランスパンと一緒に食べてまあまあの感じ。私はビールも飲んだ。10時頃まで話してから寝る。

21日（日曜日）、起き際に考えてみたら、明日22日にバンコクに向かうので、明日はもうマダガスカルから出ることに気づいた。22日もまだアンタナナリボと勘違いしていた。そうなると、100ドルも両替する必要はない。照沼さんがかえてくれた20ドル札と、あと私は1ドル札で10枚以上持っているので30ドルでいいだろうと考えた。ホテルで朝食後、8時頃Heryさんの車で出発。車に両替の人が乗っていて、100ドルではなく30ドルということで期待はずれだったようだが、でも両替してくれた。途中で両替の人は車から降り、アンチラベに向かう。途中、娘がHeryさんに

Hery さん自身のことをあれこれ聞いた。Hery さんはこれまで10回ぐらいもシンガポールに行っているようであるが、住んだことはないようである。フランスに住みたいけど条件が難しく整わなかったそうである。つまり、海外出稼ぎしたくてもできない。アフリカの人たちはそれが一番の夢だ、と。Hery さんは以前コンピュータ会社をやっていたが、採算が取れなくなったのと、貸金倒れでやめ、2年前からこの車を買ってドライバーをやっている。免許は1993年に取ったそうであるが、非常にうまい。アンチラベに着いて、まず宝石屋に行ってもらう。宝石屋といっても外からはお店と分からない。Hery さんとは知り合いのようである。バカ丁寧に応対されて不気味な感じがしたが、とにかくわれわれ自身は宝石には興味はないので、私の弟の希望通り、アメジスト水晶の一番大きいのを買った。200ユーロ＝50万アリアリだった。クレジットカードで払った。Hery さんは、この店は大丈夫と思うが念のため領収証をとっておくようにとのことだった。それからアンチラベの町をざっと回ってもらう。市場など大きかったが、特に車から降りて歩きたくなるほどではなかった。それで、昼食にすることにし、Hery さんに任せたら、音楽の演奏をやっている店に連れて行ってくれた。食事中ずっとその演奏をビデオカメラで収録した。ここでも misao を食べた。この店もうまかった。娘は Hery さんとずっと話していたが、彼は民族のことについていろいろ教えてくれて、マダガスカルは18部族あって皆仲が悪く、それで、政治家は権力保持のために18人も奥さんを持っている人もいるとのことで、子どもは62人とか。バラ族のところにはポルトガル人のパイロットが来て住んでいたらしい。目は青い。改葬儀礼（ファマディハナ）のことなども話してくれて、それを見ることもできるそうである。アンタナナリボに向かって引きあげ始めてから途中で何回か、ファマディハナをやっているところがないかHeryさんは車をとめてきいていたが、やがてちょうどやっているところに来た。行ってみると、多くの人が笑いながら踊っていた。ビデオカメラやカメラで撮ることは積極的に歓迎してくれて、写真を送ってくれ、と。そのあと墓に移動。墓は奥の方にいくつかあってその一つの周辺に皆集まる。踊りや演説のあと、墓の入り口の石の周囲に塗ってあったセメントかしっくいのようなものを落とし、開ける。中に入っていいというので私も入ると、中央部が台になっていて、その上や周辺に布に包まれた遺体が四つほど置いてあった。この遺体をござに包んで外に出すと、それぞれの遺体の親族が遺体を取り囲んでさわる。泣いているところもあって、まだ亡くなって日が浅いのかなと思われた。男の人が墓の上に立って演説しながら、絹のような白布を投げ渡していった。親族が、その新しい布で遺体を包み、縛る。それから遺体を多くの人が手で持ち上げるようにして高く掲げながら、行きつ戻りつしながら踊って、墓の前まで来て、そして再び墓の中に入れた。酔っぱらった女の人がいて我々に話しかけてきて、娘と一緒に踊った。もう1人酔っぱらっているおじさんも近づいてきたが、この2人は金歯をしていた。Heryさんの説明では、虫歯でないけど抜歯して金歯にして豊かさを示すのだそうである。最初は余り近づかなかった人々も段々近づいてきて、写真を撮ってくれとせがまれ、写真の送り先を書いた封筒を渡された。4時半過ぎになったところで引きあげる。車までついてきた人にお祝儀として5000アリアリ渡したら、もっとくれと言うので、さらに5000出したら喜んでくれた。走り始めたらやがて暗くなり、ちょうど7時にアンタナナリボ中心部に戻ってきた。独立大通りでおろしてもらってホテルシャンガイに戻る。照沼さんの書き置きがあり、彼は別のホテルに移ったそうである。シャワーを浴び、ビールを2缶飲んでからホテルのレストランで食べた。私はビフテキを食べたが、肉が軟らかくておいしかった。娘はシャンガイスープというのを食べた。フランス人がたくさんレストランで食べていた。食後荷物を整理してから寝る。

22日(月曜日)、3時半頃起きて、5時に出発。シャンガイのボーイさんがタクシーを呼んでくれた。まず照沼さんのホテルに行って乗せて、一緒に空港。2万アリアリ。MD010便のチェックイン。そんなに込んではいなかった。機内では、朝食、昼食、サンドイッチと3回も食事が出て、食べきれない感じだった。機内でアニメの「マダガスカル」をやっていた。娘はバンコクに着く1時間ぐらい前から照沼さんの隣に座って話していた。夜9時にバンコク着(日本よりマイナス2時間、マダガスカルよりプラス4時間)。照沼さんと別れ、メータータクシーでバンコクセンターホテル。タクシー代350+高速料金60バーツ。部屋に荷物を置いてからホテルの隣の食堂で食べる。麺を注文したつもりなのだが焼きめしが出てきた。うまかった。

23日(火曜日)、6時に起きる。9時頃ホテルで朝食。それから出て、地下鉄で Kamphaeng Phet 駅まで行き、そこから歩いて北部バスターミナルに行く。途中で娘は帽子を落としてなくしてしまったので、ターミナル前で買った。199バーツだというので高いというと、希望はいくらかと聞いてきたので電卓に150と打ち込んだら、それでいい、と。ちょうど出発するところだったアユタヤ行きのバスに乗る。12時頃着。三輪タクシーでまず王宮跡に行く。あと、歩いてクンペンレジデンスとワット・ロカヤスタ（寝仏）を順に見る。途中、食堂で昼食。辛いタイ式のスープだったが、うまかった。スープは40バーツ、それにご飯。寝仏のあと、三輪タクシーでワット・スワン・ダーラーラームを回ってから、鉄道駅の対岸に行き、フェリーで渡る。17：16発の列車で、7時にホアランポンに戻ってくる。ゆったり座れて楽だった。駅のインフォメーションで3000円両替。駅の食堂で夕食。ここもうまかった。インターネットカフェでhotmailを見てからホテルに戻る。片づけをしてからビールを2缶飲んで寝る。

24日（水曜日）、午前3時半頃起きて4時半にチェックアウト。ホテルの車で空港（500バーツ）。午前7時半発TG676便で午後4時頃成田着。17：15発の空港バスで夕方7時過ぎに調布着。

養老孟司『私の脳はなぜ虫が好きか？』のマダガスカル関係：116頁〜127頁のメモが残っていたので以下に記すが、読んでみて非常に正確に書かれていると思った。

＊地質時代の早くから島として分離したので、動植物の9割以上が固有種である。

哺乳類では霊長類と食虫類が主であり、そのサルも、いわゆるサルではなくキツネザルである。

小さな種類にネズミキツネザルというのがいる。

そのほかは、カメレオン、カエルが多い。

コウモリは例外で空を飛ぶから長い年月の間には必ず移動してしまう。

*人生の理想は先祖になることである。先祖は、専用の布に包まれて立派なお墓に入っている。子孫は、時々お墓を開いて先祖を包み直す。死体がないと具合が悪いので、飛行機を嫌う人が多い。死体が行方不明になると先祖になり損ねる。

*ペリネの森は原生林が残っていて、キツネザルがよく観察できる。途中の山は松やユーカリを植えてあって徹底的な人工林である。自然の樹木を上手に利用している日本の里山とは違う。

*マダガスカルの地理は台湾に似ている。全体がサツマイモの形で東側に山がある。西側は平たく、マダガスカルの場合ほとんどサバンナになっている。

*ムルンダヴァはバオバブで有名。『星の王子様』に出てくる。アフリカ大陸には1種だが、マダガスカルには17種あるという。

*マダガスカルの人はマレー系で、だから水田耕作をしている。水田を作る文化とウシを飼う牧畜文化が共存しているところがマダガスカルの特徴である。

それから、現在私の愛読書になっている川上弘美『此処彼処』(新潮文庫、2009年)には、川上さん夫妻が新婚旅行でマダガスカルに行ったときのことが書かれている。川上さんたちはマダガスカルから帰国するときに、切符をちゃんとリコンファームし、空港には出発予定時刻の3時間前に着いたのに、着いてみたら飛行機はもう飛んでしまっていて、次の便までのもう1週間マダガスカルに足止めを食った。ホテル代は朝食夕食付きでエアマダガスカルがもってくれたが、金欠状態で過ごしたことが書かれている。

第7章　ダバオ・スラウェシ旅行日誌　2005年9月

マダガスカルから帰って10日ほど後の２００５年9月4日（日曜日）、午前9時頃那覇の家を出て11：45発中華航空ＣＩ１２１便で台北へ行き、ＣＩ６３５便に乗り継いで午後4時前にマニラ着。エアポートタクシーでパラニャケの村井アイザさん宅。まえがきに書いたように、私は当時フィリピンのいわゆる永住ビザを持っていたが、ビザ関係の手続き代行をアイザさんにお願いしていて、着いたらすぐに、フィリピンの永住ビザ（ＰＲＡビザ）更新に必要な費用（3年間分30ドル）や写真等を渡してしまった。アイザさん宅は有料で泊まれるようになっていたので、部屋でサンミゲルビールを飲んでからすぐに寝て、夕食後もテレビで韓国映画を見てから寝た。アイザさん宅に着いたらすぐに雨になったので、ラッキーだった。

翌5日（月曜日）、午後13：00発セブパシフィック５Ｊ９６５便でダバオに。機内で松井和久『スラウェシだより―地方から見た激動のインドネシア』（日本貿易振興会アジア経済研究所、２００２年）を読んでみたらとても面白くて、是非行ってみたいと思った。ダバオ上空に着いたときに、シルクエアー（シンガポールを拠点とする地域航空会社で、２０２１年1月28日シンガポール航空に統合された）の飛行機と接近して飛んだ。シルクエアーが先に着陸し、その間われわれの飛行機はダバオ上空を3回ぐらい旋回したのだが、その時に下宿が見えた。空港で中川先生と愛さんが出迎えてくれた。タクシーで下宿に着いたら、前にも書いたようにＳさんが来て、国の書類に昔Ｓさんが日本人だと言ったという記録が残っていたそうで、そういう人物が公務員をやっているのは問題だと言われ、先生の仕事は続けられなくなって辞めたんだそうだ。しかし、年金はもらえるので生活は大丈夫のようである。記憶では確か1万2000ペソだとか。

6日(火曜日)8時頃起きる。中川先生が朝食を準備してくれる。10時に愛さんが迎えに来る。中川先生も同時に出発して大学に。私と愛さんはまず、ビクトリア内の旅行社に行く。インドネシア・スラウェシ島のマナドへの便(メルパチ航空)は週1便に減って(以前は週2便)月曜日だけなので、往復で買うと帰る予定の日をオーバーしてしまう。そこで、アテネオ大学前の両替屋に行く。以前はここでマナドの切符が買えたが、今はやっていなくて、インペリアルホテル裏のPILMANという旅行社に連れて行ってくれる。そこでいろいろ組んでくれた結果、明後日8日(木曜日)午後にダバオからマニラに出て、夕方シンガポール航空でシンガポールに向かい、1泊してから、9日(金曜日)朝シンガポールを発って、シルクエアーでマナドに午後到着し、12日(月曜日)、マナドからダバオにメルパチ航空便で戻るということになった。ダバオからマニラまでがフィリピンの国内線で3713ペソ、マニラ以降の代金がシンガポールでのホテル代も込みで642ドルになった。高いと言えば高いのだが、ダバオで買えるという条件だと、これが一番安いのではないか、と。片道1時間ちょっとしかかからないマナドに行くのにわざわざシンガポールにまで行かないといけないのかと思うが、他に選択肢がない。ダバオで買える切符の選択範囲が狭いことに驚いた。しかし、マニラに出てから組んだりしていたら時間的に困難であろう。それに、日程的には満足できる。切符の受け取りは後でということで、近くで愛さんと食べてからタクシーでクミハララーニングセンターに行く。老人会のおじいさん宅でちょっと話す。2時半からバランガイ事務所で調停があるというので、一緒に参加させてもらった。女性2人が訴えた。相手の男性は、何人かに部屋を貸しているが、訴えた女性が、借りている人たちや訴えられた男性の妻に「へんなの」「田舎もの」と言ったら、訴えられた男性の妻が仕返しにパンパンとかと言ったらしい。訴えた女性たちは確かに日本で働いてきたが、そんなことは言われたくないとして訴えたのである。調停の時に私の耳にも実際にパンパンというのが聞こえたのでビックリした。パンパンって、日本語？ 英語？ バランガイ調停員は、冷静に話し合うよう説得したが、女性たちは興奮して、裁判所に訴えるという。今日が2回目だが、調停は45日間のうちに処理しないといけないので、次回13日（火曜日）にもう1度話し合うこととなる。調停後、ラーニングセンターに戻ってから旅行社に行ったが、シンガポールでのホテルを決めていなかったので切符を切れないそうで、受け取りは明日になる。タクシーで下宿に戻るとちょうど5時前で、すぐにSさんが来た。パーティーの開かれる中華レストランはすぐ近くなのだが、途中勤務していた学校そばを通るので見られたくないとSさんは言い、タクシーで中華レストランに行く。中華料理を元同僚のみなさんと食べてから解散後、ビクトリア内の喫茶店バスティスでSさんも一緒に話す。その時、Sさんは、今日本に行く準備をしていると話していた。彼は日本語を勉強したいということなので、彼が希望するなら沖縄の私の家に滞在しながら勉強してもいいと言ったら、興味を持った様子だった。

7日(水曜日)、朝6時過ぎに起きた。中川先生とコーヒーを飲みながら雑談してから、9時頃朝食。その後ちょっと寝直した。午前10時過ぎに出て、ジープニーで昨日の旅行社に行く。切符等を受け取り、またマカッサル(1971年から2001年までウジュン・パンダンと呼ばれていた)・マナド間の飛行機の時刻表等を打ち出してもらった。マナドからダバオへのメルパチ航空の切符はコピーで渡されて、マナドで航空券を作ってもらうようにとのことである。それからタクシーでラーニングセンターに行く。着いてちょっとして、図書館で、愛さん、ルースさん、ジュビーさんと昼食。私も少し食べた。その後ちょっと家庭訪問。昨日の雨で家のまわりに水がたまったところが多い。一人暮らしの老人が身体が動かせなくて家の中にいて、しかし家のまわりは池みたいになってしまって外から近づけなくなっているところもあった。ルースさんの午後の授業が始まって教室に戻ってから、日本帰りのお母さんで、その方の子どもが、私の娘がこの年の3月にダバオに来たときに娘と一番息があって、私の娘からお土産のミニアチュアの招き猫をもらったという方の家に行った。なんでも仕事が無くて大変らしい。米と卵(1個5ペソ)ばっかり食べているそうである。大きな米びつももう半分以下になっていた。この方の友達で、やはり日本帰りの人たちの家にも行った。仕事が無くなって、写真の写せる携帯とか、戸棚とかを安く売りたいというのである。その後、ルースさんの授業中は、私は子ども図書館でぼーっとしていた。シンガポール経由でマナドに行くことにしたのだが、それはとても贅沢な旅で、それとここの貧しい家庭の子どもたちのことを比較して考えて気分が沈んでしまった。それで、子どもたちの相手をしていても上の空だったのだが、子どもたちと腕相撲をやったり、輪になって遊ぶ子どもたちを見ているうちにまあ何とか気分が上向いた。ルースさんの授業が終わってからまた家庭訪問を再開し、暗くなるまでやったので、地区内をずいぶん歩いた。住居環境はやっぱりとても悪い。訪問すればするほど、大変だなあというのを感じる。日本帰りのお母さんの他、もう一人、子ども連れのお母さんも一緒に歩いてくれたので、お礼に夕食をということになり、トトさん（愛さんの夫）に車で来てもらってからアグダオで串焼きの魚や肉を食べた。10人ほどで食べて、この日は子ども図書館を見てもらっているジュビーさんの誕生日だというので、ビールも飲んだのに500ペソあまりだった（1000円ほど）。安いところは安い。それからトトさんの車で送ってもらう。帰ってから、明日の準備をしながら中川先生と話す。

8日（木曜日）、6時過ぎに起きる。荷物を片づけながら中川先生と話し、8時頃朝食。食後も話す。話すうち、ダバオでもう1年間大丈夫ではないかということになり、来年度も今の形で継続ということで意見が一致した。最初は、中川先生のご希望は今年度限りということであろうと推測しながら話していたのだが、体調も気力も十分で、この調子なら来年度も可能ではないだろうかと言ったら、中川先生も同意されたのである。ちょっと意外であった。来年3月で下宿から引き上げることになろうというので、ＰＲＡビザももう更新しないことも考えたのである。しかし、今年から3年に1回更新すればいいことになったので、そんなに負担でなくなり、もうしばらく持っておこうということになった。

午前10時に中川先生が出かけた後、私も出発。13：00ダバオ発ＰＲ８１２便でマニラに。機内で『対話の回路　小熊英二対談集』（新曜社、２００５年）の村上龍氏との対談を読み始める。すごく面白い。３時頃マニラに着いて、空港タクシーでターミナル１に移動（１５０ペソ）。チェックイン手続きがすでに始まっていた。すぐにできて、荷物の持ち込みも認めてくれた。また、明日のシンガポールからマナドまでの搭乗券も一緒に発券してくれた。イミグレの後、18：00発シンガポール航空ＳＱ０７５便でシンガポールに向かう。夜９時過ぎに着いた。意外にもフィリピンと同じ時間で、つまり日本よりマイナス１時間である。３時間ちょっとで着いた。日本本土に行くより近い。イミグレの後、ストップオーバー受付に行く。泊まる予定だったALLSONSホテルは満員で、Peninsula Exelsiorに決まった（追加支払いなし）。送迎バスで行って、11時前に部屋に落ち着いた。

９日（金曜日）朝早くから目がさめる。松井氏の本を読んでマカッサルを見てみようと思ったのだが、タナ・トラジャ（トラジャ人の土地という意味）もできれば見たいということであれこれ考え出したらもう眠れなくなった。６：30に送迎バスで空港に向かう。別のホテルでスカーフの女の人たちがたくさん乗ってきて、イスラム圏に来たんだなと思った。女の人にはほほえみが通じる。ターミナル２から、イミグレを経て中に入る。ゲートが開くまで、フリーインターネットでhotmailをチェックする。９：25発ＭＩ２７４便でマナドに向かう。ＭＩというのがシルクエアーだと分かった。機内では、引き続き小熊氏の対談集を読んだ。1時頃マナド着。空港で取得するビザは、7日滞在以内は10ドルである。300ドル両替して285万ルピア来たので、1ドルがだいたい1万ルピアと考えられる。ガイドブックに書かれているよりルピアはだいぶ落ちている。外に出て、まずメルパチの切符売り場に行って、航空券作成とリコンファームをやってもらおうとしたが、出発当日に来てくれと言われた。それで、午後2時発のライオン航空でマカッサルに行こうとして、近寄ってきた関係者らしい人にその旨言ったら、来なさいといわれて、切符のないまま荷物チェックを通過し、事務所裏側から事務所内に入り、そこで、なんとガルーダのビジネスクラスを買うことになった！　128万900ルピア！　出発前ダバオのPILMAN旅行社できいたライオン航空の値段は51ドルだったので、倍以上である！　でも、もうやめるわけにいかないし、お金も持っているしで、10万ルピア札を並べて払ったのである。こうして、あっという間にKOMIHARA HIROSHI氏の切符は出来上がった。KUMIHARAじゃなくKOMIHARAだったのがご愛嬌である。ところでこのガルーダ便は13：30発だったのである。ダバオの旅行社でもらった時刻表でガルーダは15：30と思っていたのだが、その前にも便があったのだった。そして、もう一度荷物チェックをしてからあわただしく機内に乗り込んだら、もうすでに13：30になっていて、すぐに出発したのである。飛んでちょっとして、仰々しいテーブルクロスがかけられ、飲み物にはビールもあったが、遠慮してコーラにした。食事はビーフだった。甘味でおいしかったのだが、肉には筋があった。なんか、コンビーフの肉のような感じがした。飛行機から見る海はダークブルーだった。南に飛ぶにしたがってだんだん山に木が少なくなって、最後の頃は見事なはげ山ばかりだった。農地も褐色だった。午後3時過ぎにマカッサルに着いた。空港内のどこが入り口でどこが出口なのか分からず（内部はつながっている）ちょっとうろうろしてから出て、パノラマという会社の窓口を探していくと、そこには人はいなくて、多分別の会社の人が近づいてきて、私の希望を聞いてプランを立ててくれた。なんとこれからすぐにトラジャに向けて出発するのだという。そして、トラジャで1泊後、昼間はトラジャ観光してからマカッサルに戻ってホテルに泊まり、翌日朝マカッサルのシティツアーのあと、12時発のライオン航空でマナドへ向かうということになった。電卓でなにやら計算して、航空券代やホテル代も入れて全部で425US$という数字をはじき出した。もちろん高く感じはしたが、これ以外に私の希望を全部満たせる代案があるとは思えなかったので、すぐにOKしてキャッシュで払った。コーラを飲んで待っていたら、全部飲み終わらないうちに車がやってきた。12人乗りぐらいの三菱のバンで、運転手に私一人である。座席のクッションもよくて非常にらくちん。これを贅沢といわず何と言うのでしょう。車があまりに早く来たので、最初は、この車で事務所のようなところに行ってそこで乗り換えるのだろうと推測したのだが、そのままこの車でトラジャに向けて出発したのである。すごいなあ！　運転手は英語がしゃべれた。でも、そんなに話はしなかった。それより私は、これで日程が全部決まったので、迷いが無くなって、やったなあ、と高揚した気持ちになって感じ入っていた。落ち着いてきてからビデオカメラを出して、通り過ぎていく風景を撮り始めた。運転手は親切で、スポットになりそうなところで時々停まってくれた。暗くなり始めたところで夕食のため休憩。波の音が聞こえるビーチレストランで、2人分払って10万ルピア近くだった。魚がうまかった。その後、ちょっと行ってから右の方に入って坂道になった。ガソリンを給油した他は走り続けた。道は狭かったが、その道を結構たくさんの人が歩いていた。夜の10時頃茶店で休憩してコーヒーを飲んだ。TORAJAという表示も出てくるようになったのでもうそろそろ着くのかなと思ったら、さらに延々と曲がった坂道を走り続け、ちょうど夜中の12時にホテルに着いた。TORAJA TORSINA HOTEL。シャワーを浴び、洗濯の後寝た。下着を十分もってこなかったので毎日洗濯するしかない。昼にマナドに着いたときに、疲れた状態で町をブラブラしたくないと思ったので、直ちにマカッサルに向かったのは正解だった。13：30に飛んでいなければ、トラジャに夜12時に着くこともできなかったはずである。私自身が最初に立てた計画は、マカッサルについてすぐに動くのは無理なので、今日はマカッサル市内を見てから、翌朝トラジャに行って、夜行バスでマカッサルに戻ろうというものであった。しかし夜行はきついので体力的に自信はなかった。実際走ってみて、これ以外の行き方では無理だったと思った。

10日（土曜日）、朝6時過ぎに起きる。朝食後、8時過ぎにガイドさんが来る。オットーさん。サンダルに半ズボン、野球帽で、はきはきしていて、私はとっても気に入った。彼の英語もよく聞き取れた。運転手を待っているうちにマカッサルの事務所から電話がかかって、明日のライオン航空は満員で席が取れず、11：10発のガルーダになり、その結果もう25ドル払わないといけないということで、もちろんＯＫした。運転手は疲れて寝坊して、30分位遅刻した。最初にLemoという石壁のお墓に行く。石壁に掘られた横穴の中に遺体が収められているが、収納するための木箱が朽ちて人骨が散乱しているのにはビックリした。それから石壁にタウタウという故人の身代わり人形も並んでいる。ガイドの話はお墓のことだけでなく、パインやパパイヤ、それに薬草などについての説明や雑談がいろいろ混じって面白かった。それらをできるだけビデオカメラに収録したので、今もＤＶＤの形で残っている。私のことをきかれたので、名刺をあげたら、今は自分がプロフェサーになって私に教えているんだと元気いっぱい。ヤシ酒を作っているところなども面白かった。水牛を殺すところを見たくないかと言うので、見たいと言うと、いったんランテパオの町の事務所に行って情報収集した後、葬式をやっているところに向かった。ものすごい坂道を上がっていって、葬式をやっているところに着くと、ちょうど水牛を殺しているところだった。私が着いてからあとも2頭殺されるのを見た。最後の水牛は私の目の前で殺されて、血しぶきがズボンについた。水牛の解体が始まったところで引きあげたが、葬式は4日間続くということだった。ここでは、ガイドが準備した封筒に20万ルピア入れて香典として出した。ガイドがもう一カ所、フェスティバル、というか、催しをやっているところがあるので行かないかと誘い、ＯＫした。途中の店で封筒を準備して、やはり20万ルピア入れる。着いてみると、ちょうど女の人たちが伝統的なトンコナンという家々に囲われた広場で踊っていた。やがて昼休みになり、私とガイドも桟敷のような席に上がって座り、食事をわけてもらって手で食べた。うまかった。野菜炒めにゴーヤのような味のものが混じっていたが、ゴーヤかどうか確かではない。水牛の肉は、竹筒に入れて蒸し焼きにするようである。ヤシ酒は人気がないようで、皆さんBIR BINTANGという缶ビールを奪うようにして取りあって飲んでいた。ヤシ酒はちょっとなめてみたが、酸っぱかった。昼食後、女の人たちの踊りのあとに、寄付を求める踊りと音楽があり、そこで引きあげた。ガイドはしきりに私は運がいいと言った。実際私も、こんなにうまくいろいろと見れるとは全然期待していなかった。それからランテパオの町に戻り、運転手が食事に行っている間にガイドにインターネットカフェに連れて行ってもらった。hotmailは問題なく見れたが、スピードがかなり極端に遅かった。15分ぐらい利用して3000ルピアだった。その後ガイドは、伝統的なトンコナンからなるケテ・ケスという集落に案内してくれた。トンコナンの中にも入って説明してくれたが真っ暗だった。その奥にはやはり、石壁や洞穴の中に墓がつくってあった。これでトラジャ観光は終わりで、ガイドは写真を送ってほしいと言い、彼の名前と住所等を書いた。ガイドは途中でおりて、車はそのままマカッサルに向かった。昨日休憩した茶店でコーヒーを飲み、ガソリンを入れた他はずっと走ってパレパレ(Parepare)という町に着き、そこのレストランで食事する。魚のほか、カンクンチャという空芯菜炒めがおいしかった。沖縄の燕菜みたいな感じである。二人で6万5000ルピア。値段の見当がだいたいつくようになってきた。夜12時過ぎてから、マカッサルの3星ホテルDinasti（皇朝酒店）に着く。洗濯して、風呂に入る。ベッドが上等で安眠できた。

11日(日曜日)、6時半に起きて朝食。8時の約束だったのに、運転手は今日も30分遅刻。その間に、ホテルのボーイが話しかけてきて、なんでも埼玉で4年間働いていたそうである。Chairilさん。運転手は大あわてでやってきた。まずオランダのロッテルダム要塞をざっと見た。生徒たちと見学にやってきていた先生が私に声をかけてきて、どうやらこの方も日本帰りのようで、何度もお辞儀するのだった。私も同じぐらいお辞儀したら、生徒たちは大笑いしていた。それから港周辺を見る。港では紫色のタマネギを船から降ろしているところを見た。タマネギはみんな小さかった。愛さんからあとからきいた話では、こちらでは小さいタマネギの方が好まれるのだそうである。それから空港。空港に着いたところで運転手がチップをくれというので、まあお疲れのようだったので慰労の意味で5万ルピア渡した。マカッサルに着いたときに契約してくれた人ともう1人別の方が待っていた。すでに搭乗券ができていて、別の方と中に入った。この方が搭乗前まで付き添ってくれたが、トラジャ出身だそうで、私が弁護士と分かると、トアルコ・トラジャ・アラビカ・カフェという日本との合弁会社がトラジャにあるという話をした。彼からトラジャの印象を聞かれたので、女が強いところだと感じたと私は言った。運転手にチップをあげたのも彼は見ていて、事情をきいてきたので、正直に話した。運転手のUmarさんは親切であったが、すぐに肩こりしたとか腰が痛いとか訴え、連日遅刻なので、プロとして問題があるのでは。結婚していて奥さんに子ども1人だそうである。ガイドについても聞かれたのでこちらは大変よかったと感想を述べた。ガイドは非常に前向きな人で、帰国後も何度かメールが届いた。マカッサルを発って、ガルーダ航空GA

602便で昼過ぎにマナド着。一応空港のメルパチ航空の窓口に行ってみたら、担当者がいないので明日に、と言われる。ホテルは港に面したセレベスしかない！ と決めていたのでタクシーで行く。やたらに教会の多い町である。それから、走っている乗用車がみんな新しく上等。空港からのタクシー代が6万ルピアというのは高いが、運転手は英語が全然ダメだし交渉の余地はないようだった。セレベスについて、トイレ・シャワー付きの部屋は一番上等なところしか空いてなかったのでそこにした。18万ルピアだから2000円ほど。部屋からは市場と港が見下ろせてすばらしい眺めだった。しかも新築で、明るくて清潔で、気に入った。ここなら1週間だって居れると思った。マナドに着いてからどうするかは、飛行機の中で考えているうちに眠ってしまって決めていなかった。空港からのタクシー運転手が英語が全然ダメなようだから一般のタクシーももちろんダメであろうということと、何というか、日曜日でもあるし、のんびり町を歩いてみたくなった。で、歩いて出て、とりあえずメルパチの事務所に行ったら、閉まっていた。マナドの町は道が曲がっていて、方角がすぐに分からなくなる。でも、中心部は狭いので、たいして問題ではない。メルパチの事務所からセレベスのほうに戻ってきて、テキサスチキンというファストフードの店があったのでアイスコーヒーフロートを飲んだ。7800ルピア。やがて、小雨が降ってきた。ホテルに戻ろうかとも思ったが、大丈夫のようなので、そのまま公設市場を見たが、日曜日なので閑散としていた。子どもたちがいて、大喜びで写真におさまってくれた。クビを横にするのがここの子どもたちの決まりポーズのようである。それから脇道に入ったら道に幕が張ってあって行き止まりみたいになっていて、先には行けないのかなと思いながら幕の向こう側をのぞいてみたら、幕を背にして道路で誕生パーティをやっていた！ 公道をこんな風に使うなんてすごいねえ。さらに、モラスビーチ方面に向かって歩いていく。相当歩いてもビーチには出なかったので右に折れて小山を登っていくと、スラムかと思いきや、普通の家々だった。子どもたちがバドミントンで遊んでいた。サッカーの試合もやっていたが、そこに韓国の旗が立っていたのにはビックリした。別の道で小山をおりて、ミクロレッというミニバス（沖縄の軽貨物サイズ）で市場まで戻る。１２００ルピア。ホテルに戻ってちょっと休んでから、屋上のレストランでビールと食事。部屋に戻ってベッドに横になったらそのまま寝てしまった。

12日（月曜日）、朝6時半に目がさめた。7時に朝食後出て、北スラウェシ州立博物館に行く。10分間ほど8時の開館を待ってから入って見学。螺旋状に階段を上がっていく。伝統的な住居とかいろいろ展示はあったのだが、知りたかった民族構成のことについてはあまりよく分からなかった。マナドの街を歩いているとミナハサという言葉にぶつかるが、マナドの周辺に住んでいる7民族をミナハサ人というようである。最後に記帳したら、私の前は9月6日に来た、法政大学沖縄文化研究所ご一行様だった！ ホテルに戻る途中、またメルパチ事務所を通ったので、リコンファームを頼んだら、リコンファーム先はメルパチでなくPILMAN旅行社だ、と。チャーター便なので、そういうことになるのかもしれない。PILMANはマナドにも店があるわけである。だから、インドネシアの飛行機についてもいろいろ情報をもっていたのだな。メルパチで応対してくれた若い女性に、私の代わりに電話して下さいと頼んだらやってくれた。有り難く思ったので、お礼に2万ルピアあげたら、恐縮しながらも嬉しそうだった。セレベスに戻ってからすぐチェックアウトし、ホテル前にいたオートバイのお兄さんに乗せてもらって空港に行く。2万5000ルピアの約束だったが、どうせ余るので3万あげた。窓口で、簡単に切符をつくってもらえた。中に入ってチェックインし、空港税7万5000ルピアを払う。残りの金で、インドネシア語―英語の辞書、スラウェシの地図、バチックの飾り布等を買って、ほとんど使ってからイミグレ。メルパチ航空MZ9600便のお客は、多くは商人のようで、衣類か布と思われる荷物を大量に抱えた人が多かった。1列が3+2=5の座席しかない小さな、非常に古い飛行機だった。最前部が空いていたほかはほぼ満席に近かった。1時間ちょっと飛んで2時半頃ダバオに着いた。ちょうどシルクエアーの飛行機も到着していた。マニラに出なくてもダバオからでもシルクエアーでシンガポールに直接行ける(毎日飛んでいる)のだが、値段が高いのでマニラからになったのである。日本やヨーロッパからシンガポール経由で来るととても安いらしい。一度試してみたい。

ダバオに着いて、空港から道路まで歩いて出て、タクシーに乗る。下宿まで59ペソ。下宿に着いてから中川先生とずっと話す。衆議院議員選挙は自民党の圧勝で、公明党もあわせると2／3をこえたそうで、怖い感じがした。

その後16日（金曜日）にダバオからマニラに行ってアイザさん宅に一泊後、17日（土曜日）に台北経由で沖縄に戻った。

以上がダバオからスラウェシに行った時の記録である。

葬儀を観光客にも見せる、というか、観光資源にしているところはマダガスカルと同じである。こういったあり方は、マダガスカルのマレー系の人たちの伝統だからインドネシアとつながっている。伝統的なトンコナンといわれる家の屋根が舟の形をしているのは、フィリピンに基礎自治体がバランガイと言われ、帆船を意味するのと類似している（フィリピンがスペインの支配下に入る以前に、帆船に乗ったマレー人がフィリピン諸島の各地に住み、それを「バランガイ」と呼称したことに始まる）。

トラジャでは葬儀にお金をかける。だからすぐには葬式が挙げられないので、それまでは家に死体が保存される。葬儀のあと、自然の洞窟や巨大な岩盤を利用して風葬される。旅行後に出版された細田亜津子『雲の上の哲学者たち　トラジャ族が語りかけるもの』（西田書店、２００６年）を参照すると、墓に飾られているタウタウという先祖の形を模した木製の人形はナンカ（ジャックフルーツ）という硬い木に彫られたものだそうである。トラジャの人々が「死を抱いて生きる人々」であるのはフローレンス島、スンバ島、スンバワ島、ロティ島、ティモール島なども同じで、沖縄の八重山の人々の伝統とも共通している。

トンコナンと対をなすアラン（米倉）はトンコナンより小型でデザインが美しく、われわれが日本で見るトンコナンはアランであることが多い。トンコナンは北向きに、アランは南向きに建てる。そして、トンコナンを建てるのはゴトンロヨン（相互扶助）で行う。高床で、出入り口の幅は小さくシェルターのようである。

トラジャ族とは「山の上に住む人々」という意味で、標高600～1600mの高地に住んでいるが、昔他民族に追われて逃げてこの地にたどり着いたと言われていて、安全確保のための砦となる家を非常に大切にする伝統は、このような民族的な歴史と関係している。

インドネシアの宗教は80％がイスラム教だが、トラジャでは85％以上がキリスト教で、オランダの宣教師が布教したのでプロテスタントの方がカトリックより多い。インドネシアが独立し、オランダがインドネシアから去った1950年頃から65年の間に、政府によってトラジャのキリスト教化は強化された。豚を食するということもその理由のひとつではあっただろうが、細田氏は、トラジャ人がキリスト教を受け入れる精神的要因があったのではないか、と述べ、最高神ブアン・マトゥア、トラジャのすべての先祖伝来の神々デアタ・デアタの位置にキリスト教の神が入れ替わったと見ることができるという考えを述べている。

細田氏の略歴を見ると、彼女は沖縄の文化と歴史も研究していて、沖縄との比較がこの本でも随所でなされている。たとえばトラジャ語で「キラキラ」というのは、約、とかアバウトという意味だそうで、沖縄の「テーゲー」がこれに相当する。しかし、沖縄タイムがだいたい30分ぐらいのタイムラグであると考えられているのに対して、トラジャではもっと長い。おそらくトラジャでは道路事情が悪く、行ってみないと分からないことが多いことも関係しているだろう。また、沖縄の女たちが長生きで、しかも生き生きとしているのは織物を織ったり、糸をつむいだり手仕事を持っているからで、トラジャのネーネ（高齢女性）を見ていると沖縄のオバーたちを思い出すとも述べられている。祖先を大切にするのも沖縄と共通している面があるが、トラジャは東南アジアで一般に見られる双系社会だから、社会組織のつくり方は違う。トラジャでは、結婚の時離婚の話し合いもしておき、離婚はとても自由に行われていて、男性に財力があれば第三夫人まで持てるし、離婚後再婚することも簡単であると述べられているのもそういう社会構造を背景に理解されよう。

第8章　NY旅日記　2005年12月

２００５年11月5～8日、東京からダバオに行ったが、5日（土曜日）の日常の記に次のような記述がある。

「ダバオには夜8時頃に着いた。下宿の1階に、家主の息子のお嫁さんと子どもたちがいたので、すぐにお土産をあげた。それから、串焼き屋に行って、夕食を食べた。帰ってきてから、水浴びして、家主の奥さんのジョー（Jo）さん（正式にはジョゼフィーナ Josefina さん）にメールをした。」

翌6日（日曜日）にはさらに次のような記述がある。

「ジョーさんから返事があり、孫たちの写真を送ってほしいとのことなので、1階で撮らせてもらって、送信。3人兄弟のうちの真ん中はお父さんとお出かけだそうでいなかった。トーストしながら食べていたら、その孫の長男が上がってきて、私のカートで遊んでいた。」

いつだったかハッキリとしないが、まず下宿の家主の奥さんのジョーさんが米国のニューヨーク（NY）に出稼ぎに行って、下宿にいなくなった。それからだいぶたってから家主のボーイさんもNYに出稼ぎで行ってしまったのである。それで、２００５年の11月当時は、下宿の1階に家主の息子家族が住んでいた。家主夫婦がどんなふうにしているのか見にいってみようと思って同年12月末に娘と一緒にNYに行ってみた。その時、１９８３年にNYに行ったときにお世話になった台湾出身のキャサリンさんにもあらかじめ連絡を取った。

以下はその時の記録である。

12月25日(日曜日)、12:50娘と一緒に調布駅発の空港バスで成田第1ターミナルに。早く着いたので、食事をしてから本屋で本を見る。娘は有吉佐和子のものが読みたいということで、『恍惚の人』を買った。私は、NYだけでなくボストンなどにも行くかもしれないということで、アメリカ東部をカバーした『地球の歩き方』を買う。19:05発アメリカン航空AA168便でNYに向かう。座席は一番後ろから2番目だったが、一番後ろの席の人たちが移動したあとに私が移れたので私も娘も2座席続いた席を取ることができて、横になれた。NYには同日の午後6時ごろ着いた。日本よりマイナス14時間で、約13時間で到着である。機内で、前半はかなり本を読み込んだが、後半は寝た。結構眠れたのだが、いくら寝ても寝足りない感じ。NYに着いてから、ゲート近くで飛行機を引っ張る車が来ないためとかで、機内で相当待たされた。イミグレも税関も簡単に終わった。出迎え場所にキャサリンさんが来てくれていた。HISで来た他の方々と一緒のバスでホテルに行かないといけないので、キャサリンさんにはお土産だけ渡して、明日会うことになった。10名余りの方々と一緒に、係員の水瀬さんに市内に連れて行ってもらう。最初に着いたホテルでの手続きに時間がかかった。残りは全員われわれと同じくホテルペンシルヴァニアだったが、ここも一人ずつの手続きが長引いて、結局9時頃にやっと部屋に落ち着いた。空港からNYの中心部に向かっていくとき感じたのは、すごく古ぼけた町だなということであった。ホテルも古くて、期待したようなプールはなさそうだった。「欧米風」ということで、最新の設備であろうと思い込んでいたのだが。しかし、古くてもちゃんと機能していることはすぐに分かった。一番びっくりしたのは朝食がついていないということだった。すごい大ホテルなので、皆さん朝食券をもらって、毎日バイキング方式の食事をするとばかり思っていたのだが。外に出てみたら雨だった。娘は売店で傘を買った。水も買った。それから私の傘を取りに部屋に戻ったのだが、娘がパワーがなくなったとかで、ちょっと休む。11時頃になって再び出て、タイムズスクエアのほうに歩いていく。デリカテッセン（デリ）でサンドイッチを二つ作ってもらい、ビールも買ってから部屋に戻って食べる。ふと気がついたらもう午前1時半をまわっていたので寝る。

26日（月曜日）、NYは祝日だそうである。クリスマスのことをhappy holidaysと言うようになったんだそうである。時差ボケで6時前には目がさめ、サンドイッチの残りを食べる。9時ごろになって、娘がキャサリンさんに電話しようとしたが、かからない。そのうちあちらから電話がかかった。11時半の約束ができたので、それまでタイムズスクエア周辺を散歩した。雨が降っていた。戻ってきたら、キャサリンさんはもうホテル前で待っていた。車でマンハッタン中心部をざっと走ってから、まずグラウンドゼロに行く。スタテン島行きフェリー乗り場を通過して、ブルックリン大橋を渡り終わったところに税務署（税関？）の建物があって、そこがキャサリンさんの仕事場なのだそうである。彼女は妻と一緒にテキサスの大学院に留学していたのだが、大学は同じでも専攻は経済学だったのだそうである。ブルックリン区からクィーンズ区に入り、フラッシング。フラッシングの図書館も、今日は閉まっていた。アジア系の人たちやインド・パキスタン系の人々が住んでいるところをあちこち走ってから、中華レストランで食事。おいしかった。われわれはフラッシングから地下鉄で戻るつもりだったのだが、キャサリンさんは、エルムハースト経由でマンハッタンに車で戻り、チャイナタウンの、ボストン行き直行バス乗り場で時刻表を入手。これは私が、ボストンにはどのように行けばよいかきいたからである。その後、ソーホー、NY大学を通って、中心部に戻り、すでに明かりのともったブロードウェイ周辺をまわってからホテルにもどって来た。6時頃にお別れしてから部屋に戻ったら時差ボケでとにかく眠くて、そのまま寝てしまう。夜9時前に目がさめて、娘とテイクアウトの弁当を買ってくる。それからまた寝て、午前3時ごろ目がさめて弁当を食べて、そしてまた寝る。

27日(火曜日)、7時ごろ起きる。さすがに十分寝た感じになった。9時過ぎに出て、エンパイアステートビルディング前を通ってNY市立図書館に行く。11時から開館と分かったので、それまで食事することにして、近くのデリに行って食べる。デリの奥は座って食べれるようになっているところが多い。弁当箱にバイキングでいろいろ選んで6ドルぐらい。重さで量り売りするのはブラジルと同じ方式。それにスープが3ドル弱。とてもおいしい。レジはアジア系でも、実際に働いている店員はメキシコ系が多い。食べてからちょっと早めに図書館に戻って開館を待つ。館内の無料エクスカーションには10人ぐらいが参加した。案内してくれたのは白人のおばあさんだった。1時間ほど。本はほとんど書庫に入っているようで、それを請求して取り出してもらう方式のようである。

建物は由緒あるもののようだった。アジア系の女性もエクスカーションに加わっていたが、彼女が案内のおばあさんを撮影しようとしたら、デジカメの赤い光がおばあさんの顔に映った。おばあさんはノーフラッシュと言って制止した。ノーフラッシュなら撮影はＯＫみたいだった。エクスカーションの後、ショップを見てから出て、初めて地下鉄に乗ってフラッシングに行く。昨日もキャサリンさんに案内してもらって見たのだが、駅から出たらそこはもう本当にアジア世界。通りも人がいっぱいでまっすぐ歩けない。フラッシングの図書館は駅からすぐのところ。撮影はできなかった。西川さんから聞いていたように、中国語、韓国語等の本、インド、パキスタンの言語の本、アラビア語の本。日本語の本もちょっとあった。たくさんの人が来ていて、1階の貸し出し手続きのところは長蛇の列ができていた。座席はほぼ満員で、一生懸命勉強している感じの人が多かった。若い人もいれば老人もたくさんいた。まさに地域に根ざしている感じがした。見終わってから、駅のそばで小さいりんごとオレンジを買う。それぞれ4個で1ドル。それから、マンハッタンに戻る途中でインド系の人が住んでいるところに行ってみようとして一度降りたのだが、場所を間違えたようで、結局行けないままマンハッタンに戻る。タイムズスクエアで乗り換えてホテルまで戻ってくる。部屋に戻って荷物をできるだけ置いて、軽くしてから再び出る。ここは午後4時ぐらいにはもう暗くなるので、スタテン島に行くのはやめて、まず市庁舎を通り過ぎたところにある古本屋に行く。それから、ソーホー。もう暗くなっていたし、だんだん眠くなって、そんなに長く歩かないで、ホテルそばまで地下鉄で戻ってきた。そして、デリで食事。おいしかった。話されている言語はスペイン語か韓国語が多く、英語の人は少ないと娘は言っていた。娘は、ロシアの人もたくさんいるようだとも言っていた。昨日キャサリンさんも、１９９１年頃以降たくさんのロシア人がアメリカに来たと言っていた。８時ごろホテルに戻って、風呂に入ってから、ビールを飲み出したら気がつかないうちに寝てしまう。午前2時前ごろ目がさめたが、娘も同じようで、私は写真をパソコンに入れてからまた寝る。

28日（水曜日）、6時過ぎにおきて、パソコン打ち。9時頃出て、Park Av. に向かう。途中、インターネットカフェに寄る。30分で2ドル。33丁目から地下鉄で１０３丁目のＮＹ市立博物館。ＮＹの歴史が分かって大変よかった。特にビデオは興味深かった。１９７５年頃にはブロンクスの2割ぐらいもの建物が放棄され荒廃していたそうで、郊外をちゃんとしないとＮＹの将来はないということで、低所得者やホームレスのための住宅が建設されていったのだそうである。私がこの前訪問した１９８３年当時はＮＹは危ない町といわれていて、特に、ハーレム以北は行くだけでも大変だった。博物館内でサンドイッチを食べてから、地下鉄で86丁目に行って、メトロポリタン美術館に行く。大変な人ごみで、ゆっくり鑑賞できる感じではなかった。ゴッホ展をやっていた。回るうちに、アメリカインディアンの美術を見たくなって探したのだが、見つからなかった。それから、地下鉄でユニオンスクエアに行って、新本屋で『Asian American』という本を見つけて買った。古本屋（昨日行った店の本店）にも行ったが、何も買わなかった。それから地下鉄で一つ目の、ブロードウェイと5番街が交わるところにあるフラット・アイアン・ビルに行って写真を撮る。そのあと地下鉄で34丁目まで行ってホテル近くのデリで食べる。大変おいしい。明日の朝食用にサンドイッチを作ってもらってから帰る。夜、娘はロビーの受付に行って、キャサリンさんが置いていった果物を持ってきた。やがてキャサリンさんから電話があって、明日夕方6時半にホテルで会うことになった。

29日(木曜日)、朝7時頃、ジョーさんから電話があって、午後3時にホテルで会うことになった。雨が降っていたが、まず地下鉄1号線でサウスフェリーまで行って、スタテン島フェリーから自由の女神を見る。かすんでぼんやりとしか見えなかった。フェリーで折り返し戻ってきた。戻るときも雨だったが、行きよりはよく見えた。それから地下鉄で81 St.の自然史博物館に行く。自然史の博物館なのに意外にも、世界の民族誌みたいなコーナーもあった。アメリカインディアン関係のものもたくさんあった。アラビア地方はアジアに分類されていた。日本のところも独立したコーナーになっていたが、ほとんどが伝統的な日本に関するものだった。サムライとか版画などのほかに、田植えの様子が展示されていて、部落が集まって村ができているといった説明がついていた。伝統的な家の展示もあった。12:30からスペースショーというものをみた。宇宙船に乗って宇宙を進んでいくイメージなのだが、あまりピンと来なかった。終わってから引きあげる。その頃には博物館は非常にこんでいて、入り口のところには長蛇の列ができていた。地下鉄で戻ってきて、ホテルそばのデリで食べてから部屋に戻り、ジョーさんへの質問事項をメモ帳に書きとめた。3時にロビーでジョーさん及び彼女と同居しているお友達のエメリンダさんに会った。まず、ホテルの部屋で話をきいた。エメリンダさんはメモ帳に質問への答えを書いてくれた。ジョーさんたちは最初ジャクソンハイツに住んでいたらしいが、今は地下鉄F線の終点Jamaica 179St. からさらに歩いたところに住んでいて、そばに学校があるらしい。そこを見たかったのだが、片道1時間半もかかるので時間的に無理で、しかしジャクソンハイツにもフィリピン人のコミュニティがあるそうで、ここならキャサリンさんに会うのに間に合うのではないか。すると、エメリンダさんが携帯電話でキャサリンさんの仕事場にかけてくれて、結局、キャサリンさんがジャクソンハイツに来てくれることになった。さっそく出発する。地下鉄7号線の69 St.で降りると、駅前からフィリピンの旗が書かれた店が並んでいた。店の向こうの住宅街にフィリピン人がたくさん住んでいるそうである。ジョーさんたちはその食料品店で買い物をした。それからフィリピン料理のレストランに入る。たくさんの料理が出てきた。ちょっとして、2人連れの若い女性が入ってきたが、いずれも高校で教えているそうで、カガヤン・デ・オロの出身だそうである。以下、エメリンダさんが書いてくれたメモをもとに述べる（〈　〉の部分がメモ）。〈彼女たちはNYの教育局に雇われている。当局は、彼女たちの教育資格を評価し、面接をし、それに合格すれば雇ってくれる。仕事を続けるにはライセンステスト（三つのテスト）に受からなければならない。労働ビザはH1Bで6年間である。6年間働くと永住権が得られる。〉ジョーさんの場合はもう3年間働いたからあと3年で永住権が得られる。

〈NYには500人以上の（フィリピン人の）教師がいて、数学、科学、第2言語としての英語、特殊教育を教えている。〉ジョーさんの下の娘も今外国で働くことを目指してダバオで勉強している。確か介護士の勉強をしていたはずである。〈NYにはたくさんのフィリピン人コミュニティがある。一つはクィーンズ区のジャクソンハイツにある。ブロンクス区の地下鉄D線終点Norwood 205St.、ブルックリン区の地下鉄B線Kings Hwyにもある。〉〈彼女たちは8：00から14：30まで働く。教える子どもたちはさまざまな文化の子どもたちで、教えるのは大変ストレスがある。しかし、彼女たちには休暇がたくさんある。2月の1週間（Mid-Winter Recess）、4月（Spring Recess）等たくさんの休暇がある。給料はとても高い。NYで1ヶ月の給料がフィリピンの1年分になる。それで満足できなければクビである。〉ジョーさんの給料は月5000ドルだそうである。しかし、3割は税金で取られるので、手取り3500ドルほどになる。毎月1000ドルほどフィリピンに送金しているそうである。家賃は、エメリンダさんともう1人の人と3人で共同で借りていてシェアしているが、合わせて月1300ドルだそうである。部屋は三つだそうだから、それぞれが1部屋ということでしょう。ジョーさんの夫のボーイさんは皿洗いであるが、日給80ドルだそうだから、毎日働いても2400ドルにしかならない。エメリンダさんの夫も同じようなものらしい。エメリンダさんはしかし、子どもがいないそうである。メモにジョーさんエメリンダさんの職場と連絡先がついている。

生徒たちはどんな子どもたちかときいたら、頭はよくても勉強の習慣がないという。だから教えるのも大変だと。しかし、フィリピンと違って、アメリカでは若いうちから子どもも親から離れて一人でやらなければいけない。そのことはとても評価しているようである。なにしろ、フィリピンでは母親離れできない子どもが問題になっていますからね。そういう話をしていたら、エメリンダさんはメモの続きをレストランで書いてくれた。彼女は特殊教育の先生であるが、ジャーナリスト志望だそうで、非常に達筆で、すらすら書いていく。〈生徒たちは最初は扱うのが大変だが、いったん「戦術とテクニック」を習得すれば教えるのは問題なくなる。彼らは協力的学習（グループ学習）によって速く学ぶ。彼らには彼らの上にいる先生がいるべきである。もし教師が彼らの行動の扱い方を知らなければ、教えることは不可能である。〉ここに書かれている「戦術とテクニック」というのは具体的にどういうことですかときいたら次のように書いてくれた。〈戦術：1）すべてがちゃんと組織だっていて、十分計画されていなければならない。生徒たちの日常的な行動パターンを作らないといけない。例えば、教室に入ったらやることが黒板に書かれていなければならない。例えばウォームアップの練習問題とか。何もやることがないと彼らは騒ぎ出す。2）しつけについて一貫していること。例えば立ちたいときは、生徒はまず手を上げて、呼ばれるのを待たなければいけない。いつでも立っていいってもんじゃない。好きなようにさせると、管理できなくなる。あなたの指示通りにさせなければならない。声は権威的であるべきだ。固執しないといけない。例えば、「座りなさい。座りなさい、ジミー。座りなさいと言ったでしょう」3）仕事で生徒たちを教えているということを生徒たちが知らないといけません。授業での課題、宿題、学習計画をチェックしなければならない〉次に4）と書いたところにキャサリンさんがやってきた。キャサリンさんは、私とジョーさんが知り合った事情をきいていた。ジョーさんは、ダバオの下宿の家主である。また、ジョーさんも何度もホテルに電話したのにつながらなかったと言ったので、キャサリンさんも同じだと憤慨していた。キャサリンさんはここでは何も食べないで引きあげることになった。支払いは、私がした。ジョーさんとエメリンダさんが払おうとしたのだが、仕事としてやっていることなので、私が払わせてもらった。57ドルだったので、チップも含めて60ドル払った。たくさん食べ残したので、持ってかえったらと勧めたのだが、いいです、と。フィリピンならみんな持って帰るんですけどね。米国に来ているので、ミエかな。店を出て別れるときに、ジョーさんがキャサリンさんにほおずりした。キャサリンさんは台湾人だからそんな習慣はなく、びっくりした様子だった。見ていて面白かった。ジョーさんたちと別れてから、キャサリンさんとタイムズスクエアまで地下鉄で行ってから散歩した。台湾の領事業務をやっているビルの前で、ここのことをフィリピンの人たちがきいていたので教えてあげてちょうだい、と。それから、エビ料理の店に行ったら、なんと40分ぐらい待たないといけないというので、キャンセルして、中華料理店に行った。お腹はすいていなかったが、食べないとてもじゃないがすまない感じだった。ぎょうざの皮の中にスープが入っているのがあった。上海の名物だそうである。でもこの店のはスープが少ないとか。私が注文したヴェジタリアンの鍋はカレー味でおいしかった。キャサリンさんは自分でも作ってみようと言っていた。飲み物は、私はチンタオ（青島）というビールを飲んだ。それから歩いてホテルまで行って、お土産をもらって別れ、部屋に帰った。荷物整理をしてから風呂に入って寝る。午前2時前には目がさめて、あとは寝たり起きたり。結局最後まで時差ボケは抜けなかった。短期間でNYに来ている人はみなこの問題に直面しているはずである。われわれにはナイトライフというものがなかったので、夕方6時、7時あたりから寝ていた。

30日（金曜日）、7時半にチェックアウトして、HISの車で空港に行く。チェックインするところが分かりにくくて、みな間違えたところに並んでいたら、HISの人があとから来て、並ぶべきところに連れて行ってくれた。行き先ごとに分けてチェックインするようであるが、HISの方の話では、日によって場所が変わると。行き先ごとに並ぶのは、南米の方などは時間にルーズで、まとめて対応することが必要になる場合があるからとのことであった。しかし、手続きがのろくて1時間ぐらい立って待たされた。こんなに待たされたのは珍しい。アメリカの場合出国時のイミグレというのはなくて、荷物検査で終わりだが、そのときに日本人女性らしい人が、書類のクリップを係員に取られて返してくれないとかで、もめていた。空港で国柄が知れますね。11：20発アメリカン航空AA167便で成田に向かう。眠くてすぐに寝てしまい、じきに食事だったが、ビールを飲んで食べたら、またぐっすり寝た。

31日（土曜日）、起きたらアラスカ上空だった。あとはずっと起きていて、パソコン打ちと読書。

午後3時半頃成田に着く。

NY旅行メモ0512

＊機内食回収がすばやい。なんか落ち着かないはやさ。ホテルも、古い建物だが、エレベーターの数がバカに多くて待たせない。エレベーターの中ではいつもCNNテレビが映っている。

＊多分西川さんたちもここに泊まったのではないかと思うが、確かに「足場はよい」。

＊電車内で黒人の子ども連れが乗ったが、私はなんか変なものみたいに眺められた。駅で座り込んでいる黒人がいた。寒いから駅の中にいるんではないか。

＊クィーンズ区にはウォルマートはないとキャサリンさんが言っていた。ウォルマートが入ってくることに反対の運動があったこともキャサリンさんは知っていた。

＊この前来たとき感じたようなパワーはあんまり感じない。ただ、お金を持って、ちゃんとやらないと大変なところだということはよく分かる。

＊最初はフィリピン出稼ぎ者の状況を調べるのが目的であったが、ジョーさんから連絡が途絶えてしまった。西川さんと会ってから図書館調査が加わった。しかし、NY市立図書館とクィーンズバラのフラッシング図書館を見てこれで十分と思い、あとは仕方ないので博物館とか見て回っていたのだが、最後になって、ジョーさんから連絡が入り、29日はすごい一日になった。ボストンに行っていたら全部パアだった。最後まで待つ、というか粘ることの大切さを感じた。

＊ＮＹ市立博物館で感じたのは、ＮＹは最初港として発展したのである。そして貿易。今情報拠点になっているんだが、もともとは物を動かすところから始まった。まず仕事があって、それが観光につながっている。郊外問題に関しては、自然保護との関係ではどうなるのかなと思った。イロコイ族の住んでいたところがＮＹ州である。調べたらつながる資料があるかもしれない。

＊帰りの機内でも食べたものの回収はすばやかったのだが、アメリカのペースが少し身についたのか、無視してやった。別に強制ではないからね。

＊東京に戻ってからＣＮＮでニューヨークの年越し中継を見たが、本当によく伝わった。やっぱり現場を見てくるってすごいです。

＊ＮＹは大きい割りに緊張が少ないと思う。人々の顔を見ても笑ったりおしゃべりしたりと表情豊かであり、少なくとも東京のような能面みたいな顔は見かけない。

〈２００４年11月11日にダバオからカガヤン・デ・オロに行った時の記録〉

ＮＹでカガヤン・デ・オロ出身の人たちに会ったが、カガヤン・デ・オロには２００４年11月に行ったことがあった。その時の記録を以下に掲げる。２００３年３月から４月にかけて、約40人の死亡者を出したダバオ市の空港・港連続爆破事件が起こり、イスラム過激派の犯行が疑われたが、その他にフィリピン共産党の軍事部門である新人民軍（ＮＰＡ）も１９６０年代末以来活動を続け、ミンダナオ島では主に東部地域で活動していて、ミンダナオ島内の治安はよくなかった。

2004年11月11日(木曜日)朝4時頃起きて出発準備。5時にトトさんの車が迎えに来る。ルースさんの弟さんの他に、この前会った、ルースさんの親戚の材木屋さんのJose Orbitaさんも一緒で、行きはカガヤン・デ・オロまでずっと彼が運転してくれた。トトさんと私は荷台。最初はずーっと山を上がっていくのでだんだん寒くなって、寝るときに使っている布をかけて寝直した。3時間走ったところで朝食。Maramag で Cotabato 方面からの道と合流して高原状態の道を北に向かう。途中 Malaybalay というブキドノン州都を通る。11時半過ぎに海が見え、ちょうど昼にカガヤンに着いて、マックで昼食。カガヤンは予想外に小さかった。見るところもない感じで、港周辺を走ってみたが、タクシーではなく、人力車が主力のようである。韓国の企業が入っていて、韓国料理屋もあった。そのまま、今度はトトさんが運転して戻る。途中の風景は、やっぱりなんといっても、はげ山ばかりである。よくもこれだけ切り尽くしたもんだという感じの山が次から次に出てくる。道の周辺の畑は、サトウキビとトウモロコシが多い。大きな機械は使っていないようで、手作業のようである。サトウキビはちょうど収穫中のところが多かった。沖縄より若干丈が高い。大きなバナナ園は見かけなかった。そもそもカガヤンに行こうと思ったのは、JICA機関誌「国際協力」から依頼されたフィリピンのイスラム過激派関係の原稿を書くために資料を読んでいたら、このあたりが米国のバナナ会社(デルモンテ)が囲い込んだ場所だというので、それを見ようということだったのだが、それは今日通った道路沿いではないようである。パイナップルやマンゴーとか若干あったが、そんなに大規模な農園は見かけなかった。Maramagからカガヤンまで、集落はそんなに切れずに大体続いている。手入れがよくできていて、ヨーロッパの農園風景のようであった。Malaybalayのちょっと南にCentral Mindanao Universityという非常に広い敷地を持った大学がある。治安については、この地域はムスリムは非常に少ないことが分かった。昨日もブキドノン州の隣の北ラナオ州でイタリア人が誘拐されたらしいというニュースが流れたのでちょっと心配だったのだが、ムスリムの服装をした人はカガヤンの町でもごくわずかしか見かけなかった。以前ミンダナオ島西端のサンボアンガに行ったときの感じからすれば、多分カガヤン以西は全然違う感じになっているのだろうと想像する。もしそうならば、ミンダナオを東西に分けて、独立性の強い連邦制にするというのも現実的に成り立つ話かもしれない。治安といえば、帰りに警官に車をとめられて車検証を見せたが、それだけでなく、わいろを要求されて支払ったそうである。払わないといろいろ言いがかりをつけられてろくなことにならない。こういう腐敗は下の方まで相当進んできているようである。帰りは6時前には暗くなった。真っ暗な中を進んで、7時半頃愛さん宅に到着。愛さんも乗せてビクトリア裏の中華料理屋に行って、9時半まで食事をしながら談笑した。帰って、10時半頃に寝た。

ミンダナオ島の治安が悪いことの背景について、ここでまとめて説明しておきたい。

２０００年代に入って、9・11の影響でイスラム過激派の活動が国際的に活発になり、その結果フィリピンでも前記のような爆破事件が頻発し、２００４年2月にはマニラ近海で起きた大型フェリー炎上事件（犠牲者１００人以上）は、同年10月になってイスラム過激派アブサヤフの犯行と発表された。しかし、フィリピンではそれ以前から、とくにミンダナオ島の治安はよくなかったのである。

ミンダナオ島の歴史を振り返ってみると、この島は、16世紀にスペインが入ってくるまで国家らしいものがなく、島の西側にはだいたいムスリム諸族が住み、東側には原始宗教を信じる多数の部族が住んでいた。１８９８年に米西戦争の結果フィリピンがスペインからアメリカに譲渡されたあと、アメリカは、ちょうどアメリカの西部開拓と同じような感覚でミンダナオ島開拓を始め、大会社が土地を囲い込んでパイナップルなどの大農園をつくっていった。１９３０年以降になると、フィリピン北部のルソン島や、中部の島々から移民がどんどん流入してふくれあがった。そのために、先住民であるムスリムや山地で生活している民族は少数派となっていき、キリスト教徒が多数派となった。ミンダナオ島に過激ゲリラ集団が誕生したのは、こういう雑多な民族構成によるものというより、第二次大戦後、この島が現地の低賃金労働を利用して先進諸国のために第一次産品を供給する植民地的な生産現場となり、フィリピン政府もそれを支援した結果住民が追いつめられたためである。日本との関連では、本書の第2章末尾でも触れたように、１９６０年代に日本への木材輸出が急増し、フィリピンの主要な外貨獲得源となった。フィリピン政府は伐採企業に最大10万haまで、原則25年間の伐採権を認め、法律によって開墾入植者を強制的に追い出した。

伐採会社は25年間のうちに、ラワン材となる大きな木を切りつくした。1980年代後半から、今度は大規模な植林計画が推進され、最大のODA（政府開発援助）供与国である日本の環境借款はユーカリ等の早生樹種の一斉造林設定を目的としたため、またもや地域住民排除をもたらし、政府と住民との間に深刻な対立をもたらした。囲い込みと、移民の流入によって土地問題がますます深刻化していった1960年代末にNPAが結成され、ムスリムも、1972年、マルコス大統領の戒厳令布告に伴いモロ民族解放戦線（MNLF）を結成し、急進的な抵抗運動を開始した。モロというのは、北アフリカのムーア人のことで、ムスリムの蔑称であるが、それを自称するようになったわけである。以後、1996年にMNLFがラモス政権との間で和平を受け入れるまでの約25年間ミンダナオ島、スルー諸島一帯の行政機構は麻痺し、治安は悪化し、5万人の住民が犠牲になったといわれる。その後も和平合意がいっこうに生活の安定や向上をもたらさないことにいらだって、イスラム国家建設を掲げる急進的な武装組織MILF（モロ・イスラム解放戦線）が出現した。国内ではまともな仕事がきわめて少ないために海外での出稼ぎが盛んになっていき、それはフィリピンの国家政策として採用され今日に至っているが、ミンダナオ島には今も、貧しいだけでなく、選択しようにもごく限られた人生しか選択できない人たちがたくさんいる。それがみなアメリカや日本のせいだと言うつもりはないが、1世紀にわたるフィリピンとアメリカとの歴史を振り返ると、アメリカの唱える「正義」に共感できる人は少ないだろう。むしろ逆に、住民を無視した利権がらみの話でいっぱいであり、それが暴力を誘発していると言わざるを得ない。

その後時間は飛んで、2017年5月23日ドゥテルテ大統領はミンダナオ地方に60日間の戒厳令を布告した。24日も南ラナオ州マラウィ市で国軍とイスラム過激派との交戦が続いていて、強権発動によって治安維持を狙ったものとみられる。この戒厳令が最終的に解除されたのは2019年末だったが、その後も現在に至るまで国軍との交戦は断続的に続いてきている。

第9章　韓国　2006年8月

韓国のソウルで２００６年8月に国際図書館連盟（ＩＦＬＡ）大会が開かれたので、西川馨さんたちと一緒に参加した。オランダの図書館を訪問したときにお世話になったマリアン・コーレンさんがＩＦＬＡ大会の主催者側の一人になっていて、その後日本にも来られたので、彼女をお迎えする準備のためでもあった。そのため、大会よりだいぶ前の２００６年1月21日（土曜日）、西川さん、大澤さんたちと、駒込にある女子栄養大学図書館事務室に行って、「むすびめの会」（図書館と多様な文化・言語的背景をもつ人々をむすぶ会）の皆さんと一緒にマリアン・コーレンさんの迎え方について話し合った。

8月19日（土曜日）、調布の娘のアパートで朝食後、片づけをしてから、11時半頃娘と出て、電車で羽田に向かう。品川駅で大澤さんと一緒になった。空港で西川さんたちに会う。担当旅行社の日通の町田さんも同行。15：35発ＪＡＬ８８３便はこんでいて、チェックインにも、出国手続きにも時間がかかった。席がないためとかで、われわれはビジネスクラスで、非常に快適だった。着いてからバスでパレスホテルへ行き、皆で食べに行く。西川さんの本を訳すことになっていると いう康氏が一緒だった。

20日（日曜日）、朝食後、7時半に皆さんと地下鉄で、コエックスというマルチビルのＩＦＬＡ会場に行き、登録手続きのあと、開会式会場に入った。午前10時半に開会式が始まり、金大中氏が講演した。12時半に式が終わって、同じ建物の中で昼食していると、お店のテレビでＩＦＬＡのことをニュースでやっていた。娘と地下鉄で戻ってきて、パレスホテルから一番近い駅が高速バスターミナル駅なので、そこで25日朝、姪（妻の次兄の娘）が住んでいる江原道東海（トンヘ）市までの優等バスの切符を買った。１人２万ウォンちょっと（ネットで調べたら２００６年の平均レートは１ウォン＝０・１２１８円である）。しばらくターミナル周辺をぶらついてからホテルに戻り、夕方７時頃まで寝る。それからまた高速バスターミナル駅に行って、そこの中にある食堂で食べた。鶏鍋が１人５０００ウォン。戻って、ビジネスルームでメールをチェックしていたら、西川さんたちが戻ってきた。明洞で焼き肉を食べてきたそうであるが、１人３万ウォンというのは高い。

21日（月曜日）、８時半頃朝食後、９時に集合して８人で出発。地下鉄で中心部まで行き、ソウルタワーを見上げるところにある南山公園に行く。それから、ソウルタワー。散歩しながらおりてきて、昼食と買い物。さらに歩いて宗廟に行く。非常に暑かった。いったんホテルに戻ってから夕方、ＩＦＬＡのパーティに出発したが、タクシーが渋滞に巻き込まれて、パーティーは午後７時から始まっているのに、着いたのは7時半。まとまった席はもうなく、バラバラになる。尾形洋子さんの隣に娘と座ったら、韓国の公共図書館の方々がいて、24日に城東図書館を訪問できることとなった。西川さんも一緒に行けるようである。パーティー後、神長朋子さんに会ったので、訪問時の通訳をお願いする。高速バスターミナル内でコーヒーを飲んでから帰る。

22日（火曜日）、9時頃朝食後、11時頃まで寝直す。それから娘と出て、南部バスターミナルから韓国民族村に出ているると書かれているので行ってみたら出ていないようで、別の駅を教えられたが、そこからも出ていないようなので、列車で水原に行き、駅前の観光案内所で切符を買ってバスで行く。前半食事をしたり、ゆっくりし過ぎて、後半は駆け足になった。野外で行われた演舞はとてもよかった。午後4時のバスで引きあげてきて、6時前に高速バスターミナル駅に戻り、姪のところに行くバスターミナルの位置を確認した。ホテルに戻ってから、大澤さん、松尾昇治さんと一緒に地下鉄景福宮駅から歩いて、IFLAのカルチュラルイーブニングに行った。上の方の席になったが、かえってよく見渡せた。大阪の稲垣房子さんも来ていた。隣にイハラさんという、障害等級認定の仕事をしている方が座って、話しかけてきた。終わってから地下鉄で戻り、高速バスターミナル内で大澤さん、西川さん、松尾さんとビールを飲んでから帰る。

23日（水曜日）、9時にコエックスに集合し、農業図書館の見学に行く。参加者の中にスリランカから来た女性が2人いた。ナイジェリアからの女性もいた。日本からは、女子栄養大学図書館の方が来ていた。意外なぐらい外国の文献が多くて、翻訳作業等もやっているそうである。案内してくれた英語がしゃべれる方に「集落営農」と関連し、韓国に独特な試みがあるならその資料を教えてくださいとお願いしてきた。今も「緑の革命」ということを誇らしそうに言っているのが記憶に残った。なお、ソウルの地下鉄内で、「身土不二」と書かれた紙箱を見かけた。

いったんコエックスに戻ってからまっすぐ戦争博物館に行く。とにかくでかくて、歩くだけで疲れた。沖縄の平和祈念公園のような、朝鮮戦争での戦没者の名前がずらーっと並んでいた。いったんホテルに戻ってから、6時にコエックスに集合して、夕食後、バスでビート・オブ・コリアに行く。昨日韓国民俗村で見たのと同じような演舞があった。帰りは、地下鉄でホテルに戻ってきた。ビデオカメラにエラーが出るようになる。

24日（木曜日）、朝ビデオカメラをいじっていたら、テープ収納のところが完全に閉まらないままストップしてしまった。とにかくソニーの店に持っていってみようということになり、10時頃出て、コエックスに行くと、ソニーの店があった。店員さんが見てくれたら、テープを収納するところはちゃんと閉まったが、依然としてエラーが出るので、新しくて小さい新品を買う。非常に軽くて気に入り、その後かなり長い間使った。コエックス内で昼食後、西川さんとばったりあって、一緒にＩＦＬＡの閉会式にちょっとだけ顔を出してから、受付で待ち合わせ、平形ひろみさん、尾形さん、稲垣さん、神長さんと集まり、韓国の公共図書館の方と地下鉄で城東図書館の見学に行く。最初にまず本館を見学。最初に館長が説明してくれた。デジタル関係の仕事でこの図書館と関係のある日本人の竹井弘樹氏が通訳してくれたが、もったいないぐらいのすばらしい通訳だった。子どもの所では母と子が一緒に絵本を読んでいた。また、ｅブックというのは当時としては非常に面白い試みで、2週間ぐらいパソコンにデジタル化した本をドロップしてくれるものである。著作権の関係で限られたものしかできないそうだが、とても興味深い。西川さんはここで引きあげ、他の人たちと一緒に金湖分館を見学しに行く。こちらは船室のような丸窓の面白い図書館で、できあがったばかりだそうだった。すり鉢の底みたいな感じのところで周りの眺めもすごかった。終わってから地下鉄でコエックスに戻り、平形さん、尾形さんと一緒に夕食してから帰る。荷物を整理してから寝る。

25日（金曜日）、7時過ぎにホテルをチェックアウトして、高速バスターミナル。8：20発のバスで日本海に面した東海市に行く。姪夫妻が迎えに来てくれる。一緒に冷麺を食べ、アパートに荷物を置いてから、高速で北方の江陵に行き、市場を回ってから、5000ウォン札になっている人の博物館に行く。東海に戻ってきてから焼き肉屋で食べ、アパートに戻る。夜の8時半に高校2年生2名が日本語の勉強に来た。高校生たちはたくさんの質問を準備してきたが、最後の方に、日本の学校では暴力があるかというのがあった。韓国では教師が生徒にビンタを張るということだった。いろいろ話がきけて面白かった。シャワーを浴び、韓国のお酒を飲んでから寝る。

26日（土曜日）、姪の旦那さんは朝から出勤で出かけた。出発前に姪から、アパートはチョンセ（伝貰）という方式で借りていることをきいた。

Wikipediaを参照すると、借り手は、家賃を払う代わりに、契約時に住宅価格の5～8割程度の伝貰金を一括で貸し手に払い、一方で月々の家賃は支払いを免除される。不動産の貸し手は、受け取った伝貰金を資金運用して、利子等の収入を得る仕組みになっている。借り手は、引っ越すときに、払った伝貰金を基本的に全額返してもらえる。簡単に言うと、最初にまとまったお金が用意できるのであれば、実質的に家賃を一切払うこと無く、不動産を借りられる制度である。インドやボリビアにも似た仕組みはあるが、一般ではほぼ使われていないため、韓国独特の制度と言える。韓国の不動産価格が低かった頃は大きな問題にならなかったが、２０１７年にはソウルの平均の住宅価格が東京を超えるなど、近年、韓国の不動産価格は上昇に歯止めがかからない状態にある。これに比例して、チョンセの物件の価格も上昇しており、チョンセの物件に入居する場合、日本円換算で数千万円を用立てる必要が生じるようになっている。しかし、蓄えが少ない若年層には、これだけの金額を一括で捻出することは難しく、若者が都市部の住宅に住めない事態を招いている。このことが、韓国の少子化の原因の一つとも指摘されている。また、チョンセを利用した「ＧＡＰ投資」というものがある。チョンセで入居可能なマンションを投資家が購入し、価格上昇後に売却して差益を得る投資方法である。物件購入額の6~8割は借り主が預けるチョンセの保証金で賄えるので、投資家が用意する資金は少なくてすみ、多くの者が投資に参加するようになっている。ソウル江南区のマンション取引のうち、ＧＡＰ投資の比率は72%に達しているとされ、チョンセは不動産価格が高騰する一因とされている。新築の家は相場が分かりづらい点を悪用し、チョンセの保証金を不動産そのものの価格より高く設定し、その保証金を騙し取る詐欺が発生している。

２０２３年3月29日、テレビを見ていたら、ミヤネ屋（日本テレビ系の番組）でチョンセのことを取り上げていた。現在韓国で社会問題になっているらしい。

姪と10時半頃出てタクシーでバスターミナルに行く（ソウルから着いたときとは違うバスターミナル）。11時発のバスで午後3時半頃釜山に着いた。途中、海岸沿いの山道が多かった。そんなに高い山はないが、棚田といえるようなものがかなりたくさん見られた。水田が多い。野菜畑はそんなにたくさんは見かけなかった。土地利用はしっかりなされているように見えた。釜山のバスターミナルに着いてからタクシーで国際ホテルに向かう。高速道路を使ったが、ちょうど東京のお台場みたいになっていて、海の側からソウルの町を眺めることができて大変よかった。以前来たときはこんな道はもちろんなかった。新しいビルは住宅が多いようであるが、20階以上が普通で、すごい。山があるため、使える土地が限られているためでしょう。１９８３年に釜山に来たときとは別の町みたいに変貌していた。西川さんたちはホテルにもう着いていたが、部屋にいなかったので、娘と出て、まず地下鉄でソウルタワーを見に行った。それから、すぐそばの魚市場に行き、そこで刺身を食べた。１人１万５０００ウォン。刺身は普通だったが、最後に出たアラの魚汁がうまかった。その後、そのそばの映画館街をちょっと回ってから地下鉄でホテルに戻る。

27日（日曜日）、朝食で他の皆さんと一緒になる。9時半に皆でタクシーに乗ってフェリーターミナル。ちょうど大雨になった。チェックイン、出国手続きのあと、12時発ビートルで博多に午後3時頃着。ここで原田安啓さんたちのツアーは解散。西川さんと一緒にタクシーで空港に行く。西川さんは4時半のスカイマーク018便にチェックイン。私も娘と空席待ちしたら、同じ便に乗れた。6時半過ぎに羽田で荷物を受け取って出て、ラーメンを食べてから、バスで調布の娘のアパートに戻った。

30日(水曜日)、午前中ダビング。ダビングしたビデオを、神長さん、尾形さん、平形さん、通訳してくれた竹井さんに送る。午後になってから出て、新宿の紀伊國屋とジュンク堂。続いて八重洲ブックセンター。紀伊國屋に、稲垣さんが教えてくれた舘野あきら・文、ヨンジュ共著『韓国の出版事情―初めて解き明かされる韓国出版界の現状』(出版メディアパル、2006年)という本が見つかった。さすが東京で、興味深い本がたくさん見つかった。

9月2日(土曜日)、10時過ぎに娘と出て東京駅の新幹線ホーム。やがて西川さんも来る。11：43着のひかりでコーレンさんが到着。タクシーで、麹町のグリーンプラザホテル。そこで通訳の片山睦美さんが待っていた。一緒に食事してから、娘と2人で先に日本図書館協会に行く。姉もすでに来ていた。講演会の準備をして、午後3時からコーレンさんの講演会。55名の参加者があったそうである。5時半頃終わり、タクシーで学士会館に行って懇親会。8時頃終わって、西川さん、大澤さん、藤原さん夫妻、それに娘と姉とで、学士会館内でコーヒーを飲んでから帰る。調布に戻ってからも娘は興奮して眠くならないみたいで、午前1時半頃まで起きていた。

3日（日曜日）、娘と相談した結果DVDを作成してコーレンさんにあげようということになった。デスクトップパソコンにClick to DVDが入っているのを利用して作成する。

4日（月曜日）、8時過ぎに出て、9時半に永田町駅でコーレンさん、大澤さん、片山さんと待ち合わせて国会図書館に行く。館長に表敬のあと見学。11時半頃見学を終わって、館内の食堂で昼食。大澤さんは帰り、われわれはコーレンさんについて、日比谷図書館に行く。それから地下鉄丸ノ内線で戻ってきて、コーレンさんたちは赤坂見附で乗り換えた。私は新宿でDVD-Rを買ってから帰る。

5日（火曜日）、10時半頃出て、飯田橋の西川さんの事務所に行くと留守だったので、1階の受付にDVDを預けてきた。午後6時半発の空港バスで羽田に行き、21：00発のSKY501便で沖縄に戻る。沖縄は大変蒸し暑かった。

第10章　イタリアから英国　２００６年９月

マリアン・コーレンさんの接待がすんでからちょっとして、イタリアのミラノから列車で英国に行った。この旅は、沖縄法政学会の準備を意識したものだった。

私は2006年度にこの学会の会長となったので、2006年11月4日に開催された定期大会に続いて開催されたシンポジウムの企画をすべき立場だったが、2005年度後期の大学院の講義でいわゆる赤土問題を取り上げて以来「都会と田舎の関係」に興味を持つようになったので、これをテーマにしたらどうかと考えた。最終的にはテーマは「沖縄における地域生活の法政策的課題―持続可能な地域像を求めて―」とし、沖縄の自立といった大きな政治問題よりは日常生活に関わる法政策的諸問題に焦点を当てて考えてみようとした。沖縄の農村の現状があまり知られていないことと、都市政策のあり方が転換期を迎えていること、両者の間に密接な関連があることから、農村の問題と都会の問題を同じまな板の上にのせて考え、同時にそれと関連する基地の跡地問題などもテーマのうちに含めたのである。

このようなテーマを考える比較材料として実際にイタリア、フランス、英国の田舎を見てみようという気持ちがあった。たとえば「スローフード」の発祥地はイタリア北部のピエモンテ州ブラであるが、ピエモンテ州は、フランス、スイスと接している山岳地帯で、このあたりでは有機農業が非常に盛んである。ワインなどは、3割ぐらいが輸出されている。そして、このような農業の環境保全効果が評価され、補償金が出る。生産とは切り離して（デカップルして）出るこのような補償金を「環境支払い」と言っている。

また、「フランスで最も美しい村」運動が展開されてきているフランスの田舎も見てみたかったし、「都市と農村の結婚」という理念によって作られた英国の「田園都市」レッチワースも実際に見てみたかった。田園都市というのは1898年に英国のエベネザー・ハワードが提唱した新しい都市形態で、人口3万人程度の限定された規模の、自然と共生し、自立した職住近接型の緑豊かな都市を都市周辺に建設しようとする構想である。都市の周囲を農地で取り囲むことで住宅地のスプロール化が防止される。この都市は当初株式会社が都市の全土地所有権を有し、不動産は賃貸し、不動産賃貸料で都市建設資金を償還するので、都市発展による地価上昇利益（いわゆる開発利益）が土地所有者によって私有化されず、町全体のために役立てられる。日本において「田園都市」と称してなされた宅地開発は宅地分譲を主としていて、自給自足を指向しているハワードの田園都市とは異なる。

ところで、この旅に出発するだいぶ前から姉の長男が長らく海外旅行中で、私がイタリアのミラノに入るときに彼も都合を合わせられるというので一緒に英国まで行ければと考えていたのだが、彼が当時危ないと言われていた中近東地域を動いていたため、私は姉からとにかく一度帰国させてくれないかと頼まれ、そういう説得をしたことが彼の機嫌を損ねたこともあって、結果的には以下に述べるように大部分一人旅になってしまった。

9月15日（金曜日）、午前8時過ぎに調布の娘のアパートを出て、各駅停車で新宿。9：40発成田エクスプレス15号で11時前に成田空港第1ターミナルに着く。HISで切符を受け取ってから両替。10万136円で645ユーロ。それから、アリタリア航空AZ787便のチェックイン。荷物を1個預ける。姉の長男へのおみやげ等を買ってから搭乗。たぶん乗るときに朝日新聞と毎日新聞を両方取ったとき航空券の半券を落としたようで、座席で探していたらスチュワーデスさんが持ってきてくれた。さすがヨーロッパ系航空会社だと満足。機内では最初イタリア語の本で勉強していた。発音のところをちゃんとしっかりチェックしたら、意味はともかく読めるようになった。食事のときの飲み物をbirra(ビール)といったらちゃんと通じた。食後かなり寝た。目がさめてから、『養老孟司の〈逆さメガネ〉』(PHP新書、2003年)を読む。都会と田舎という言葉がごていねいに解説されていて、わが意を得たりと思う。人工と自然ということだ。読んでいるときに、トイレに行って、ポケットにじかに入れていたユーロを数えてみたら足りないみたいである。気になってあれこれ考えてもう1度トイレに行って正確に数えたら、50ユーロ札がぴったり張りついたみたいになっていたためで、ちゃんとあった。旅が始まったばかりで落ち着きがないなあと思う。ゆっくりしたテンポにしようと思う。同日の夕方6時にミラノのマルペンサ空港に着いた(日本より7時間遅い)。入国カードは不要でパスポートにスタンプを押すだけ。荷物受け取り場に行く。第10レーンのAZ787のところで待っていたが、荷物がいかにも少ししか出てこなくてやがて全然出なくなった。皆さんも第8レーンに移動した。それで乗った飛行機はJALとの共同運航便だったことが分かった。それでもやっぱり出てこないままに終わってしまった。係の人にきいてみたら携帯で探し始めてくれた。途中で、姉の長男が心配していると思い、甥が迎えに来ているので伝えてくれないかと頼む。紛失窓口で書類を作ってくれたが、明日電話することが必要である。やれやれだなあ。税関を通って外に出るとたくさんのお迎えの人がいたが、その人垣の後ろの方に隠れるようにして姉の長男がいた。彼はやせたというより小さくなったような気がした。2時間待って私が中から出てこないので飛行機に乗っていないのかと思い、日本に電話するところだったのだとか。そうでしょうね、もう7時過ぎである。雨が降っていた。空港バスに乗る。片道5ユーロ。バスは19：45頃に出て、1時間ほどで中央駅に着いた。暗い町だなと思った。中央駅構内にスーパーマーケットがあるというので、店が閉まるといけないのでまず行ってみた。一番必要な下着はなかった。紛失した荷物は、三分の二以上は衣類で、下着類とジャンパー、セーター。それからビデオカメラのバッテリー二つと充電器、プラグのアダプター。レッチワース関係の本と書類に、『地球の歩き方』のイギリス。スーパーに歯磨きクリームはあり、ソックスもあった。あとビールと水。買い物してから、駅から5分ぐらいのDORIA GRAND HOTELに行く。四つ星！ 1泊95ユーロだそうである。荷物受け取りとかがあるので、3泊してミラノを起点にして動こうかと思ってカウンターで尋ねたら、明日にならないと空室があるかどうか分からないそうである。食事に出る。もう遅いので駅の方に向かう。駅のそばにセルフレストランがありそこで食べる。私は魚スープ、といっても汁が少なくて煮物みたい。エビやカラスガイがたくさん入っていて、これとパンでおいしかった。姉の長男はスパゲティに野菜サラダ。これに白ワインの小さいの1瓶で合計19・40ユーロ。食事中に姉の長男はシリアのビザを見せてくれた。シリアは危ないから行かないようにと母親からいわれて、ヨルダンに行ったとかと言いながら、実はシリアだったのである。香田証生さんの跡をたどったらしい。それから確かアンマンから船でエジプトに入り、飛行機でモロッコに行ったのだそうである。食べてからインターネットカフェ。帰りがけに安いホテルを探したが、駅前は三つ星でもツインで170ユーロもする。一つ星のホテルも一つあったが満員だった。DORIAに戻って、シャワー。パンツ、シャツはそのままにして、ワイシャツと靴下を洗濯した。歯を磨こうとしたら(歯ブラシだけは預けてなかった。釜山で買ったもの)、なんだこりゃ。さっき歯磨きクリームと思って買ったのは、入れ歯の接着剤のようである。POLIDENTだって。ちょっとだけ姉の長男と話したが、この旅を終えたら死にたいとかで、私が、旅が長すぎたんだと言ったら機嫌が悪くなって寝てしまった。私はぐっすり寝たつもりが目がさめたらまだ午前2時だった。姉の長男がトイレで起きたときにプラグのアダプターを借りてパソコン打ちを始めた。落ち着いた。午前4時になって寝る。

16日(土曜日)、午前6時前に起きる。メモを打ち込む。8時前に朝食。ホテル滞在を月曜日朝までに延長(合計3泊)。カウンターで聞いたら、荷物のことは電話じゃなく直接空港に行って確認すべきだということで、実際妥当な意見であろう。それで、姉の長男と空港バスでマルペンサ空港に行く。姉の長男には待っていてもらって、私だけ中に入れてもらい、昨日の窓口に行く。奥に招じ入れられる。たくさんの荷物があったが、探していくと私のバッグがあった。感激だった。それを持って外に出て（税関には人がいなかった)、姉の長男と一緒に中央駅に戻る。姉の長男がインターネットをやっている間にホテルに戻ってバッグを置いてくる。予備のバッテリーと充電器が手に入ったのでやっと撮影可能になった。ボローニャへ行くのに、バスにするか列車にするかを話し合ううち、姉の長男が別々に行こうというので私は腹を立ててしまった。結局バスで行くということで、地下鉄2号線に乗って2駅目にあるバスターミナルに行くと、次のバスは3時過ぎで、とてもじゃないが遅すぎる。それで、列車に変更し、中央駅に戻ったのだが、予約がないと乗れない列車が多いようで、あまり遅くなっていっても意味がないので、ボローニャは明日にする。そして、今後の切符を買うことにする。最初は月曜日（18日）トリノ、火曜日（19日）パリを経てロンドンのつもりだったのだが、姉の長男はトリノには行かないという。もちろん、ミラノで別れましょうということである。彼は、北の方に早く行ってしまいたい、と。ロンドンというか、レッチワースも一緒じゃなかったのかときいたら、私との口論で行く気がなくなったみたいである。まあ、それは仕方ないかなと思うが、姉の長男が最後まで付き合ってくれるものと思っていたので、フランスの資料を全然持っていない。フランスではパリで乗り換えだが、乗換駅は違うのである（到着はリヨン駅、出発は北駅)。それを言うと、パリでロンドン行きに乗るまではつき合ってくれることとなったが、切符を買うまでの待ち時間が非常に長く（土曜日で開いている窓口が少なかったせいか)、その間に考えるに、彼がいやだというのにパリまで一緒に来てもらうことはなかろう、ということで、トリノはやめにして、月曜日に私1人でパリ経由でロンドンに行くことにした。そして明日ボローニャである。これで決定し、切符を買ったが、パリからのユーロスターはここでは買えないのでパリで買ってくださいとのことである。切符を買うのにもVISAカードが使えるのが分かったのでカードを使った。切符を買ってから、駅前のマックで食べた。やけにでっかく、こってりしたハンバーガーだったが、ゆっくり食べていたらだんだん食欲が戻ってきた。私はミラノの町の中心部のドゥオーモ（ミラノ大聖堂）に行くことにする。そこには姉の長男は昨日行ったそうだから、誘わないで一人で行った。地下鉄3号線で四つ目の駅。非常によかった。エスカレーターで屋根の上にも上がった。おりてから、市立図書館に行こうと歩き始めたのだが、すぐに方角が狂ってしまい、行きたいところに行くのは至難の業である。何度も試行錯誤を繰り返すうちに大通りに出て、だいぶん回り道になったが、何とか行きついた。ミラノとロンバルディア州の資料、及び映画や劇の資料が中心で、パソコン検索もできる。1階の壁画がよかったので写真に撮らせてもらい、ついでに職員も写させてもらえた。それからまた歩き出したのだが、なかなか地下鉄3号線の駅に出ないのである。でもおかげで、すごくいい散歩ができた。民岡順朗『「絵になる」まちをつくるイタリアに学ぶ都市再生』（日本放送出版協会（生活人新書）、2005年）に書かれているように、小さな町だけでなく、ミラノのような大きな町でも、どこでも「絵になる」感じである。すごい。店はだいたい1階で、その上はアパートになっている。町を歩いていて黒人が多いのには驚いた。タイプの違う顔の黒人がいるので、いろんな国から来ているのでしょう。土曜日で仕事が休みであるため目立って多かったのかもしれない。たぶん彼らのためでしょう、インターフォンの店が結構ある。ちょうど7時にホテルに戻った。姉の長男はまだだったので、シャワーを浴びて洗濯した。そして午後8時半まで寝て目がさめたら姉の長男が戻ってきていたが、もう食事はすんだというので、一人で出て、中央駅でサンドイッチとギネスビールなどを買ってきた。またインターネットもやってきた。ホテルに戻って、パソコンをうちながら食べる。このホテルはきれいで、心地よい。大きな花の絵が飾ってある。

17日（日曜日）、時差ぼけで寝たり起きたりしながら、5時半に起きあがった。7時にホテルで朝食後、姉の長男と一緒に出て、8：10発の列車でボローニャに午前11時過ぎに着く。雨だったが、歩いて町を回る。雨が降っていても主要な通りの歩道は「柱廊」（ポルティコ）になっているので傘なしで歩ける。中心部に町の歴史や現状を展示したところがあった。店は日曜日で多くは閉まっていた。2本の塔があり、うち1本は相当傾いていた。傾いてない方の内部の、498段だという階段をのぼると町が展望できた。ケバブ屋でサンドイッチを食べてから駅に戻る。帰りの列車まで2時間ぐらいもあるので、ビールを飲みながら休んでいるとき、姉の長男が時刻表を検討して、行けるかもしれないというので、ベネチアに行くことに即決。午後1時50分頃の列車でベネチアのサンタルチア駅に午後4時頃着く。駅の目の前が運河になっていて、水上バス（vaporetto）でサン・マルコ広場まで行く。そして、歩いて駅まで戻ってくる。6時前に駅について、予約した列車より早いのを探したが、適当なのがなく、予約した通り18：51発の列車で夜10時前にミラノに戻る。

インターネットカフェに寄ってから帰る。シャワーと荷物の片づけをしてから、姉の長男と一緒にビールを飲んだ。今日一日動いて姉の長男は機嫌が直った。11時に寝る。

18日(月曜日)4時頃目がさめた。ちょっともう、眠れそうにないので起きて、荷物の整理やパソコン打ちをする。6時前にチェックアウト。3日分私のクレジットカードで払ったが、姉の長男が言うには最初の1泊分は姉の長男がすでにクレジットカードで払った、と。インターネット予約の際にクレジットカード番号を記入するようになっていたということらしいが、ホテルの言い分では、現実に支払ったのではないということらしい。多分ホテルの言う通りだろう。ミラノ中央駅まで行って、昨日のボローニャで食べた残りを一緒に食べる。やがて私の乗るパリ行きが来たので姉の長男と別れる。と思ったら、姉の長男がサンドイッチを買って持ってきてくれた。ご機嫌はすっかり直ったようである。

列車内ではうつらうつらする時間が多かったが、それなりに農地の様子を見れた。フランスはイタリアより農地の区画がもっと大きい。予定通り13:45にパリのリヨン駅に着いた。イタリアとは時差なしである。到着10分ぐらい前にトンネルがあり、その手前まで全くの田園風景で、とてもじゃないがパリに着いたとは思えなかった。着いてから地下鉄D線をめざす。乗車券を自動販売機で買うところで失敗して、回数券のようなもののボタンを押してしまったが、後ろの人がキャンセルして買い直してくれた。中に入ってとにかくD線のホームにおりたら、それが北駅に行くホームだった。姉の長男が言っていたように、この線は北方で高速鉄道（ＲＥＲ）に接続していることも分かった。二つめの北駅で降りてからユーロスターの切符売り場まで着くのに大変手間取ったが、それでも予定の15：19発には時間的には間に合った。しかし満員だそうで、次の16：07発になる。料金は２２３・50ユーロで、安くない。時間ができたので、ユーロをちょっとだけ残してポンドに両替した。それからチェックイン。英国の入国審査もここでやってしまうようになっていた。何日いるのか聞かれたので、３日と言うと怪訝な顔なので、帰りの航空券を示したら納得してくれた。ユーロスターは予定通り午後6時前にセントパンクラス駅に着いた（フランス、イタリアより1時間遅れ）。地下鉄でビクトリア駅に行く。着いてから安宿街を目指して行ったのだが、なかなか出てこない。ちょっと焦って、ビクトリア駅の方に戻ってきて、停まっていたタクシーの運転手さんにきいたらすぐそこのところだった。Romany House Hotel に決める。受付のおじさんが相性がよくって、気に入った。35×３＝１０５ポンド払う。10年ぐらい前にも来たところだが、宿がちゃんと見つかるかどうか、それが一番心配だったのでとても嬉しかった。ビクトリア駅に行って、列車の時刻表と地図を買った。おにぎりや、サンドイッチ等食べ物も買った。しかし、インターネットカフェが見つからない。いったんホテルに戻って、買ったものを置いてから出直す。メトロの出口前の方にインターネットカフェがあった。最低限、娘などに連絡する。1時間以内で1ポンド。ホテルに戻って、シャワーを浴びてから、ETOILE D'OR という銘柄のベルギーの缶ビールを飲んだ。とてもうまかった。満足とともに横になったら、そのまま寝てしまった。

19日(火曜日)、途中1回トイレに立ったが、8時過ぎまで寝た。とぎれずに眠れた。ただ、ちょっと喉が痛い。風邪を引いたかもしれない。昨日買ってきたもので朝食を済ませてから、時刻表をチェックして、9時半頃に出た。ビクトリアからキングズクロス駅に行く。直行の列車がよいと思い、11:06発の列車でレッチワースに行く。観光案内所で博物館の場所を教えてもらってから行く。小さな博物館だった。カメラ禁止なので説明を読みながら見て回り、見終わってから、本とビデオを買った。それから、住宅地と農地の境目まで歩いてみようと、隣のヒッチン方面に向かって歩いた。30分ぐらい歩いたら家がなくなった。家は、タウンの中心部は、長屋みたいにつながってアパートみたいであるが、はずれに行くに従って大きくなる。中心部近くに industrial 区域もあるが、疲れたのでその手前までしか行かなかった。タウンの中心部はアーケード街になっていて、なかなかのにぎわいである。さまざまな年代の人がいて、しかし、どちらかというと老人が多い。非白人も多いようである。生き生きした顔が多かった。帰る途中でウェルウィンガーデンシティ駅でも降りてみた。駅が入っているショッピングセンターがハワードセンターという名前だったからだが、普通のショッピングセンターだった。キングズクロス駅まで、家々の並んだ場所と農地とが交互に出てくる。つまり、レッチワースに限らず、けっこう農地がたくさんある。だから、見た目だけではここがレッチワースだとは分からないであろう。緑が多いのも非常に感じた。緑と屋根の茶色とがメインカラーでしょう。キングズクロスからビクトリアに戻って、インターネットカフェに行く。それからホテルにいったん戻って、荷物を置いてから食べ物を買いに行く。日経新聞があったので買った。とにかくこれで行きたいところは行けた。ホテルも大変けっこうで、申し分ない。買ってきた焼きそばを食べて、ちょっとしてから寝た。

20日(水曜日)、6時過ぎに起きた。もっと寝ようと思えば寝れたが、明日の出発のことを考えて起きた。9時頃出発して、ビクトリア駅まで行ったところで、『地球の歩き方』を紛失したことに気づいた。キャリーカートのバンドに挟んで歩いていたのだが、バンドが緩くて落ちたのだろう。なくても困るというほどではないが、こういうなくし方をするってのは、ちょっとネジがゆるんできたのでは。地図を買わないといけなくなったので、駅構内の本屋で当たってみたら、本屋の場所がついたのがあったのでそれに決める。『地球の歩き方』は本屋の情報がゼロだったので、ちょうどよかったのかもしれない。検討すると、だいたいチャーリングクロス周辺に集まっている。そして、地下鉄なんかに乗らないでも十分歩いていける。St.James's 公園を抜けてからちょっとだった。大きな書店がずらっと並んでいた。Stanfords という地図専門の書店以外は、Black-Wells、Borders 等皆同じような感じである。「比較」という視点の分野の本がないなあと思う。法律のところも基礎法は非常に少なくて、ほとんど実定法である。たぶん10年ぐらい前に来たとき(KLMで、オランダ経由で入った)と比べるとEU法の本は当然ながら非常に多くなった。以前はコミュニティ法と言っていたのだが。特に買いたくなるような本はなかろうと思われたので、引きあげることにする。途中、バイキング方式のタイ料理を食べた。5ポンド。グリーンパークでちょっと休む。グリーンパークの北側沿いにある日本大使館前で、動物愛護団体が、日本はイルカを殺すなという抗議デモをやっていた。イルカを食べているのか？　ときいたら、和歌山県の太地（たいじ）町でイルカを捕獲している写真のついたＴシャツを着た女性がいて、写真を撮らせてもらえた。ハイドパークコーナーから折れて、ホテルに戻る。すぐにまた外に出て、残っていたユーロのうち60ユーロほどを両替した。インターネットカフェでメール。1時間足らずだったのに4ポンド請求されたのにはカッとした。が、係員が途中で変わっていて、何時から始めたという証拠がないので払ってしまった。どうも、疲れがたまって、少し風邪気味のようでもあり、頭がボーとして何をやってもうまくいかなくなりそうなので、あとはゆっくりしようと決めてホテルに引きあげた。今回ロンドンは、着いたときはこんなに楽しい町があるのかと思うほどだったのに、急速に何にも感じなくなったのは、ロンドンのせいと言うより、疲れが出て楽しめなくなったということでしょう。早く寝て1時頃には目がさめたが、やがてまた寝た。

21日（木曜日）、6時にホテルを出る。地下鉄でヒースローに7時過ぎに着く。すぐにチェックイン。荷物検査で引っかかって、補聴器調整用に使っている小さなねじ回し、歯磨き粉、ミネラルウォーターの入ったペットボトル、イソジンガーグル、歯磨き粉を没収された。お役目でやっているんだろうが、こんなものまで没収して下らんなと思った。日経新聞を売っていたので、ゲートが決まるまで読む。10：30発のアリタリア航空ＡＺ２３７便でミラノに。空港でビールを飲み、パニーノ（イタリア風サンドイッチ）を食べ、あと残ったユーロでキーホルダーなどを買った。アリタリア航空ＡＺ７８６便で成田に向かう。機内で「県庁の星」という日本映画を見た。英語の字幕が着いていたので音なしで分かった。

22日（金曜日）、午前10時前に成田着。11時のバスで調布に向かう。

沖縄法政学会が終わった後、２００６年12月にラオスに行っている。具体的にどの本を読んでだったのかは忘れたが、マダガスカルに行ったのと同様、養老孟司氏がいい田舎だと書いているので行ったのだったと思う。

〈ラオス　2006年12月〉

12月26日（火曜日）、4時頃起きる。雨が強く降っていたので、娘に調布駅まで送ってもらってから始発で新宿。成田エクスプレスで空港。９：45発タイ航空ＴＧ６４３便でバンコク（日本より2時間遅れ）。機内では、黒田信一『カフェ・ビエンチャン大作戦』（本の雑誌社、２００６年）を読んでいた。面白い。着いてから4時間ぐらい空港で待つ。初めて利用する新しいスワンナプーム空港なので、帰りのことも考えてできるだけ空港の構造を把握しようとした。食事をしてから出発を待つ。19：20発TG692便でヴィエンチャン。空港でビザを取得。迷ったが、ないよりはと思い100ドル両替する。だいたい1ドルが1万キップ。ネットでチャンタパンヤホテルを予約した時に頼んであった出迎えの車でホテルに行く。中心街まで4キロほどだそうで、10分ぐらいで着いた。チェックインしてから、近くのカフェ・ビエンチャンに行く。黒田信一さんがいた。本の中では自分のことをいかにもおじさん風に書いているが、実際に会った感じでは若く感じられた。ちょっと話してから、近くのインターネットカフェでメール。ホテルに帰って寝る。

27日（水曜日）、7時半頃朝食。おかゆを食べた。8時半に、ホテルからすぐそばのHappy Smile Tourに行く。伊東伸悟さんという方が応対してくれて、今日は9時半からバンビエン（Vang Vien）に行ってくることになる。運転手付きの車で120ドル。また明日は飛行機でルアンパバーン（Luang Prabang）に日帰りで行く手配をお願いする。切符が往復126ドル＋着いてからの車が50ドル。12時半頃バンビエンについて昼食後、洞穴等を順に見物してから、5時半頃ヴィエンチャンに戻ってきた。田舎の様子がだいたい分かった。たんぼが多い。今は乾期だが、所々緑色のところもあった。田植え風景も2回ぐらい見た。1区画は大きくない。インターネットカフェでは、今日はhotmailを見ることはできたが送信はできなかった。台湾に地震があったそうなので、その影響ではないか。ホテルのテレビを見ていたらNHKの衛星放送でその関係のニュースをやっていた。夕方6時過ぎに行ってみたらカフェ・ビエンチャンはまだ閉まっていたので、ラーメン屋でラーメンを食べる。このラーメン屋のことも『カフェ・ビエンチャン大作戦』に書かれているのでどんな店かと思って入ってみたのである。ここでビールを飲んだら酔っぱらってしまったので、ホテルに帰ってそのまま寝てしまった。

28日（木曜日）、6時頃起きる。パソコンの打ち込み等。朝食後、8時半にホテルに手配してもらった車で空港。ラオス航空QV109便でルアンパバーンに行く。タン（Tan）さんという運転手が出迎えてくれる。若くはなく、相当の年配だったが、それなりに味が感じられた。私の希望通りに回ってくれて、まずワットシェーントン。ルアンパバーンで一番の寺だそうだが、ピンと感じるものはなかった。続いて国立博物館に行ったらちょうどお昼休みになった。調べてみると、たいていの見どころがお昼休みを取る。続いてワットパバートタイ。このお寺はベトナム風で寝仏がある。予想外に小さかった。お腹がすいたのでレストランに連れて行ってもらった。牛の野菜炒めと豆腐のスープ。苦辛料がきつくて、ご飯を全部食べたところでおかずはだいぶ残した。それからプーシーという、町の中心部にある小山。実際に自分で石の階段をのぼっていく。いい運動になった。見晴らしもとてもよかった。登り口で、小さな竹かごに入った小鳥を売っていた。ビルマと一緒で、これを逃して徳を積むということだろう。私は、なにやら楽器を奏でていたおじさんのお皿に小銭（といってもお札しかない）を入れたら、めくらと思ったのにちゃんと見えているようで、おじさんはおじぎをした。ここまではあらかじめ予定していたところ。このあと、昼食時に『地球の歩き方』

を読んで行ってみたいと思ったバーンサーンハイという酒造りの村に行く。ラオスの焼酎ラオ・ラーオをつくっている。片道30分ぐらい。途中、お祭りというか、女と男がボールを投げ合う歌垣のようなことをやっていて、それをビデオカメラで撮った。村に着いてみると、村全体がお店になっていて、見たところ、ラオ・ラーオより織物のお店が目立つ。一番奥の川岸の店で、実際にドラム缶でラオ・ラーオを蒸留しているところをみた。ここで3種類のラオ・ラーオをセットで5万キップで買った。赤い色をしたのが、甘みがあってワインみたい。赤米を使ったものである。もう一つはすっぱい。あとは泡盛のような感じ。小さい村なのに、お寺もあった。運転手のタンさんはここで麺を食べた。それから引きあげて空港に午後3時半に着いた。約束は5時までということであったが、ほかに行きたいところもなかったので、おしまいにしてもらった。空港前のいすに座って黒田勝弘・市川速水『朝日vs.産経　ソウル発』（朝日新書、２００6年）を読み出したら非常に面白い。中に入って待つ間、にんじんジュース等を飲んだ。白人旅行者の方々がにんじんをジュースにしないで買って、かじって食べていた。我々の前のヴィエンチャン行きの便に救急車で運ばれてきた人が乗せられたが、これはたぶん、着いて空港からまちに向かう途中でトラックとバイクがぶつかったばかりのところに出くわしたのだが、その被害者をヴィエンチャンの病院に送ったのではないだろうか。『地球の歩き方』によると、ラオスは医療事情は相当悪く、タイに送られることが多いそうである。昨日もバンビエンに行く途中で同じような事故をみた。ＱＶ１１０便で午後7時頃ヴィエンチャンに戻った。ホテルから迎えの人が来て待っていてくれた。こういうふうに、いちいち送迎の車を手配しておかないとすぐには乗れないと伊東さんから教えられた。車はけっこう走っているので、組織の問題かもしれない。何しろ今も社会主義国ですからね。ホテルのそばでhotmailを送ってからカフェ・ビエンチャンに行く。ビールと、あと豚の角煮らしいもののどんぶりを食べたが、脂っ気がなさ過ぎるのではないかと思われた。黒田さんは別の人と話していたので、食べたら帰って、パソコン打ちをしてから寝る。

29日(金曜日)、朝食後、8時半に旅行社に行く。伊東さんに借りた『旅の指さしラオス語』を返し、明日の午後タイ国境の方にドライブしてから空港でおろしてもらうことにした。95ドル。それで今日はヴィエンチャン市内を回ることにする。まず、国立博物館。続いてタラートサオという市場。昼になったので、市場で麺を食べ、足りないのでさらにフランスパンのサンドイッチも食べる。ちょっと昼寝。それからトゥクトゥク(三輪タクシー)で、タートルアン。代表的な寺だというので行ってみたが、特に感じるものはなかった。トゥクトゥクは往復6万キップで乗ったのだが、帰りにワットシーサケートに行かないかと言われ、実際その予定だったのでお願いした。この寺はとてもよかった。落ち着いて長居できた。あと、メコン川の河岸を歩いて戻ってくる。hotmailを送ってからまた昼寝。夕方起きてからパソコンの整理。7時前にカフェ・ビエンチャンに行く。呼んでもなかなか出てこなくて、並べてあった本をみていたら、黒田さんの書いた文庫本が置いてあった。黒田さんは小説も書くんだと分かった。やがて黒田さんが出てきて、そして、旅行者の人も来て一緒に話した。戻ってからちょっと片づけをして、寝る。

30日(土曜日)、6時頃起きる。パソコンの打ち込み等。午前11時半頃チェックアウト。荷物をホテルに預けて、河岸に行き、食堂で昼食。のんびりした店で、そこに多くの客が来てさばききれず、あきれて立ち去った客もいたのだが、私は十分時間があり楽しかった。午後1時半に運転手が来た。いったん出発したが、すぐに携帯に伊東さんから電話が入り、ホテルに戻る。伊東さんが私に言うには、時間が余ると思うので一緒にビールでも飲まないか、と。伊東さんはこれから大使館の人たちとゴルフだそうで、運動着だった。私としては無理しなくていいですよ、と遠慮した。30分ぐらいだろうか、そんなに走らないうちにタイ国境に出た。友好橋が見えたが、立ち止まるでもなくそのまま通り過ぎた。そしてその先にある仏陀パークに行く。悪くなかった。かなり時間をかけて見てからまっすぐ戻っていき、ヴィエンチャン市街を通り抜けて空港に行く。3時半頃空港に着いたところでちょうど伊東さんから電話が入ったが、もういいですからということにした。空港内をブラブラする。6時にチェックインが始まる。夜9時25分発の予定のTG693便は20分ぐらい送れて出発した。着いたのが11時前だった。で、急いで、TG642便の出るD1Aゲートに移動したら、なんと、ゲート変更で、E1Aだというのである。場所的には単純で、Cの先にDがあるのだが、Cは第8ゲートまであり、これが非常に長い距離だった。走って何とか着いたら、列を作って中に入っていっているところだった。ゲートから直接乗るのではなく、バスで飛行機まで行くようになっていた。座席に着いてから、すぐにトイレで下着とワイシャツを着替えた。走ったので、汗でびしょぬれになっていた。飛行機は予定より20分ぐらい遅れて12時過ぎに出発した。私自身は乗るためにこれだけ走ったのだが、荷物はちゃんと移し替えられたのだろうか。飛行機は満員だった。

31日(日曜日)、朝7時頃成田に着いたが、着いてからゲートまでずいぶん時間がかかった。税関が終わって外に出ると9時前だった。

第11章　フィンランド一人旅　2007年3月

先に序章で述べたように、私は2007年3月21日、沖縄県図書館協会からの依頼で、シンポジウム「図書館の挑戦」記念講演として、沖縄国際大学で「分権型社会における図書館の役割—東西比較の中で考える—」という題の講演をした。2006年にソウルで開かれたIFLA大会中の見聞・調査や、EU諸国の図書館（オランダ、英国、フィンランド等）の見聞・調査をもとに、世界的に地方分権化が進む状況下における沖縄の図書館のあり方を比較の中で考え、今後の具体的な政策や実践の方向性を示そうとした。このうちEU諸国の図書館のうちオランダの図書館、英国の図書館のネットワークについては、先に述べたように「図書館ネットワークの比較政策論」と題して沖縄県図書館協会誌第8号に書いていたが、フィンランドは、ネットワークもさることながら利用率の高さと教育世界一ということで当時注目されていたので、その状況を講演前に実際に見てこようと思って行ってみた。

3月5日（月曜日）、沖縄から羽田に午後6時過ぎに着く。6時半発の空港バスで調布に7時半頃着いた。娘はいなかったので調布駅に行く。娘がちょっとしてきて、以前私も会った娘の友達で、駒沢女子大学大学院の臨床心理学専攻コースに受かった方と駅前の喫茶店にいるということだった。この前会ったときは、彼女はカンボジアに行こうとしているときだった。松山さんが来てから一緒に娘たちのいる喫茶店に行ってちょっと話す。娘の友達はあれから5回もカンボジアに行ったそうである。それから駅に戻り、ダバオから出稼ぎできていたイーピンさん、ナンシーさんと会って、6人で、娘が知っている居酒屋に行く。娘のお友達は10時前に先に帰った。残りの5人で調布駅近くの喫茶店シャノワールに行って、11時まで話す。娘のアパートに戻って、娘の旅行について話し合ったが、娘は一人で外国に行くということで焦っている様子だった。これまで何度も外国に行っているのだが、一人旅というのがないのである。

6日(火曜日)、娘と話し合って、娘は列車ではなく飛行機で、スペインのビルバオ、バルセロナを見てから、ミラノに行くという線で固まった。昼過ぎに娘と出て、私は新宿の本屋に行く。帰ったら娘から携帯メールが届いていて希望通りの切符が18万円台で買えたそうである。ビールを飲んでいたら娘が英会話から帰ってきた。非常に明るい顔で笑顔が漏れていて安心した。

7日(水曜日)、6時頃起きて、朝食。娘から、以前狩野美智子さんが書いてくれたというビルバオ周辺在住の方を記した紙を見せてもらったら、バスクのモンドラゴンに住んでいる方の名前が書いてあったのにはビックリした。連絡が取れれば大変面白いのではないか。私は7時半の空港バスで出発し、9時過ぎ成田空港に着いた。20万円ほどユーロに両替し、AIUの一番安い保険に入る。それからフィンランド航空AY074便のチェックイン。空気枕とコンセントのアダプターを買ってから飛行機に乗る。機内では、かなり眠ってから、最初はラップランド関係のことを書いた本を手にしていたのだが、気分が乗らないので、図書館計画施設研究所(編)『白夜の国の図書館』

（図書館流通センター、1994年）のコピーを読みだし、ずっと読んでいた。午後3時頃ヘルシンキに着いた（日本より7時間遅れ）。着陸前に雪が見えたので、寒いだろうなと思ったのだが、外で働いている空港の人が半袖なのでビックリした。実際、そんなに寒くは感じなかった。空港バス乗り場を探したが、それらしいものは見つからず、市バス615番に乗った。終点のヘルシンキ駅に着いて、降りたところでジャンパーのチャックが壊れてかからなくなった。これじゃラップランドは無理かなあ。気温は電光板にプラス2℃と出ていた。感じがだだっ広くてなかなか方角がつかめなかった。しかし、『地球の歩き方』の地図で照合したら分かってきた。道の舗装が石をでこぼこ並べる感じで、キャリーカートでは歩きにくかった。ストックマンデパートまで来たらホテルはすぐだった。ホテルフィンに投宿。受付の女性も柔らかくていい感じだし、部屋もムダがなくて気に入った。ここまで歩いてきて自信がなくなって、ラップランドはやめにしようと考え始めていた。ホテルの受付できいてみたらずっと連続して泊まってもOKだそうである。部屋に荷物を置いてすぐに外に出てみた。最初は、ただうろうろ歩いていたが、やがてインターネットができるところを探し始めた。見あたらない。大きなショッピングセンターできいたら、あっちにあるというので行ったのだが、見つからない。別の店でもきいたら、やはりあっちというふうに教えてくれるのだが分からない。暗くなってきたし、顔が冷たくなって、焦ってきた。うろうろするうちにホテルの場所も分からなくなって、地図を見ながら何とか戻ってきた。そのうち最初に尋ねたショッピングセンターに戻ってきて、そこでもう一度きいたら、やはり同じように言うので、もう一度行ってみて、そばの店できいたら、店の名前を書いてくれた。MBARという店である。何度も見た店だが、普通の喫茶店とばかり思っていた。注意して店を見てみたら確かにパソコンが並んでいる。30分で4ユーロ。最初何がなんだか分からなかったのだが、インターネットのところをクリックするとパスワード等を打ち込むようになっていて、それで開始する。ヤフー画面はすぐに出せた。メール画面も出せて、未読のメールを見た。娘と知念さんから来ていたので、返事を出した。打ち終わってから、この店でコーヒーとサンドイッチを食べたらすごく元気が出た。この店の場所を教えてもらったショッピングセンターの地下がスーパーになっているので、ビール、オレンジジュース、サンドイッチを買った。8ユーロぐらい。それから、ホテルに戻った。すぐに共同のシャワーを浴び、ビールを飲む。NIKOLAIという銘柄で、軽くておいしい。すごく落ち着いた。バスで着いたばかりのときは、なにしろ町の中に英語がなく、しかも意味に連想できるものがなくて、すごく弱気になった。しかし、落ち着いて考えてみて、やっぱり無理してまで今ラップランドに行くのはやめにすることにした。ヘルシンキを起点に原則日帰りで動くのがいいように思われる。日本語の本を読みながら行きたいところが出れば行ってみようと思う。8時頃気がつかないうちに寝た。途中3度か4度ぐらい目がさめた。

8日(木曜日)、朝5時に起きてパソコン打ちをする。8時にホテルで朝食。意外に分量が多かったし、おいしかった。ちょっとして出て、ヘルシンキ駅のキオスクに行って地図を探したが、いいのがない。ヘルシンキ駅構内のツーリストインフォメーションに行ったらヘルシンキ市中央図書館への行き方を簡単に教えてくれた。普通の鉄道でヘルシンキの次のパシラ駅に行けば、そのそば。地図を探しているときに5日間有効チケットを買ったが、これが使えるそうである。9時半発の普通列車で行く。とけかけの雪で歩きにくかった。10分ほど待って10時の開館と同時に入る。図書館員というのがカウンターに集中しているのではなく分散している感じで、相談員って感じ。実際相談しやすい雰囲気で、その中の年配の女性にきいてみる。Däivi Kivien さん。ヘルシンキ圏の図書館を HelMet Libraries というネットワークでつないでいる。分館網の地図をパソコンで出して、印刷してくれた。その中でヘルシンキ駅に近いのが、駅の前の郵便局内にあるライブラリー10（Library 10）である。そこに行くことにする。地図を見ると、エスポー（Espoo）市も入っている。また、館内の写真撮影は無制限に許してくれて、これにはビックリした。午前11時頃までいてから、列車でヘルシンキに駅に戻り、郵便局内の図書館に行く。ここも写真撮影を許してくれた。パソコン利用者で一杯。MBAR でメールをチェックしてから、トラムでアラビア博物館に行く（アラビアというのは地区の名前に由来するそうである）。最初間違えて反対方向に乗ってしまった。博物館に来たつもりだが、まずビュッフェでランチがあり、バイキング方式で食べる。8ユーロ。いろんな料理があっておいしかったが、ちょっと食べ過ぎた。それから図書館のようなところがありそこも見る（ヘルシンキ市立図書館が入っているそうである）。食器や家具類の展示を見たあと、やっと博物館が9階だと分かった。よかった。Jun Kanko、Fujiwo Ishimoto という人の作品が中央にあった。

周辺の風景も雪の白い色とコントラストがあって記憶に残った。帰りに途中までトラムで戻ってきたら、メトロの駅があったのでそれに乗ってヘルシンキ駅に戻った。地下鉄の乗降の際に切符のチェックがないことにはビックリした。ヘルシンキ駅前で旅行会社を探したが、外国旅行の店はあったけど、国内を扱っているらしいのはないのであきらめた。駅で明日のタンペレ往復切符を買った。買ったらほっとして嬉しくなった。MBARでかなり長い時間メールを打ってから、買い物してホテルに戻る。シャワーのあとビールを飲んだら夜12時前まで寝た。時差ぼけがキツイということもあるが、旅程のツメができていないから迷ってしまうのである。地図を見ていたらシティエアターミナルに括弧してフィンランド航空とあるので、ここで切符が買えるんじゃないか。行くなら土曜日か日曜日にロヴァニエミがいいんじゃないか。やっぱり見るだけでもラップランドに行っておいた方がいいように思う。幸いだんだん動けるようになってきたしね。実際に行けるかどうかは分からないがこの線で行ってみよう。そして、最後はブラブラして締めくくればいいだろう。これですっきりした。1時頃に再び寝る。

9日(金曜日)、5時半頃起きる。あまり深く眠れたとは言えないが、昨日よりは途中で目覚める間隔が多少長かった。あともう数日で日本に帰るわけだから別に無理して調整する必要はあるまい。6時半頃買っておいたサンドイッチを食べ、それから駅に行く。7時6分発の列車で8時52分にタンペレに着く。雪が降っているので傘をさして歩いて図書館に向かう。途中、二つの湖の間の落差を利用したという発電所らしいものが見えた。図書館は雷鳥をモチーフにした建物だそうだ。9時半開館だそうでちょっと待った。2階が入り口になっている。本は多い感じがする。ここでも司書は何カ所かに分散していた。3階は音楽のCDなどの部屋や会議室等と軽食。サンドイッチを食べた。2階の雑誌が置かれているところにIFLAジャーナルがあり、韓国大会の特集だった。最初の記事と、次の金大中氏の講演を英語にした記事をコピーした。というか、最初の記事だけのつもりが、多めに入れたコインのおつりが戻ってこないので、どうせならさらにコピーするかとめくってみたら金大中氏の講演の英訳が出ていたわけである。ムーミン谷は1階で、入場料5ユーロというのは私には高い。隣の宝石の博物館も5ユーロ。これも私には高い。図書館から出て、湖に面して展望台があるというので歩いて行く。エレベーター代が5ユーロ。上ってみたら、もやというか霧というか、ほとんど何も見えない。エレベーターを運行すべきじゃないなあ。見えたとしても湖も白く凍っている。もう見たいところも特にないので駅に戻る。午後2時過ぎの予定を1時過ぎの列車に変更する。フィンランド航空はないかと探してちょっと歩いたが、ない。駅でマカロニのグラタンパイのようなものを食べてから列車に乗って帰ってくる。帰りの車内では、自分が書いたものを読んでいた。旅行というのは一生懸命になると面白くないので、何か別のことをしながらの方が気楽でいい。気持ちが軽くなった。ヘルシンキ駅に着いてからフィンランド航空を探したら、なんだ、鉄道駅構内にあった。ビックリしてしまった。そこでロヴァニエミの切符を買う。明日は昼過ぎ発で帰りは夜中、明後日は早朝出発で夕方、ということで、明日にした。ロヴァニエミの夜空を見てみたいので。しかし、ロヴァニエミ発が22：30でヘルシンキに着くのが23：45とはベラボーだなあ。それで、キャンセルはどういうふうにしてやるのかと尋ねたら、キャンセルはできないそうである。切符といってもERECTRONIC TICKETと書かれた普通の紙で、それをあとで読むと確かに、払い戻しも予約変更もできないと書かれている。MBARに行ってメールをチェック。娘からのメールで、なんと、叔母が脳梗塞で倒れたようである。姉に尋ねたら、明日の朝9時から手術だそうである。娘のメールでは今晩娘が見にいってきたそうで、意識が戻って集中治療室からは出てきたが、誰かは分からないような状態みたいである。娘は大変冷静のようである。頼もしい。しかし、ビルバオのホテルからはまだ返事がないという。姉からのメールで、私も予定通り帰ってくればいいそうである。すぐに死ぬといった状況ではないみたいだが、しかし、手術後に麻痺は残るかもしれないみたいである。お腹はすいているのだが、ちょっとパンばかりで閉口して、『地球の歩き方』に出ていた中華料理のチャイナという店に行く。ホテルの近く。それからホテルに戻る。ビールを飲んでちょっと寝てから、午後8時になって、入り口の鍵を開けてもらえるかどうか試させてもらった。明日夜中に帰ってきて中に入れないのではどうしようもないからねえ。しかし、あんまり心配しなくなっている。旅の調子が出てきたのか、神経質じゃなくなってきている。午前1時前に目がさめて、明日の帰りは列車がいいのではないかと考えて調べると、ロヴァニエミ発の寝台は21時発のほかに18時発もある。その後も寝たり起きたりしていた。

10日（土曜日）、7時前に起きる。ホテルで朝食後、9時半頃MBARに行ってメールをチェック。叔母さんは手術中でまだ終わっていないということだった。今日の旅程を説明し、緊急のことがあればホテルに英語でメールをするように伝える。10時半の空港バスで空港に行ってチェックイン。ほとんどがスキーに行く人たち、子どもも一緒の家族連れが多い。切符はeチケットなので、チェックインしても搭乗券はなし。中に入ってインターネットを使ってみたがyahooメールは開けられなかった。12：20発ＡＹ４２７便でロヴァニエミに向かう。表示では気温は、ヘルシンキは6℃、ロヴァニエミは１℃でそんなに寒くない。機内で少し眠ってラクになった。昨夜は寝たり起きたりできつかった。午後1時40分頃ロヴァニエミについたが、雪が降っていて、わぁー、これは動けないなぁという感じ。とにかく最小限の目的を果たすことだけを考えて空港タクシーでまず図書館に行くことにした。5～6人の客と一緒に街中に向かう。街に入るところでアルクティクム博物館が見えた。中心部のホテルで2カ所おろしてから図書館に着いた。わざわざここまで来たので写真を撮ってから帰りたい。インフォメーションデスクにいた男性に許可をもらう。『白夜の国の図書館』のこの図書館の部分を見せたら、ああ、と。Pasi Rantanenさん。館内を見学し始めたらちょっとしてRantanenさんがやってきて、手に持っているのが日本語の報告書。垣口弥生子（大阪府立中之島図書館）『光の饗宴—フィンランドの図書館建築を訪ねて　１９９５・秋』（日本図書館協会平成7年度　司書の海外研修報告書（抜刷））。全部で12枚になるのをただでコピーさせてくれた。コピーカードは図書館のだが、コピー自体は私にやらせるところが面白いと思った。中央部の書架が1階分下がった配置は、なるほど面白い。何より、こんな天気の中でけっこうたくさんの人が来ているのにはビックリした。ちょうど絵の同好会か何かであろうか、展覧会をやっていた。上手だった。午後3時半頃辞去する。さあ、雪の中をどうするかと思いながら歩き始めたら、雪は踏み固められて案外歩きやすかった。シティホテルというのがまず出てきた。1階にレストラン等が入っているが、ホテルの入り口横が喫茶店になっている。インターネットもある。いい感じなので、時間が余ったらここに来ようと思う。そこからちょっとのところに中華レストランがあり、夕食はここに決める。さらに歩いていってアルクティクム。入り口のまわりが雪でおおわれていて、どこから入ればいいのかと苦労した。6時までやっているというが、誰もいないんじゃないか、と思ったら、中にはけっこうたくさん人が来ていてビックリした。ちょうど4時から上映があった。オーロラが中心で、あと自然が中心。終わってから館内を見ていく。展示場はいくつかに分かれていて広い。子どもの遊び道具のところにパチンコが置いてあったので実際にやってみた。建物も透明ガラスを使って、すてきに明るい。お土産屋もあって、そこの写真集を立ち読みした。5時40分頃アルクティクムから出る。雪はますます降っている。中心部に戻って、まず中華料理屋で食事。フライドライスとワンタンスープ、青島ビール。ゆっくり食べてからシティホテルに行く。インターネットはただで、コーヒーを飲みながらアクセスしたが、読めない。ただ、娘からメールが一つ届いたのは確認できた。特に用事もないので午後7時頃、タクシーを呼んでもらった。すぐに来て、18ユーロぐらいで空港に着いた。空港には誰も来ていなかった。がらんとしたところでいすに座って佐藤優『国家の罠　外務省のラスプーチンと呼ばれて』(新潮社、２００５年)を読んでいたが、途中でちょっと眠った。22：30発ＡＹ４３６便は、乗客は20名前後と少なかった。飛行機自体も小さかった。乗機までは順調だったが、乗ってから機械の不調があるようで、30分遅れて出発。午前12時過ぎに到着し、空港バスでホテルに戻ってくる。ヘルシンキも雪が降っていたが、みぞれに近い感じである。寒くない。午前1時頃ホテルに着いた。非常に嬉しかった。ビールを飲んでから寝る。

11日(日曜日)、7時まで寝る。よく眠れた。昨日の動きをパソコンに入れる。8時半にホテルで朝食後、疲れを感じて寝直し、11時前まで寝る。いやあ、すっかり図書館の旅になってきてしまっている。『白夜の国の図書館』のラハティ市立図書館のところ(島雄康一郎氏執筆)を読んだら、とてもいい図書館らしい。そして、ヘルシンキから近いので行ってみることにした。11時半頃出て、まず、フェリーの着く港に行ってみる。晴れていていい天気だった。海は凍っていた。それから、MBAR。叔母さんの手術は、残した動脈瘤はあるが、一応終わったということで、今後様子を見るそうである。娘に今日これからラハティに行ってくるとメールしてから、駅に行って13：39発の普通列車でラハティに行く。駅に着いてから駅前の地図を見ると図書館も載っていたが、ちょっと距離がありそうである。それでタクシーにした。10ユーロちょっと。図書館は閉まっていた。仕方ないので建物の写真を撮るしかないなと思っていたら、中から人が出てきた。建物は開いていたのだ。

貸し出しはないけど、雑誌のところや勉強場所は使えて、けっこう人々が来ていた。カウンターにも図書館員がいたのだが、英語がほとんどダメみたいである。書架とかは見えたし、むしろ撮影には都合がよかった。あと、全市の図書館システム地図があり、大きいので分けて撮った。撮影後歩いて駅まで戻る。空は曇って寒くなってきた。4時前に駅について、ちょうど特急があったのでそれでヘルシンキに戻ってきた。娘に、明日の夕方メールすることと、旅行の無事を祈るメールを送った。風邪気味のようで寒気がするので、とにかく食べてしまって早く寝ることにした。チャイナに行って食べた。青島も飲んで、体は温かくなった。もう一度MBARでメールをチェックしたあとホテルに戻り、シャワーを浴びてからすぐに寝た。途中1回トイレに行っただけでぐっすり眠れた。

12日(月曜日)、5時前に起きる。とてもいい気分。風邪は抜けたようである。というか、睡眠不足で疲れていただけかもしれない。もう明日は日本に向かうので、よく眠れるのであれば夕食後すぐに寝ても別にかまわない。その方が帰国後が楽だろう。荷物の整理や、パソコン打ちなどをする。名刺を入れた袋の中からたまたま島雄康一郎氏の名刺が出てきて、知っている人だったのだと分かった。ちょっと前に西川さんと昼食したときに一緒だった建築家の方である。午前7時前に出て、駅に行く。7:38発の列車で9時25分にトゥルクに着く。途中、トゥルクに近づくにつれて雪におおわれていない畑が出てきたので、少しは暖かいのかもしれない。距離的には歩けると思われるが、迷ったら時間を食うので、タクシーで行く。ここは初乗りが4・5ユーロだった（ロヴァニエミは7ユーロ）。ちょっとで着いた。ビックリしたのは、できたての建物だったことである。『白夜の国の図書館』では、フィンランド最古の図書館として書かれているのだが。開館まで時間があったので周辺を歩いていくと、その最古の図書館と最新の図書館がつながっていることが分かった。一回りしたらちょうど午前10時の開館時刻になった。待ちかねたように人々が中に入っていった。まだ中庭の方の工事は全部終わったのではないようで工事中だった。書棚もこれから埋めていく感じ。話しやすそうな感じの女性の図書館員に撮影許可を得る。Satu Pyhäläさん。この図書館は3月1日に開館したのだそうである。できたばかりで新しいのは当然だが、その大きさにはビックリした。3階建てで、見晴らしがよい。また、木の書棚で暖かい感じがする。透明ガラスをたくさん使って非常に明るい。たまげたという顔をして私が館内を歩いていると、図書館利用者も私を見てうんうんとうなずくのだった。皆さん、嬉しくてたまらない感じである。ここは何か、人々が社交的ですね。そして、実際、おじさんが私に話しかけてきた。東洋関係の本を読んでいるようで、それを私に示した。思いついて写真を撮らせてもらった。ざっと見てから館内のカフェテリアに行ったら、このおじさんも来た。Jorma Ahomäki氏。おじさんが手にもっている本はこの人のことを書いたもののようで、その人は日本に来たことがあるらしく、目次に宮沢賢治の名前が挙げてあった。おじさんは75歳で今はもう働いていないそうだが、非常に若々しく見えた。『白夜の国の図書館』を見せたら大喜びだった。日本に帰ってから文通しようと思う。新しい図書館見学に次々と子どもたちや学生がやって来ているようだった。学生らしい人々に黒人が混じっていた。図書館を出てから駅に向かうとすぐにマーケット広場である。ここで、探していたような手さげバッグを見つけたので買った。12ユーロ。しっかりしていて、とてもいい。図書館に行くたびにいろいろ資料が得られ、それがたまってきたので、どうやって持って帰ろうかと心配になっていたのである。沖縄に戻ってからも大学に行くときに重宝するだろう。駅に着いて、12時発の列車に乗る。図書館まわりはこれで終わりだが、とても満足で、心が明るくなった。ちょっと眠ろうとしたが、眠れそうにないので、福田誠治『競争やめたら学力世界一　フィンランド教育の成功』(朝日新聞社、2006年)を読み出したら、これもまたすばらしく面白い。ヘルシンキに着くまでずっと読んでいた。この線のヘルシンキから二つめの駅がエスポー(Espoo)である。ヘルシンキ工科大学があるらしい。ノキアもあるらしい。図書館も面白いことをやっているらしい。ヘルシンキに着いてからMBARに行く。娘からのメールで、ビルバオのホテルから連絡があったそうだ。また、狩野美智子さんがモンドラゴン在住の日本人女性に連絡を取ってくれたそうで、これで娘は大丈夫であろう。すごく安心した。また、西川さんにもメールして、今日のこと、及び今回の旅行で訪問した図書館を伝えた。昨日行った港に行って市場(といっても普通の店がたくさん入っているだけみたいだが)の寿司屋で盛り合わせを食べた。握りはうまかったが、海苔巻きはいただけない。寿司職人はフィンランド人の若者のようである。それから駅の方に戻ってくる途中本屋に寄る。地図を買った。英語の法律書もあるが、高すぎるように思う。もう一度メールをチェックし、それから、スーパーでパンとチーズ、マックでカプチーノを買ってからホテルに戻る。シャワーを浴び、ビールを飲みながらパソコンに今日のことをまとめていたら眠くなってきた。11時に一度目がさめたがまた寝て、午前2時頃目がさめたときはサンドイッチをちょっと食べてまたすぐに寝た。

13日(火曜日)、6時前に起きた。体調はどこも悪くないのだが、ちょっとボーッとした感じ。フィンランド旅行記録を図書館の旅としてまとめた。8時半に朝食。9時半にチェックアウト。荷物は預けて、まずMBAR。娘はモンドラゴンの方と会うことになったそうで、結構なことである。娘が機内なので、もう何度もMBARに通う必要もなくなった。キアズマという現代美術館に行く。特にピンと来るものはない。幼稚園児がたくさん来ていたが、分かるとは思えない。意味があるのかなあ。出たところで、ホテルの鍵を持ってきてしまったことに気づいて、戻しに行った。それから国立博物館に行く。コートと荷物を預けるところで、番号札を受け取るのをうっかり忘れそうになった。係のじいさんにグチグチ言われた。実は、冷蔵庫の中に、サンドイッチとチーズを忘れてきた。まあ最後なので、帰ればいいということでやろう。と打ち込んで考えると、歯ブラシも忘れてきた。何か非常にあわてて出発した感じだ。こういうことは初めて。博物館では、20世紀のフィンランドの映像はちゃんと見た。あとはあまりピンと来なかった。ホテルに戻って荷物を受け取り、空港バスで午後1時半頃に空港に着いた。すぐにチェックインできて中に入った。中に入ってからパスポートコントロールがあるが、その手前でサケのサンドとビールの昼食にした。おいしかった。パスポートコントロールを通過してからゲート前の席でしばらくボーッとしていたが、帰ってからのことを考えるとのんびりもできない。『競争やめたら学力世界一』を読み続ける。AY073便は定刻通り17：15に出発。

14日（水曜日）、朝10時頃成田着。ちょうど『競争やめたら学力世界一』を全部読み終わった。図書館のことも書かれていて、私が訪問したライブラリー10が出ている。非常に参考になった。10時50分の空港バスで調布に。娘のアパートに着いてから、まず、中河原の病院に行って叔母さんの様子を見てきた。叔母さんはこんこんと眠っていた。駅そばでラーメンを食べてから、調布に戻り、ビデオのダビング、写真の送付、旅日記の送付等を済ませてから出て、文京区のシビックホールに行く。藤原さんが主催の草谷桂子氏の講演会。終わって近くのレストランでワインと食事をしながら2次会。南北線で市ヶ谷まで行って、それから都営線に乗り換えたら、途中で眠ってしまって、調布を通り過ぎてしまった。戻ってきて、11時半頃娘のアパートに着いた。娘から、ビルバオに着いたというメールが届いた。これで大丈夫だなと思った。

フィンランドから帰ったちょっとあとの2007年4月に、友人の俊武志さんの誘いで、私は姉と一緒にシンセン（深圳）に行っている。この旅についてもここでまとめて記しておく。

〈シンセンの旅　2007年4月〉

4月21日（土曜日）、朝起きてから講義準備。朝食後姉と出て、モノレールで那覇空港国際線ターミナル。姉は中国で使えるレンタル携帯を借りる。やがて俊さんが来る。チェックインして、中に入る。CI121便で台北。CI679便で香港。イミグレーションが終わって出てから、深圳（シンセン）行きのバスに乗る。ちょうど出発するところだった。香港側で出境手続をし、続いて入境手続きをする。昔と変わらない。入境してほんのちょっとで着いた。俊さんの知り合いの楊（ヤン）さんが来ていなくて、携帯で連絡が取れて来てくれるまで待った。すごい人だかりだった。ヤンさんが女性だとは思わなかった。あとで聞いたところでは、ヤンさんの夫もたまたま楊という姓だそうだが、那覇にいて貿易会社を経営しているそうである。息子も那覇にいて留学準備中だそうである。ホテルはUnotelというホテルでビジネスホテルタイプ。荷物を置いてから、散歩しながら食べにいく。土曜日のせいもあるのか、すごい人だかりだった。ジンギスカン鍋を食べる。非常においしかった。若い人たちも一杯入っていて、生活レベルがきわめて上がっていることは分かった。俊さんが200香港ドル出したらおつりが来たので4人で食べても5000円にならない（空港では、1万円が600香港ドル）。ゆっくり歩いてホテルに戻る。シャワーのあとすぐに寝た。

22日（日曜日）、朝ホテルの前の店で食べる。ヤンさんとヤンさんの会社で働いている男性が来て、まず、両替のため近くの銀行に行くとそこは日曜日はダメだった。それからヤンさんの事務所に行く。歩いていける距離のビルの20階で見晴らしがよかった。俊さんが、中華パワーを感じるでしょうと私に言う。ヤンさんの会社は沖縄の物品を扱っていて、もずくの紹介などが置いてあった。それから、タクシーで中国銀行に行く。日曜日なのに開いていて、両替ができた。それからタクシーにかなり乗って、新市街に昨年できた図書館。新市街は情報関係産業の経済特区になっているらしい。図書館では名刺を出して頼んだら写真を撮る許可が出た。規模は大きく、パソコンデスクも多い。外国書はかなりあるが、日本語の本はごくわずかしかない。大部分は英語である。かなりいてから、そばの、本屋などが入っているショッピングセンター。そこのレストランで食べる。それから、民俗村のようなところにタクシーで行く。まずモンゴルの馬合戦のところを見て、チベットの踊りも見て、あとブラブラしてから、4時から1時間民俗舞踊を見る。終わったらすごい雨だった。園内で簡単に食べてから、7時半からのをまた見る。終わって地下鉄でホテル前まで戻る。地下鉄はずいぶんの距離で、大きな町だということが実感できた。

23日(月曜日)、朝ホテル前の店でかゆを食べる。姉は食べ物が合わないそうで、下痢をしたという。8時頃、ヤンさんの会社の男性が来て、一緒にバスターミナル。珠海に行く。11時半頃着いて、出境手続。人が多くて待つのにずいぶん時間を食った。12時半頃マカオに入境。食堂で食べる。それから歩いて坂道を登っていく。見晴らせるところに出てからタクシーを拾って、カジノ周辺を走ってもらう。たくさんのカジノができたことが分かった。中心部で降りて、カジノの一つに入り、俊さんが試しにやった。賭をするところにはパスポートを預け、お金を払ってカードを作ってもらう必要があり、私と姉は待っていた。それから、タクシーでフェリーターミナルに行って、九龍行きのフェリー。出境手続をしてから乗る。着いて、香港への入境手続をしてから香港の街を歩く。スターフェリー乗り場あたりはずいぶん変わってモダンな公園風になった。尖東駅まで行って、羅湖行きの列車がたくさん出ていることを確認してから、九龍中心部を歩く。ホリデー・インでバイキングの食事をしたら、なんと3人で1万5000円ぐらい。姉が中華はダメというので寿司なども食べられてよかったのだが、バカげた高さである。夕方7時半の列車で羅湖に行く。出境手続のあとちょっと歩いて中国への入境手続。終わって出たらここが朝バスで出発した場所だった。白タク運転手にふっかけられたのを断ってタクシー乗り場を探していくとシンセン駅が隣だと分かった。タクシー運転手も気性が荒くて怖い感じだった。シンセンに着いたときは人々がゆったりしていると感じられたのだが、今日は全然逆の印象になった。シンセンはもう大きくなりすぎたんじゃないかと思われた。

24日(火曜日)、7時過ぎにホテル前で食べる。8時半にヤンさんが来て、ミニバス乗り場に連れて行ってもらう。9時頃出発。出境手続。香港への入境手続は車に乗ったままできて楽だった。10時過ぎに空港に着いてチェックイン。残ったお金で買い物。中国元も使える。13：25発予定のＣＩ

680便はなかなか飛ばず、2時間以上遅れてやっと飛んだ。様子では機体の問題ではなく気候上の問題のようである。というのは、すべての飛行機が食べないでそのままになっていたからである。香港周辺は梅雨入りしたようで、暗雲が立ちこめていた。5時過ぎについて、沖縄行きの便はもちろん出発してしまっていて、明日の朝の便に振り替え、ホテルも中華航空指定の桃園大飯店。遅れた人々は皆ここに泊まりのようで、バスがなかなか出ないようなので、姉に空港の公衆電話で沖大教務に電話してもらった。教務の幸喜さんに、比較法文明論は休講に、実習事前指導は朝賀、小林氏と連絡を取ってもらうよう依頼した。それが夕方6時半（日本時間で7時半）頃で、8時になったら皆さん引きあげるだろうから非常にタイムリーだった。桃園大飯店について、チェックインしてから、インターネットがあったので、朝賀、小林両氏にメールを送った。それから夕食。食後もう一度メールを確認したら朝賀氏から返事があってOK。明日の心配はなくなった。割合早く気持ちの整理ができたし、姉が一緒にいてくれたのは、これはもう計算を超えている。また下着のない旅をすることになってしまったが、まあ仕方ないでしょう。ホテルの部屋で台湾ビールを飲みながら、肥沼位昌『キーワードでわかる自治体財政』（学陽書房、2007年）を読む。不思議な気持ちである。

25日（水曜日）、6時に朝食後空港まで送ってもらう。08：15発CI120便で沖縄に10時40分頃着く。預けた荷物は姉に任せて先に出る。ヤンさんのご主人が空港に来ているとのことだったが見あたらなかった。タクシーで大学。自治体実習事前指導はちょうど昨年度実習生の話が始まったところで、全部で4人。みんなよくしゃべってくれた。終わりかけの頃に先に引きあげ、教務の幸喜さんにお土産を渡してからタクシーで家に帰る。姉は、空港にレンタル携帯を返しに行っていて留守だったがやがて帰ってきた。帰りの羽田へのSKY便は、中華航空から遅延証明が届けば明日の午前中の便に乗れることになったそうである。また、ヤンさんのご主人とは夕方県庁で会うこととなった。ビデオのダビングを二つこしらえてから、3時過ぎに大学。全学教員会議。外間さんとちょっと話してから、市場で買い物して帰る。6時過ぎに姉と県庁1階ロビーに行って、ヤンさんのご主人に預かった書類を渡す。家に帰って、ビールを飲みながら講義案作成。夕食後も講義案作成を続け、明日の準備は終わる。11時半頃寝る。

第12章　ブータン旅行　２００７年8月

マダガスカル、ラオスと、養老孟司氏が好きだという場所をまわっているうちにブータンにも行くことになった。

現代人は近視的景観を生きるようになったと言われるが、ヒマラヤの南斜面にあるブータンでは、前景を見ていても絶えず雄大な遠景が目に飛び込んでくる。その独特な配合が今も一番頭に残っている。そして、ブータンはいわゆる照葉樹林帯の西端に位置するため風土的な面から古きよき日本の姿を呼び起こしてくれると同時に、日常生活を見ると、多くはチベット仏教の輪廻転生の考えに由来するびっくりするような相違点にも驚かされる。

1951年に中国がチベットに侵攻後チベット仏教を国教とするブータン王国は、インドとの関係を強めながらも、他外国とは鎖国に近い状態で、外国人観光客（団体のみ）受け入れを開始したのは1974年である。われわれが旅行した2007年当時もブータンへの観光は現地旅行社に対して3人以上のグループなら1日200ドル（オフシーズン165ドル）の公定料金を支払うことが必要で、かつての社会主義国と同様に格安旅行はできず、ホテル、食事、車、運転手、専門ガイドがつく。だから旅行としては最も安全で安心な旅が保証されていたと言えよう。しかし、日程や訪問地はあらかじめ決めておけば自由であった。

ネットで検索して調べてみたら、2022年9月23日よりガイドをつけなくても旅行できるようにはなったそうだが、依然として公定料金制度が残っているので安い旅はできない。以下に旅程をまず述べる。

8月10日（金曜日）、雨。12：20那覇発ＪＡＬ９０４便で上京。空港バスで調布の娘のアパートへ。お盆の関係でこんでいて、時間がかかった。

11日（土曜日）、朝姉が来る。昼過ぎてから3人で叔母さんの見舞いに行く。聖蹟桜ヶ丘で一緒に食べてから私は新宿に出て、新宿御苑前で松山さんと会って話す。夕方6時に別れ、明日の成田エクスプレスの切符を買ってから帰る。荷物を作ってからゆっくりする。

12日（日曜日）、娘と一緒に成田空港に午後2時頃着。姉と落ち合う。日本航空ＪＬ７０３便でバンコク。出迎えの車でツインタワーホテルへ。ホテルのそばでラーメンを食べる。

13日（月曜日）、朝3時半に出迎えの車で空港に向かう。ロイヤルブータン航空ＫＢ１２１便で、コルカタ経由にてパロ着（標高２３００ｍ）。ガイドのツェリンさんの出迎えを受ける。パロゾン（ゾンは昔要塞として使われていたもので、現在は官公庁のような役割を果たしていて、またその中に寺院が入っていたりする）見学のあと食事してから、プナカ（標高１３５０ｍ）に向かう。泥道をトラックが走っている。両方のヘッドライトの上に目玉とまつげが描かれている。夕方着いてサンドペルリ・ゲストハウス泊。

14日（火曜日）、プナカゾン見学後、吊り橋を渡って散歩。数え切れないほどの段の棚田を見る。途中ウォンディホドン・ゾンを見学してから、夕方首都ティンプー着（標高２４００ｍ）。ホテル・ペリン泊。

15日（水曜日）、ティンプー市内観光。郵便局、国立図書館（1階英語、2階と3階にゾンカ語のお経が3種類、お釈迦様のお話、仏間もある。ユネスコで一番大きな本に登録されている本の展示がある）、民俗博物館、紙すき工場。昼食は街中の普通の食堂で。尼僧院等を見てからホテルに戻る。夕食は外でということだったが、姉は行きたくないというので娘と二人で行く。運転手さんも一緒に4人で食べる。

16日（木曜日）、ティンプーからハ（標高２７３０ｍ）に向かう。昼に着いて食事。車でまちの周辺を見学してからリスム・リゾート。標高が高くてコメはできないということで、ホテルに隣接したソバ畑を見る。そば粉で作ったハンバーグの食事。泊まり客はわれわれだけだった。

17日（金曜日）、道路最高地点チェレラ峠（３８００ｍ）を越えてパロへ。食事後、ラクツァン僧院を見晴らす山に登る。結構きつかった。その後農家訪問。３階建てで立派。１階は家畜小屋になっている。オラタン・ホテル泊。

18日（土曜日）、10：00発ＫＢ１２４便でバンコク。空港内で時間つぶしして、22：25発ＪＬ７１８便で成田に向かう。

19日（日曜日）、成田について、７：40発の空港バスで調布に戻る。

ガイドのツェリンさんは日本語が十分に話せた。日本語は何か月か勉強し、日本にも研修で来たことはあるそうだったが、たいしたものだと私は思った。旅行中はツェリンさんの話をメモしながら移動していたのだが、今読むと忘却してしまって、意味が理解できない内容が多く、割愛せざるを得ないが、多少はおぼえている内容もあるので、一部分だけだが以下に列挙する。

＊ツェリンさんは昨日まで、早稲田大学生のスタディーツアーを案内していた。彼らはＧＮＨ（国民総幸福量）を研究テーマとして12日間の滞在期間中、民家では3日間過ごした。明大と早稲田にブータン人が通っているが、彼らは農業を勉強しに行っている。

＊東と南ブータンに電気発電所がある。水力発電はブータンの重要な産業で、インドに輸出している（水を流し落とす管の前で）。

＊ダルシン：人が亡くなったときに、生き返ることを願って、白地に文字だけが書かれた旗を１０８本立てる旗。山に多く立てられる。旗が風に当たり、文字の意味の願いが隣町に届くよ

うに。人が亡くなったとき、遺産はまず、葬式代など必要なことに使い、残りは、仏塔を寄進する。お金はムダには使わない。

*ブータンの5代目の王様はタイをよく訪れ、雑誌などの表紙になるなど、人気がある。

*インド人が道路工事、建設工事などさまざまな工事を行っている（実際に道路工事をしている現場で）。

*野菜は、パロ、ティンプー、ワンデュから持ってくる。冬はインドから塩、油など輸入。今はタイから何でも持ってきている。

*病院と高校までの教育は無料。大学はテストで65％以上とれれば全員合格。重い病気の場合はブータン以外の場所（インド）へ送られる。もっときちんとした医療を受けたい場合は、お金が必要になる。

*ターキン：ブータン王国の動物（Wikipedia参照）。顔は羊、体は牛のよう。ターキンが生まれた伝説：ある力のあるお坊さんがいた。村人全員呼んで、そこに羊を1匹連れてくるように言った。みんなの前でお坊さんが羊を殺し、食べて、残った骨に、手品師がやるように指さして、できたのがターキンだと言われている。

*チベット人の家の密集地帯での話：「ダライラマと一緒に逃げた人たちと言われている。」

*（プナカのゾンから吊り橋へむかう時に）ワンデュ・ポダンのゾンがツェリンさんの故郷だとのこと。

*ブータンは信号が無い国。１９９８年、４代目の王様のときに取り入れたが、王様が好ましく

ないということで廃止された。（ネットで調べてみたら次のような記事が見つかった。

「ブータンの交通事情で有名なのは、信号がないこと、そしてトンネルが国に一つしかないことだろう。最も交通量が多い首都ティンプーの目抜き通りでさえ、唯一の信号と言えるのは観光名所にもなっている交通警官が行う手信号である。交通量も多くなり、一度は信号が設置されたが、景観にそぐわないことですぐに撤去され、元の手信号に戻ったようだ。そして、ブータン唯一の道路トンネルは、水力発電所を建設する際にインドから資材を運搬するのに必要なため、インド政府が発電所建設事業と併せて建設したものである。なぜ、ブータンでトンネルを作らないのか現地の友人尋（ママ）ねたところ、山には精霊が宿っているから山に穴を開けるなんてもってのほかだという。」（三菱ＵＦＪリサーチ＆コンサルティング政策研究事業本部 国際研究室主任研究員 渡邉 恵子「最後の秘境ブータン：道路事情から垣間見る」：GLOBAL Angle 2019.10 No.163）

＊ブータン人は唐辛子が大好き。唐辛子はスパイスではなく、野菜です、と。無農薬。

＊仏教で１００％殺さないというのは難しい。本当の仏教徒は歩くことさえしない。

＊ブータンの来年はわからない。来年、初めての選挙がある。
みんなが心配している。80％は王様が好き。

＊一般のブータン人が食べるところで食事をすると面白いけど、少し辛め。
一般のブータン人の家庭では、テーブルを使わず、バター茶、ご飯、そしておかず一品。

＊ツェリンさんは日本料理に慣れるまで1週間以上かかった。でも、納豆はブータンの味に似てい

るので好き。納豆にタマネギ、ビーフジャーキーのようなもの、トマト、腐ったチーズ（なければ、魚の内臓）を細かくして混ぜる。

＊ツェリンさんは峠で風に当たるのが好き。登山も好きで６０００メートルぐらいを酸素ボンベなしで行く。３５００メートルまでは村がある。普通の人でも４０００メートルぐらいまでは大丈夫。

＊３代目の王様の時に国が大きく変化した。３代目の王様はFather of modernizationと言われていて、これまでなかった病院、道路、飛行機を取り入れた。病院はインド人が手伝っていた。

＊ティンプーの人口４万人。

＊ドッツォ：ブータンの石焼き風呂（水を張った風呂桶（木の浴槽）の中に、焚き火で真っ赤に焼いた大きな石を入れて、その石の熱で沸かしたお風呂）。民家見学の際に実際に見た。

＊民間レストランのランチメニュー：乾燥豚肉、リブ、きのこ、タケノコのスープ（少し苦い）、水、乾燥唐辛子、乾燥菜っ葉。

＊ブータン式の弓（ダッエ）の試合をやっているのを見た。優勝したら、賞金ではなく、テレビや洗濯機などがあたる。試合は年に3回。

＊ティンプーの紙工場見学

ジンチョウゲ（ダフネ）を1週間水の中に入れ→ゆでる→ゴミをとる。

１日３００枚。紙のカバンなど。ブータンの紙の上に日本の絵をプリントしたものもある。

＊伝統的な家はブータン人が自分たちでつくるが、ほかはインド人がつくる。コンクリートや水道工事などでも、テンポラリービザをもらってインド人が来る。
＊ハにはインド軍のキャンプがあって最近までは観光では入れなかった。
＊（general と書かれたハの SMBA という店で）ミルクパウダー、米、油などが売られていた。
＊ハにはソバが多い。標高が高いのでコメができず、そばが作られる。現在、コメはインドから。チベットにこっそり入って、ポット、靴下、毛布、マットレス、カップや中国のものを仕入れて売っている。
＊ビザを持っていれば、ダージリンまでインドに出られる。許可は下りる。ブータンのビザでインドまで大丈夫行ける。
＊以前、住んでいた3代目の王様の家族が、ハのゾンをインドに売却し、問題だとされている。ゾンは役所とお寺になっているのが一般的だが、ここはインド人が使っている。
＊チベットとブータンの山の間に軍が入っている。インド人の軍とブータン人の軍。
＊観光客が一昨年、１０００人に増加した。理由はガイド、ブータンの人気、ＧＮＨ、民族衣装、民家。これから行程料金を一日３００ドルに上げるとも言われている。ホテルも足りない状態。9月~11月はシーズン。
＊エマ・ダツィ：ブータンの辛い料理。唐辛子（エマ）をチーズ（ダツィ）で煮込んだもの。
＊子どもが生まれた時に、生年月日を書いたカードがなければ、年齢がわからないということで学

校に入れない。

*ブータンはチベットのカレンダー。12月に生まれて、来年の12月で1歳になるのではなくて、1月になれば、みんなが1歳になる。

*プナカは暖かいところ。みかん、柿ができる。寒いところでは、ほうれん草、大根、ビンロー（赤い実）。

*家を建てるときは松の木がいい。柔らかいから使いやすい。

*避妊している犬は耳にマークがついている。

*青いケシ（メコノプシス、ブルーポピー）がブータンの国花。3000メートル以上の場所で見られる。

*ヘンテ（そば餃子）：中にはカブ、野菜が入っている。お正月に食べられるもので、奇数分お供えする。

*お酒の慣習　朝から飲むところもある。旅の途中で飲むお酒もある。ブータンの地酒：アラ。色は無色。トレッキングに行く人も野外で飲んで寝る。

*お菓子：ミルクパウダーと牛乳を混ぜ、砂糖水につける。砂糖はインドから。インドは近い。インドからガソリンも持ってくる。チベットへは1週間もかかる。黙認されている。ブータンの軍隊に見つかれば没収。毛布は中国から。ジャム、蜂蜜の工場はブータンにある。100％の蜂蜜。夏のものは濃い。冬は、蜂に砂糖をやっている。

＊しゃくなげの木はブータンの屋根に使われている。まっすぐなので。

＊ブータン農業の父と言われる西岡京治氏が初めて仕事をした事務所を見学（記憶に残っていない）。

後述するように、私は２００７年12月8日の沖縄大学土曜教養講座でブータン旅行のことを話した。レジュメは本林靖久『ブータンと幸福論―宗教文化と儀礼―』（法藏館、２００６年）にもとづいて作成したが、それを以下に掲載する。

＊１９７１年の国連加盟の際に、総人口が１００万人以下では加盟申請が考慮されないと思い、とにかく推定１００万でそろえ、その後は年々一般的な人口増加率をあてはめたため１９８９年には１５３万ということになった。行政・税制上の単位は個人でなくグンという戸・家単位で各グンを構成する人数は集計されてこなかった。

１９８０年代後半に南部のネパール系人種問題が深刻化し、正確な人口調査の必要性が高まり、１９８８年に始めて本格的な調査を行った結果90年代に入って64万人と修正。２００５年調査の結果は67万２４２５人。

多民族・多言語国家である。

１９６０年以降教育制度が整備される。小学生から、国語（ゾンカ）を除いて英語で行われている。当初はヒンディー語による教育が中心だったが、60年代初頭に英語による教育に切り替わった。

ゾンカでという主張は強いが、ゾンカは古典文語チベット語と言えるもので、元来仏教経典を翻訳するために制定された言葉であるため、現実には難しい。

1989年国語であるゾンカの習得・使用を国の方針として掲げ、1995年には官公庁、中央僧院の公文書を英語からゾンカに切り替えた。

＊現王朝は1907年以来。初代、2代目は国の統一に全力。3代目国王は鎖国状態の中で政治や社会機構を改革し、近代化させようと新たな試み。例えば、国会議員の三分の一を公選制にするなど。1972年に44歳で逝去。

政教一致（正確には政教並立）の政治のため、仏教界の影響力は大きい。

＊2008年に憲法が成立する予定。3代目国王から国王権限の縮小は始まっている。

＊GNHは4代目国王が1976年、コロンボでの第5回非同盟諸国会議に出席後の記者会見で語ったもの。幸福＝財÷欲望。

基本的な政策は、「経済成長と開発」「文化遺産の保護と振興」「環境の保全と持続可能な利用」「よき統治」の4分野をバランスよく発展させていくこと。

4代目国王自身の話：幸福というのは非常に主観的なもので、個人差があり、政府の方針とはなり得ない。意図したことはむしろ「充足（contentedness）」である。それはある目標に向かって努力するとき、そしてそれが達成されたときに誰もが感じることである。目標はブータン国民一人一人がブータン人として生きることを誇りに思い、自分の人生に充足感を持つことである（今枝由郎『ブータン仏教から見た日本仏教』ＮＨＫブックス、２００５年より）。

＊ブータンは家はみんな立派である。建坪２００㎡ほどの堂々たる3階建て農家が並ぶ。物々交換は盛んでもＧＮＰの数字に表れない。多くの人が先祖伝来の家に住めば不動産売買も少なくＧＮＰも低くなる。ＧＮＰは本来豊かさをはかる指標ではない。都市化が進んで乗り物で通勤すると乗り物代はＧＮＰを増やす。他人に高齢者介護をしてもらえばＧＮＰは増える。公害防止策や公害病の治療もＧＮＰを増やす。

＊医療（伝統医療と西洋医療を選択できる。入院費を含む）や教育（授業料、教科書、文具、宿舎、制服、交通費）は全額無料。

２００４年12月17日から煙草の販売を一切禁じる。

小学校で環境保護教育を正規の科目としている。

森林伐採は森林局の厳しい監視。

中古車を禁止し新車のみ（中古車が排気ガスを大量に発生させるため）。

プラスチックの袋などの使用・販売を法律で禁止。

オグロヅルの里は景観上電線は似合わないとして電線の取り付けをやめた。ＮＰＯ組織である王立自然保護協会が中心となって太陽光線基金を立ち上げ、電気需要のある各農家から資金を回収しその設置を行う。まれなケース。住民組織を作っても独立意識の強い住民が多いのでなかなか合意に至らないのが現状。

＊民族衣装は、男性は「ゴ」と呼ばれる日本の丹前とよく似た服。懐に食器となる木の器（ポップ）や長さ40センチほどの山刀などを入れる。女性の服は「キラ」と呼ばれ、1枚の布を身体に巻きつけて、両肩のところでコマというブローチでとめ、ケラという帯でしめる。

＊結婚は妻問いが基本。土地は母から娘に受け継がれる。女性に生活力があるので離婚も比較的簡単にできる。姉妹婚が認められている。東ブータンの山岳地方には兄弟婚も見られる。

＊生後1ヶ月ぐらいで名前を決める。僧侶に命名してもらうのが一般的。姓はない。

＊3階建ての家が多い。1階は家畜小屋や穀物倉庫、玄関は2階。もっとも立派なのが仏間で、客間も兼ねる。

トイレは2階に設置し、排泄物が家畜のいる場所に落ちて家畜の排泄物とともに肥料にする。

設計図を用いず棟梁の人体寸法を基本にして造られる。釘を1本も使わない。上からの重力を支えるため下の窓が小さく上の階の窓ほど大きくなる。

＊箸を使わず手で食べる。左手の禁忌はない。赤米が中心。米ができない地方ではそば、麦、トウモロコシを主食としている。

＊魚類を食べる人は少ない。ヤクと豚の肉は好まれる。

第13章　フィンランド図書館の旅　２００７年9月

フィンランドの図書館については、旅のことも含めて、西川馨編著『学力世界一を支えるフィンランドの図書館』（教育史料出版会、２００８年）にまとめられている。

9月2日（日曜日）、娘と一緒に出て、朝5時半調布駅発の空港バスで成田空港に行く。11：00発フィンランド航空ＡＹ０７４便でヘルシンキに向かう。午後3時頃ヘルシンキ着（日本より6時間遅れ）。バスでソコスホテルへ。ちょっと休んでから会食。１人３分ずつということで自己紹介したが、なにしろ26人もいて相当に時間がかかった。

3日（月曜日）、午前3時半頃には目がさめた。6時半朝食。バスでまずヘルシンキ市立図書館の昔の中央館。レクチャーのあと見学したが、小さいのにはち切れるほど充実した感じで、とてもよかった。歩いてライブラリー10の入っている郵便局ビルに行きそこで昼食。ライブラリー10を見学してからエスポー市立図書館（Sello 図書館）。見学後トゥルクのソコスホテル。西川亮子さん、森岡こうさん、稲垣房子さん、城山美和子さん、娘とタクシーでレストランに行って食べた。

4日（火曜日）、7時に目がさめる。朝食後トゥルク図書館見学。トゥルク図書館内で昼食後、バスでリマッテラという町に行って図書館と、併設の学校を見学する。戻ってくる途中でトゥルク城などを見学。西川さん、大澤輝子さん、城山さん、娘と近くの中華レストランで会食。ホテルに戻ってインターネットの順を待っていたら森岡さんが戻ってきて、稲垣房子さん、娘も一緒にホテル内のバーで飲むことになった。稲垣さんが先に抜け、森岡さんと12時前まで話してから部屋に引きあげた。

5日（水曜日）、トゥルクからラウマへ。図書館見学のあと、旧市街で食事して散歩。2時半に出発してヴァーサへ。大澤正雄さん、大畑美智子さん、城山さん、娘と夕食。ワインのお店のようなところで、いろいろ注文して食べる。一通り食べてからさらにカラスガイをたくさん食べた。ホテルに戻ってすぐに寝る。

6日（木曜日）、朝7時に娘と最上階のプールに行ったが閉まっていた。食事のあと徒歩でヴァーサ図書館。大変よかった。図書館内で昼食後12時にラプア図書館。工場の建物を利用した図書館。その後タンペレ。片山睦美さん、西川夫人、津田恵子さん、娘と夕食。ホテルロビーで津田さんや谷山さんと話してから夜11時頃部屋に戻る。

7日（金曜日）、歩いてムーミン谷博物館。それから同じ場所にあるタンペレ図書館見学。続いて、サンポーラ分館。ここで昼食後、ラハティ図書館。4時頃終わってホテル。5時半に集合してシベリウスホール。コンサートの予約をしていない原田安啓さん、松尾昇治さん、娘と夕食後タクシーでホテルに戻る。洗濯後寝る。

8日(土曜日)、午前中ケラーヴァ図書館を見学。その後、近くの公園のようなところにあるレストランで、運転手さんとのお別れ会を兼ねた昼食会。それから、ルーモ図書館。高校と一緒になっている。スカンディックシモンケンタホテル。夕食グループから抜けて、娘とまずヘルシンキ駅に行き、コインロッカーの大きさを確認する。それから、中華レストランで二人で食べる。ホテルに戻って重い書類をまとめてから、私一人でヘルシンキ駅のコインロッカーに持っていって入れる。大きいのは3ユーロだが、小さなコインロッカーだと2ユーロで4日間置ける。明日の準備ができたところに森岡さんから電話が入り、ホテルの1階で飲みながら話した。森岡さんは菅原さん等と古くからつき合いがあって、菅原さんもバリバリ仕事をしていた頃だから尊敬していたというが、最近の様子をわれわれからきいて、老けたんだなあと思ったそうである。11時頃まで話してから部屋に引きあげる。

9日(日曜日)、娘と一緒に朝5時発の空港バスで空港に行き、07：20発AY421便でロヴァニエミに行く。機内でレンタカーの予約書類をチェックしたら、リコンファームしていないため無効であることが分かった。それで着いてから、到着口にあるレンタカー会社の電話で娘が交渉したところ、オートマがあるのはAVISだけで、それも非常にいい車で、2日間で416ユーロ。しばらくしてその車に乗ってＡＶＩＳの人がやってきた。ベンツだった。すごく豪華。代金は、娘のクレジットカードはフィンランド旅行代金支払いで枠を使ってしまってもう使えないので私のカードで支払えた。私のカードも8月いっぱいで有効期限切れになっているので更新されたカードでないといけないはずだが、問題なくＯＫだった（あとで買い物の際に使おうとしたら拒否された）。燃料はガソリンでなくディーゼル。ＡＶＩＳの人に北に向かう道への出方を聞いてから出発。問題なく北への道に出た。キッティラの手前は未舗装道路で、この道でいいのかと疑いながら走った。それからムオニオに13時頃着いた。図書館の場所をきいてから行ってみたが閉まっていた。それで明日ということにして、エノンテキオ経由でノルウェーに入る。ノルウェーに入ってからしばらく娘が代わって運転したので、ちょっとスピードが落ちて、アルタに着いたのは夕方6時前だった。予約したホテルを探していってチェックイン。成田でノルウェーのクローネに替えたと思ったのが実はデンマークのクローネだったそうで、仕方ないのでドルで払った。１９０ドルと高い。ちょっと散歩しただけで戻ってきてホテルで食べたが、これはユーロで支払いができた。ということで、ノルウェーのお金もないし、カードも使えない。が、まあ、明日はまたフィンランドに戻るわけだから問題ない。給油は、ムオニオとエノンテキオで2回やって満タンにした。タンクは大きくて、多分１０００キロぐらいは走れるだろう。

10日（月曜日）、朝6時前に出発して、アルタの海岸をちょっと見てからエノンテキオに向かう。

気温はマイナス2℃ぐらいまで下がり、霧が立ちこめていた。運転慣れしてきて、120〜140キロぐらいで走れた。エノンテキオで給油後ムオニオに向かう。図書館の扉は開いていたが、中に入ってみると子どもたちが授業中のようで、先生なのか司書なのか分からないが、開館は午後1時からと言われて外に出た。午後1時までは待てないので、郵便局で封筒、スーパーで紙を買い、おみやげ屋内の軽食コーナーで、訪問の趣旨を書き、桑江明美さんからもらった沖縄のCDを同封した。そして図書館のブックポストに投函してから出発。帰りは、コラリ、ペリョ経由でロヴァニエミに戻る。こちらの方が道がよくて、スピードも出せた。1時過ぎ頃にはロヴァニエミに入り、ロヴァニエミ図書館に行った。3月に会った図書館員の方に挨拶し、娘が持ってきた沖縄民謡のCDをプレゼントした。3月に来たときは雪のため交通量も少なく小さな町に見えたのに、今回は非常に大きな町のように思われた。そして、空港に出る道が分からないのだった。何度か試みたがダメ。最後に町に中心部に戻ってガソリンスタンドで給油中の女性にきいたらすぐに分かって、空港にたどり着けた。いったん給油しに行ってから空港に戻るとレンタカー用の駐車場にAVISの人が待っていた。空港で食事をしてから、18：05発AY430便でヘルシンキに戻る。空港バスでヘルシンキ駅に着いてから、歩いてホテルフィンにチェックイン。シャワー中に森岡さんから電話で、ソコスバークナの10階で食事会とのことで行く。図書館ツアーの皆さんがいた。他の皆さんはエストニアのタリンに行っていたのである。われわれが着いたら拍手で迎えてくれた。ロヴァニエミからノルウェーまでの旅のことをちょっと報告したが、図書館のことは正直なところ忘れてしまっていた。お開きのあと、その場に森岡さんと残って11時前まで話した。彼女の話では、本作りのために編集委員会が作られることとなり、私も委員に選ばれたらしい。森岡さんと別れて、ホテルフィンに帰る。とてもくつろいでいい気持ち。

11日（火曜日）、8時に朝食。10時にチェックアウト。荷物をヘルシンキ駅のコインロッカーに入れる。まずカフェ・アールトに行く。それから、映画「カモメ食堂」の撮影現場に行く。歩いて港に出る。寿司を食べた。握りはおいしい。それからインターネットカフェでメールをチェックしてから、ヘルシンキ駅で荷物を取り出し、空港バスで空港に。われわれが着いたちょっと後に図書館ツアーの皆さんも着いた。17：20発AY073便で成田に向かう。

12日（水曜日）、朝成田に着いて、10時頃解散。10：50発空港バスで調布に戻る。娘のアパートに着いたら、安倍首相が辞意を表明したというニュースが入る。夕方墓参りしてくる。

私は沖縄大学地域研究所の共同研究班のメンバーたちと、2007年10月20日から12月8日まで、5回にわたって、沖縄大学土曜教養講座で「「むら」と「まち」―共存の形を探る―」というテーマで連続5回にわたる講座を開催した。最終回の5回目に「フィンランド・ブータンの「むら」と「まち」」と題して、ブータンについては先に述べたように私が話したが、フィンランドについては西川さんに話してもらったのである。その時の西川さんの話が土曜教養講座と同題名で沖縄大学地域研究所研究彙報第4号（２００９年）に活字になっているので、以下に掲載する。

＊

今日は、西川です。私は建築設計、都市計画をやっておりました。今は歳も歳だし、やめましてコンサルタントをやっています。住宅団地の開発やさまざまな設計をやっていましたが、そのうちに図書館にはまり、とっぷりと首までつかって抜けられなくなってしまった。全国で公共図書館を60館ほど設計しました。沖縄では石垣市立図書館を設計しました。今は図書館計画コンサルタントということで市町村や設計事務所の相談に乗っています。昨年は図書館側で図書館をどのように準備したらいいかという本『優れた図書館はこう準備する』（教育史料出版会、２００６年）を出版しました。この本はオランダ・ベルギーの図書館を見学した成果の本です。ご希望があれば3冊しかないですがおわけできます。

私と沖縄の関係は何度かありました。最初は復帰直後の１９７４年、海洋博の準備に、その宿舎をつくるということで、本部にプレハブを並べて宿舎をつくりました。山の中を歩いて敷地を探すところからやりました。2回目は１９８３、84年、那覇市の図書館計画を作るということで日本図書館協会施設委員会の一員として計画を作ったわけです。そのときは外間政彰さんが館長でした。将来、本館を今の新都心に建てるという計画を作りました。もう一回は１９８９年、石垣の図書館を設計する機会を得まして、設計、監理をしました。何度も通い、与儀館長と潮平俊さんにお世話になりました。友人もでき、今では沖縄は身近な忘れられない所になっています。

そんなことで、毎日、日本の図書館をどうすればよくできるかということに心血を注いでいるといったら言い過ぎですが、努力をしています。日本の図書館はあまりレベルが高くないです。世界的にまだまだ後進国です。最近は私ができることとして外国の図書館を見るツアーを何回か計画しました。今回、今年の9月のフィンランドツアーでは26人集まり、見学してきました。組原先生もご一緒でした。今日はそのお話をしたいと思います。

その前に山形の話をしようと思います。私が生まれ育ったのは山形県の田舎です。真平らな水田の中に浮かぶように集落があり、私のところは30軒ぐらいの集落です。泥鰌を捕まえたり、イナゴをとったりして、どろんこになって遊んでいましたが、今となってはそれがよかったと思っています。当時の山形の農村と今とでは大きく変わりました。終戦直後農地解放がありました。アメリカ軍がきて、小作農の農地を地主から取り上げて耕作してる人にタダ同然で分けたのです。それまでは農地は地主が持っていて小作人が耕作し、できた農作物は地主と半分に分けるという農村だったわけです。小作農はなかなか浮かび上がれなかったですが、それが変わりました。小作農の子どもは上の学校には行けなかったのが、農地解放で農家の子どもが旧制中学に行けるようになりました。高校にも行けるようになった。大学にも行くようになりました。

もうひとつの変化が、10年ぐらいたってからの全国の人口の都市集中化です。東京、大阪に人口が集中しました。若い人は都会に出て行きました。農業は「三ちゃん農業」と言われました。じいちゃん、ばあちゃん、かあちゃんが農業をしました。それを追いかけるように貿易自由化で外国の農産物がどんどん入ってきました。それで農業が採算的に成り立たなくなりました。今に至る農業荒廃の端緒だったわけです。専業農家が少なくなって兼業農家が多くなった。大きな波が押し寄せて、全国で農業人口が80パーセントぐらいだったのが急激に10年から15年ぐらいで20パーセントに低落しました。岩波新書で『農村は変わる』（並木正吉著、1960年）という本が出ましたけど、ドラスティックに変化したわけです。農作物の貿易自由化は今も進んでいますね。しかし自分の田舎を考えてみますと、山形の農業が死滅しているかというとそうは思いません。山間部では耕作放棄地が増えてきていますけど、平地の農地はまだまだ続いています。自家用米を作ったり、農産品を東京の親戚に送るのもありましょう。農業人口は10数パーセント程度まで落ちてますけど、専業農家に耕作委託をして収穫だけ自分でするとか変則的な形で細々残っています。今、日本の農業をどうするかというのが全国的な問題です。井上ひさしさんがいますね、あの人も山形出身なんです。同じ小学校の1年下でした。お互い知らなかったですけど、井上さんが言っているのは、日本の農業を生かすには採算を改善すれば対抗できるかというとそれはだめだ、と。日本の農水省は大規模化といっていますけど、今の規模の10倍にしても、アメリカやタイなどには対抗できない。かといって潰していいかといえばそうではない。水田がなくなると生き物がいなくなる。そうなると生態系ががらりと変わる。景観も悪くなる、農村の人口がなくなる。コスト以外の視点から農業を考えないといけない。環境保護、景観保全、文化の継承など、そういった観点から保護政策をとらなければ、日本の農業は生きていけないといっていますが、私もその通りだと思います。今なら間に合うかもしれません。すでに、イタリアやフランスではそのような政策を取っていると聞きます。

山形の話はそれぐらいにしてフィンランドの話ですね。先ほど言いましたように日本の図書館は遅れています。民主主義が根づくためには図書館がしっかりしないといけない。国民が自分で判断する力をつけることで民主主義がしっかり定着する。日本はまだまだ民主主義が定着していないですね。図書館の運営にしても、こうすればいいのにというのがわかっていても政治的な力やその他の力が働いて進んでいかないというのが日本の現状です。そんなことを考えて先進国の図書館を学ぼうと今回はフィンランドに行ってきました。

フィンランドの面積は日本の国土とほとんど同じです。人口は520万人で沖縄の4倍ぐらい、人口密度は日本の20分の1です。まばらにしか人が住んでいない。しかもフィンランドは世界でもっとも北に位置する国と言っていいでしょう。首都のヘルシンキは国の南の端にありますけど、カラフトの北端よりもさらに北にあります。海流の関係でその割合には寒くないですが。北の方の北極圏近くは人が住むにはいい所ではない。トナカイの牧畜や林業の人達が住んでいる。そういう国です。私は、最初フィンランド行ったのは40年前で、そのときは図書館関係ではなく集合住宅を見にいきました。そのときはあまりいい印象ではなかった。町が暗い。公共の場所にアル中の人がごろごろしていました。それがみるみる立派な国になりました。携帯電話のノキアに類するＩＴ産業や金属工業、木工業が盛んな国です。林業が大きな産業です。フィンランドの木が日本にどんどん輸出されて入ってきています。ＯＥＣＤが学力調査をしていますね。一昨日の新聞に３回目の結果が出ていました。相変わらずフィンランドが１位ですね。次が香港、韓国。日本は急激に転落して13位とか、その辺です。

図書館の話をしておきましょう。フィンランドの図書館サービスのレベルが世界１位です。指標として図書館の本の貸出し冊数があります、ＣＤやＤＶＤなどがありますから冊数ではなくて点で数えます。貸し出し点数が人口当たり20点です。２位、３位がスウェーデン、デンマークで15点ぐらいですから抜群の世界一を誇っています。沖縄では西原町が８点ぐらいですね。豊見城、糸満あたりが５点ぐらいです。日本全国では平均が５点ぐらいですからその４倍ぐらいです。

なぜかというとフィンランドは国が小さい。ロシアに接している。南はドイツがあるし、西にはスウェーデンがある。一時はスウェーデンの属国でした。でもフィンランドは独自の言葉を持っていて、民族的には全く独自の民族です。国を維持していくのには国民がアイデンティティを自覚しないといけないということで、教育と図書館に力を入れている、そういう経緯があります。そういう国の図書館13館をみてきました。南３分の１のところを回ってきたのですけど、どこをみても立派ですね。

３館を除いてすべて女性館長です。多くはでっぷりと貫禄十分ですね。自信満々で説明してく

	人口	質問の数／年	1人当たり	1日当たり
ヴァーサ市立	57.6千人	13万件	2.25件／人・年	433／日
ラハティ市立	99千人	12.5万件	1.26件／人・年	417／日
トゥルク市立	177千人	20万件	1.14件／人・年	667／日
タンペレ市立	205千人	24.9万件	1.21件／人・年	830／日

れます。職員の方も誇りを持って自信のある態度が見られます。仕事に誇りを持つのはいいことです。どうして誇りを持てるのかというと、司書が非常に高いレベルにある。大学で図書館学を修めて初めて司書になれる。館長だと大学院まで図書館学を学び、経験を積んで初めて館長になれる。日本の司書とのレベル差が大きいですね。それが一つです。お医者さんのように学校の先生のように、専門職として認められるわけです。本人の希望がないのに他の課に異動を命じられるなどということはない。落ち着いて仕事ができる。それだけの能力を持ち、人びとの信頼を受けているということがあります。日本では素人が図書館を運営するようなことがあり、それでは限界があると言われていますが、実際はなかなか改善されない。フィンランドでは専門職制度が確立しているといっていいでしょう。

質問の数がお配りした資料の中程に表がありますね。それをご覧ください。

質問の数が多いところで年間に25万件の質問がきます。1日あたりにしますと830件の質問が図書館員にくるわけです。分館も合わせての数ですから本館だけではないですが、それでも本館では1日何百件の質問がくるということです。何々の本はどこですかというところから始まっていろいろあるわけです。本だけではなくて、健康のこと、税金のこと、就職のことも図書館に質問にきます。ラハティの図書館では質問を受け付けるレファレンスデスクでカードを出しています。並んで待つことになるので、日本の銀行みたいに順番札でさばいている。もっとすごいのは、スウェーデンのウプサラ図書館では、答える人が科学技術専門や法律経済専門など専門で分かれていて、3人もいるのに番号札を必要としているところもありました。それぐらい質問に来る人が多い。それはどういうことかというと、図書館の職員に質問にきたときに役に立つような答えを返していれば、また来るわけです。日本の場合は本に関してさえもいい答えが返ってくるとは限らない。そうなると質問は減っていってしまう。それは非常に面白いというか、注目すべきでしょう。日本では（図書館は）貸本屋ではないかと悪口をいわれますね。本を貸すだけならばアルバイトでもいいじゃないかといわれますがそうではないですね。専門性はたくさんありますが、そういうことを理解してもらうには質問の数が大きな梃（てこ）になると思います。質問の数を全部カウントして年間これだけ質問が来ましたということを行政に訴えるわけです。日本でも是非質問の数に注目していただきたい。

それからフィンランドでは全国の公共図書館の予算の42パーセントを国が支出してる。数十年前は56パーセント、それでも減っているのですね。その補助金は一律に図書館に配るのではなくて、弱小自治体には厚く、大都市には薄くとやっています。それだけ出せるということは、国が図書館の必要性を認めているわけです。国がということは国民がそれだけ税金を使っていいと認めているということです。

タンペレ図書館では図書館間の貸し借りで貸す方が4万件出ています。一日にすると130件。直接貸すのではなくて、よその図書館に貸すものです。フィンランドは先ほどいったように人口がまばらですから、そういうところは零細図書館です。それでも役に立つために協力システムを作ります。現在は広域図書館が19カ所あります。大きな図書館に中心的な働きを任せます。零細図書館で利用者に答えてあげられない資料要求があった場合はセンターライブラリーにリクエストすると翌日または2日以内に届きます。そこでもまかなえない場合は国のセンターライブラリーがヘルシンキ市立にあってそこで協力します。国の保存図書館もあります。零細図書館では書庫がありません。先ほど西原町の図書館に行きましたが、書庫がちゃんとありますね。自分のところにないものは他の図書館でまかなえるとなれば書庫はいらない。日本の図書館が遅れているもうひとつの理由がこの図書館協力（ライブラリーシステム）だと思います。もっと密接なチームワークを組んで当然だと思います。他の図書館に年間4万点貸出しますね。それだけセンターライブラリーは犠牲を払っているわけです。そのための費用を参加している全ての図書館で金を出し合っている国もありますが、フィンランドは国がまかなっています。したがって、零細図書館では当然の権利として資料を請求することができる。これはユネスコで40年前ぐらいに『公共図書館の運営』という本を出しましたけど、それに書いてあります。図書館は1館だけでは仕事はできない。わが国ではなかなか実際の形になっていません。

それからお手元に写真が2枚いきましたね。なかなかきれいでしょう。建築雑誌に載っていた写真をコピーしたものです。外側の写真がありますね。とてもきれいな図書館です。人口3万人ぐらいのところの図書館です。その図書館の規模もそんなに大きくないところです。もう一枚が内部の写真です。図書館の中に張り紙なんか貼ってありませんね。フィンランドはデザインを国の産業と考えている国です。全体的に大変にセンスがいいですね。ひとつは、日本のようにあちこちに手書きの紙がべたべた貼られるということはそれを必要とされているわけです。掲示板をたくさん用意して汚くならないようにすればいいのです。もう一つは図書館員のセンスの問題ですね。そんなところをみてまいりました。

フィンランドの図書館が優れていることは百も承知で見に行ったわけですが、さらに驚いたことがありました。ヴァーサ市図書館にはDatero（ダテロ）という小さな部屋があり、専門の人（スピーチセラピスト）が病院から派遣されて常駐しています。言語障害、学習障害の人等の相談に乗るところです。パソコンの使い方や専門的な診断やリハビリ施設を教えてあげたり、器具や設備を教えてあげたりするところがありました。そのような人はコンプレックスがあるからふつう相談に行きたがらないのですが、専門的ですから遠くからも相談にくるわけです。他の図書館分館では失読症（読み書きに障害のある、あるいは遅い）の人が相談しにくるところもありました。専門家はいませんが、先輩格の人が相談に乗ったりする。すこし症状改善した人がリハビリをやったりする。あまり大きくない分館の一角でやっている。図書館でそこまでやるんですかと驚いたんですね。言語障害や読み書きに障害がある人というのは後天的な場合もあるんですね。人口の6％とか結構なパーセンテージを占めているそうです。宝くじの収益でやっているそうです。まだ全国的ではなく、先行事例的だそうですけど。

それから、どこの図書館でも図書館に来れない人のための宅配をやっています。入院患者のための病院内図書館もやっています。コンピュータ教室もやっています。コンピュータの扱い方を教えるだけじゃなくて、調べ方と、調べたものを信用していいかという判断、それを整理する方法など、使い方だけではなくて一歩進んだ使い方を教えている。それは学校では教えないのかときくと、学校では扱い方を教える、でも先生は資料情報の扱い方の専門ではないので、調べ方は図書館で教えますと、そういうのをどこの図書館でもやっています。お年寄りが多いといいます。

『競争をやめたら学力世界一』(福田誠治著、朝日選書、2006年）という本がベストセラーになっていますが、私も行く前に読んでみました。とても面白かったです。そのなかに書いてあるのは、フィンランドが世界1位なのはなぜかというのを詳しくみると、トップレベルはそう違わないのに、下の方のできない子の数が違う。できない子どもが日本で100人いたとすると、フィンランドでは10人ぐらいしかいない。下の子が少ないと著者の福田誠治さんが言っています。その人は教育が専門です。学校では基礎的なことを時間をかけてじっくり教えている。できる子は放っておいてもできる。できない子をすくい上げることに力を入れている。基礎的なことを理解できればまたみんなと一緒に勉強できる。「遅い子どもはいても、できない子どもはいない」とフィンランドの人は言っていたというわけですね。歌の下手な人を音痴って言いますね。でも専門家に言わせると音痴はいないということをきいたことがありますが、同じことを言っていますね。教育現場でも底上げ対策を一生懸命やっているわけですね。図書館での障害者対策が重なって見えて来ますね。

フィンランドの図書館を見に行くとき日本の図書館に役立つことはないかと思って見に行くわけです。フィンランドの図書館は高いレベルに到達していますけども、これからどうしようとしているのでしょうか。お手元のレジュメに書いてありますけど図書館の発展計画というのがあります。Library Development Program 2006-2010。それを読んでみると、どうしたら図書館がもっとよくなるかということが書いてあると思ったのですが、違いました。冒頭に教育や情報や文化へのアクセスの可能性を、田舎や周辺地域でも都会と同じように、達成するのが目的であると書いてあります。利用率を上げるとは書いてない。都会と田舎の格差をなくすのが目的と書いてあります。放置すると人口の二極分化、地域的な取り残され、リテラシー（コンピュータの読み書き能力）の低下をもたらすであろうと書いてある。これはわが国でも同じですね。都市集中化現象で田舎が取り残され、さらに行くと人口がなくなります。それをフィンランドは嫌っている。さらに先のところにこう書いてあります。田舎の地域が発展する中で変わった。農民の数はドラスティックに減ったが、休日の住民と一時的な住民は増えた。日本でもぼつぼつありますがフィンランドは年間労働時間が非常に短い。日本は週40時間、フィンランドは週37時間です。それに夏休みが長い。２ヶ月ぐらい帰ってこない。バカンスを田舎で過ごす人が増えてきています。ブロードバンドの接続が全地域に届いている。インターネットも田舎で毎日利用されている。都市の混雑、上昇する物価、犯罪の増加などで居住環境としての田舎の魅力が増大している。移住はまた新たな市民活動を田舎に持ち込んでいる。仕事と研究は普段に変化している。IT接続があるところではどこでも学習の機会があり、そしてさらに多様な種類の仕事の機会がある。都市の住環境は劣悪化する。田舎はもっと良さがあるということが訴えかけられているということですね。田舎に刺激を与えて新たな活動が起こっている、と。IT接続があると仕事の機会がある。沖縄でもコールセンターが成立していますね。とりもなおさずITの技術が定着したからですね。遠隔地にあっても大学院のコースが遠くからでも受けられるということが出てきている。

老人に関してのフィンランドの政策の目標は、可能な限り長く家庭的な環境で生活できることである。日本は老人施設で収容しようとしていますけど、それだけではなく、お年寄りが自立できるようにするのがフィンランドの目標です。将来の年金受給者で、大都会に住んでいるフィンランド人の16％までが田舎に転居することを計画している。さらに5分の1は田舎のセカンドホームで過ごす時間を増やすことを計画している。将来の年金受給者は現在は働いています。都会に住んでいるフィンランド人が田舎に住むことを目標としている。東京あたりにもわずかに増えていきます。スペインに永住するとか。私の友人は定年2年前に日産自動車を辞めて白馬の麓で百姓しています、そういうのが出てきている。

それらの住民に対して自治体は受け入れ可能な施設での交流とITの接続を用意していなければ

ばならない。自治体は新しい移住者のために交流の場を設けるITのためのインフラを用意する。ブロードバンドは光ファイバーなどの大きなインフラがないといけない。

人々は問題解決のためにインターネットを使用する。くわえて情報専門家に対してガイダンスを求める。図書館員には、教えること、情報管理のこと、資料保存、ビジネスさまざまな能力が求められる。これはさっき私が言ったことです。インターネットを使えると言っても、自分がほしい情報に的確にアクセスするのは難しい。私なんかも探しあぐねてききにいきます。その結果図書館員はさまざまな能力を求められる。ナビゲーターとして探し方の手助けをする。そういう能力を備えなければならない。そういうことが書いてあります。

対策として、

- 図書館専門職の訓練。ジェネラリストとしての能力を備える。
- 情報社会推進者としての図書館。
- 集まりの場としての図書館。
- ネットワーキングと地域協力。移動図書館。

と書いてあります。

対策として専門職の訓練、図書館員はトレーニングを積まないといけない。本を扱うことはできています。でもコンピュータを扱うことを誰でもできるかというと、フィンランドでもそうではないようです。学校との連携もしないといけない。教育のこともある程度知っていないといけない。

博物館、地場産業、医療についても知らないといけない。情報社会推進としての図書館とは、図書館でパソコンを使わせたりそういうことですね。集まりの場としての図書館。交流の場を提供すると。ネットワーク。零細図書館で新しい住民に答えられるとは限らない。大きい図書館と連携して答えるようにしないといけない。モバイル図書館といって移動図書館で人口がまばらなところまで出て行く。利用者が来るんじゃなくて車が出ていってサービスをする。インターネットバスというのがあります。バスの中にパソコンを積んで動いていく。行った先で使い方の手ほどきをする。まさに至れり尽くせりですね。そういうことが書いてある。

とりもなおさず、お金をかけて労力をかけて地域格差をなくすのに営々としている。びっくりしますが、図書館を使いやすくするのが目的ではなく地域格差をなくすのが目標なんですね。図書館法にも目的のところにこう書いてあります。

「公共図書館による図書館・情報サービスの目的は、個人的な教養、文学的・文化的な営み、知識・個人的な技能・市民の技能の継続的向上、国際化、そして生涯学習のための市民間の平等な機会を促進することである。（以下略）」（図書館法第1章第2節）

と書いてありますね。日本の図書館法をみてみますと、一般公衆の利用に供すること、つまり役に立つことが目的と書いてありますけど、フィンランドはそれはとっくの昔に分かっていて、格差是正が目的なんですね。

国を挙げて「弱い者への手助け」「底上げ」「格差是正」を必死にやっているということが分かり

ました。これはどういうことでしょう。これが社会民主主義ということかもしれませんね。フィンランドの格差是正、弱者の底上げはヨーロッパで人気のある「社会民主主義」なのかもしれないと思いました。

以上で終わりです。

＊

土曜教養講座「「むら」と「まち」—共存の形を探る—」は2005年度以降2007年までの私の研究経緯を反映している。沖縄大学地域研究所研究彙報第4号の冒頭に講座の企画経緯として、私は以下のように書いた。

私が沖縄における「都会と田舎の関係」に興味を持つようになったのは、2005年度後期の大学院の講義でいわゆる赤土問題を取り上げてからである。当初私はこの問題に景観論からアプローチしてみたらどうかと考えた。景観法は建築基準法や都市計画法と異なって、一律に規制するのではなく、その気になった自治体に根拠を与えるという意味で、地方分権化の申し子である。そして、日本の代表的景観は棚田であるが、実は、やんばるでも、1950年代までは水田がたくさんあったということを知った。しかし、水田景観は手入れが大変で、過疎化がどんどん進行して行っている状況下では困難である。高齢化も進んで、そもそも農業を維持継続できるかどうかさえ危ぶまれる深刻な状況である。

田舎の過疎化は、都会が便利だからしかたがないのであろうか？　本書第10章冒頭でも述べたように、この点については、ヨーロッパに興味深い参考事例が見つかった。一つは、英国の「田園都市論」で、ロンドン近郊に位置しているレッチワースで1世紀を超える実践がなされている。この田園都市というのは、「都市と農村の結婚」という理念に従ってつくられ、周辺に農村を配置し、中心部に商業施設や住宅を配置する。そうすると、中心部の拡大はおのずから限度があるので、無軌道な郊外化が防止できる。2006年9月に実際にレッチワースに行ってみたら、レッチワースだけでなくその周囲も同じような景観で、つまり、都市生活を営みながら身近なところに農村風景も見られるのである。もう一つ、スイスやイタリアなどに見られるデカップリングという手法である。農業法に詳しい小川竹一島根大学教授（当時）に教えていただいたものである。「スローフード」の発祥地はイタリア北部のピエモンテ州ブラであるが、ピエモンテ州は、フランス、スイスと接している山岳地帯で、農業の環境保全効果が評価され、補償金が出る。生産とは切り離して（デカップルして）出るこのような補償金を「環境支払い」と言っている。スイスでは、生態系の持続的発展を憲法上の原則にまで高めている。次世代のためということが特に強調される。WTO（世界貿易機関）体制下では生産に直結した補償金は認められず、国土保全、環境保全からの政策論が考えられる。日本でも、1999年の食料・農業・農村基本法の制定とともに、中山間地域を農業の条件不利地域と規定し、そこでの直接支払を開始した。これも農業の持つ環境保全機能の対価を財政で支払うものである。

２００６年度に沖縄大学地域研究所で「まちとむらの関係形成」班を立ち上げた。第1年度目の２００６年度は、私が沖縄法政学会会長を務めていて、同年11月の大会におけるシンポジウムを企画すべき立場に置かれていたことから、同班の活動とダブらせて、「沖縄における地域生活の法政策的課題―持続可能な地域像を求めて―」というテーマでシンポジウムを実施した。その際、都市と農村部の交流事例も紹介したかったのであるが、ピッタリした事例は少なかった。そこで、第2年度目では、特に農村部の現状をしっかり把握したうえで、農村部と都市との間にどのような関係を形成していけばよいのかについて考えていくことが課題として残された。全然研究蓄積がない状況だったので、まずは現場に行って話をきくことからはじめることとなった。班のメンバーだけでなく、一般の方々もきける形で研究を進めていったらどうかということになり、土曜教養講座を運営しているのが沖縄大学地域研究所であるということから、２００７年10月からの土曜教養講座の場を利用させてもらうことが決まった。講座内容は、やんばるの現状紹介、読谷補助飛行場跡地利用、まちの側からの試み、そして比較事例ということでまとまった。

　まず、やんばるのどこか具体的なむらの事例を紹介することで、むらの現状を伝えたい、ということで、適当な場所を探した。その一環として、7月17日に、辺戸の上江洌和子さん宅を伺って話をきいた。上江洌さんは筆者の質問に打てば響くように答えてくれて、「まちとむらの関係形成」というのが決してまち側の一方的な思いこみではないことを確かめることができた。やがて、小川氏と島氏の紹介で安田(あだ)区のことを取り上げることに決まった。最初に安田に話をききに行ったのが2007年8月9日で、その時ヤンバルクイナ救護活動をしている長嶺隆獣医師にも同行してもらい、ヤンバルクイナ救護施設も見学した。この時は主に前区長伊計忠氏の話を伺った。その時のメモを以下に掲げる。

「安田区の抱えてる問題は診療所、共同店、過疎化等。若者がいない。今後も減っていくと思われる。だから老人の比率が上がっていて、若者に定住してもらいたい。年に何件か住みたいとか、農業をしたいとか問い合わせはあるが、住むところが無い。島を出た人が帰ってきたくてもできない。しかし、どうしても住みたいのであれば、あばら家でも住めばなんとかなる。

私はうるま出身。養豚をするため来た。最初はぼろ小屋に住んでいた。住みたいから何とかしてくれでは厳しいものがある。われわれの下の世代がいない。今後どうなるか。卒業すると中南部に行かざるをえない。そしてそのまま住み着いてしまう。田舎に仕事が無い。農業も漁業も無理。農業では飯が食えない。子どもたちは故郷を知らない。印象が薄れていって、わからなくなる。団結は強い。島から出た人は思い入れが強いが、その子どもは帰らなくなる。親と子どもで乖離がある。郷友会の子どもの故郷は今住んでいるところで、島に愛着はない。安田だけでなく過疎地は全てそう。

卒業して親になると自分の子どもは過疎地の学校に入れない。学校を守るために数名しか生徒がいない学校には入れたくない。

利益がないと個人請負は無理。区がもたないといけなくなる。名護に近いほうから消えていく。車が無いお年寄りは共同売店があったほうがいい。安田の共同売店は80年の歴史がある。林業、漁業をとりしきっていた。購買だけではなく販売も考えないといけない。まちと田舎で情報交換する必要がある。ヤンバルクイナの里、有機栽培でブランド化を図ろうと思ったが、農業は老人がやっているので、今更変えるのは無理。後継者がいれば。

川沿いは全て田んぼだった。復活させようとすると不在地主をどうまとめるかという問題が出てくる。相続すらされておらず、登記も難しい。移民してしまった人もいる。田んぼを利用するために新しい立法が必要ではないか。小さな田んぼで地元に地権者がいたので頼んだが、水を引くのに金がかかり頓挫した。水は川から引く。

安田は他の所よりは協力的。ただ、県が地域のことを考えないで日程を組むので、子どもが全県的な大会に参加して、地域のことをなおざりにしてしまっている。週休2日制によって子どもが家にいない。」

その後、もっと詳しく話をきくために、同月29日も訪問し、さらに、9月19日には泊まりがけで行って、知念茂夫区長（当時）、中根忍氏（やんばるエコツーリズム研究所代表）からも話をきいた。

このように準備している途中、たまたま、同年8月下旬、今井滋夫氏の話をきいた。今井氏は、私の岡山大学附属中学校の同級生の知人であるが、14年前から沖縄に来て、現在特に農産物に絞って商品開発等をしていた。また、現在本土から沖縄への移住者が多数いるが、それらの移住者支援コンサルタント業もやっているということだった。今井氏が強調されたのはどうやって付加価値を作っていくかということである。そして、実際に今井氏がこれまで関与されてきた山羊ミルクの開発手法については興味が持てた。この今井氏に安田に一緒に行ってもらい、一緒に話をきいてもらったうえで、今後の仕事づくりやネットワークづくりについて講座で話してもらったらどうかということになって、泊まりがけで安田に行ったときにも今井氏に同行してもらったわけである。話は大いに盛り上がった。

このようにして、第1、2回目の予定が決まった。コーディネーターはいずれも島氏にお願いすることになった。

第3回目に読谷補助飛行場跡地利用計画についてきくということついては、早くから決まっていた。読谷補助飛行場は、2006年7月31日と同年12月31日に2回に分けて返還され、2006年7月31日と2007年1月5日に国有地処分が実施されて読谷村有地となった。この補助飛行場跡地については利用計画が策定されており、約7割は農地として利用されることとなる。際限なく宅地化が進む沖縄本島でこの計画が実現すれば意義はきわめて大きい。これはまさに田園都市計画ではなかろうか、ということで、前記の沖縄法政学会シンポジウムでも、小川氏がこの跡地利用計画についてレッチワースとの比較で検討した。読谷村については、沖縄大学卒業生の三住泰之氏が卒業論文でテーマとして取り上げ、山内徳信元村長にもインタビューしたりして事情に明るいことから、同氏にもコーディネーターとして加わってもらうこととした。

2007年6月上旬に、まず読谷村役場を訪問し、読谷飛行場転用推進課で話をきいた。8月上旬に再訪し、仲宗根盛和課長から土曜教養講座への協力確約を得た。再訪時に、読谷村議会議員知花徳栄氏の仲介で、村議会会議室において農業生産法人農園そべ代表取締役社長比嘉明氏から話を伺った。跡地利用計画に従って五つの農業生産法人が組織されているが、農園そべはその一つである。

米軍用地であった期間の黙認耕作者の法的立場についてわれわれは、黙認耕作者は単なる不法占拠者とは言えないと考えたのであるが、このように読谷村有地になり、読谷村が中心となって跡地利用をしていくと決まった以上は、黙認耕作者らも跡地利用計画の実施に然るべき形で参加できるのが望ましいと考えたので、照屋氏にもそのように述べて、この問題からは遠ざかっていた。ところが、今回また事情を聞くようになってみたら、残念なことに、旧地主と黙認耕作者は決裂状態になり、跡地利用の面でも黙認耕作者は全く排除されていっていた。読谷村との関係でもすでに黙認耕作者に対する立ち退き訴訟が行われている状態であった。土曜教養講座を実施するにあたっては、このような状況を踏まえ、読谷村や旧地主関係者以外の立場からの意見も加えたいと考えた。そこで、2007年に1年間、嘉手納町と読谷村を担当しておられた沖縄タイムス中部支社の又吉健次記者にも加わっていただくようお願いしたところ了解が得られた。

このような経緯を見るだけでも、レッチワースなどとは全然違っているが、皮肉なことに、農業を中心とする跡地利用計画を実施するという名分のもとに読谷村有地となったので、農業をせざるを得ないわけである。今後どのように展開するにしても、まず、現状をしっかり把握することが第一歩で、講座はそのための情報提供の機会となることが期待された。

むらのことをやってから、まちサイドからの試みを1回やるということも早くから決めていて、農業や「食」との関係でなら、沖縄では、沖縄リサイクル運動市民の会に頼るしかあるまいと考えていた。この会がやっている「くいまーるプロジェクト」については2006年度、私が担当していた自治体学入門という講義の講師をやっていただくために古我知浩代表に会ったとき初めてきいた。くいまーるプロジェクトは、スーパーや食品工場から排出された料理くずなどの食品循環資源を回収し、安全で栄養価の高い豚の飼料に再生、畜産農家で使用するという食の循環システムである。同年度、ボランティア体験という実習科目で学生を3名ほど受け入れてもらったが、その際、この会の眞喜志敦氏が学生の指導をして下さった。眞喜志氏は、共同売店の研究者として著名である。やんばるのむらを見ていくとき、共同売店というのは絶対に欠かせない。そういうことで、土曜教養講座では眞喜志氏にお願いすることにし、共同売店の話も付け加えてほしいと要望したところ、簡単にOKして下さった。沖縄の自治を考えるとき、字サイズのまとまりが非常に重要であり、都市化が進んだ今でも自治公民館などの形で影響力を残してきている。

最後に比較として取り上げる所としてはフィンランドと、これも早くから決めていた。フィンランドは地方分権化が世界でも最も進んだ国として知られている。そして、フィンランドの公共図書館もまた世界一だと言われる。１人あたり貸出数が年間20冊ぐらいで、日本の4〜5倍である。最近はまた、教育も世界一ということで注目されていて、確かに、教育と公共図書館とは密接に関連している。事前に資料を集めているときに、インターネットで、「図書館発展計画２００６－２０１０　都市と田舎の統合サービスセンターとしての図書館」(LIBRARY DEVELOPMENT PROGRAM 2006-2010: The library as an integrated service center for rural and urban areas)が見つかった。教育文化省文化スポーツ若者政策部文化メディア課 Kirsti Kekki 氏作成となっている。内容を見ると、フィンランドでも都市化が進んで、過疎化現象が起きているようであるが、この計画は、たとえ田舎の人口が減っても、田舎の人々も都会の人々と同じようなサービスを受けられるべきであるという考え方をもとに公共図書館サービスのあり方を政策として提示している。これは非常に重要なことではなかろうか。そして、このことが無視されているのが日本の現状ではなかろうか。こういったことから、分権化との関連でフィンランドを取り上げてみようとしたのである。講師としては、２００７年9月に私も西川馨氏が主催する図書館見学ツアーに加わってフィンランドを再訪する予定になっていたので、この西川氏にお願いすればよいであろうと考え、早くから了解も得ていた。

私は、２００７年の8月にはブータンを旅行したが、政治形態を見ると、フィンランドとは対照的に、ブータンは王国で、5代目の若い国王にかわったばかりである。そして２００８年に憲法を制定する準備をしている。たまたま優れた国王に恵まれたのか、国王への国民の敬愛ぶりは一通りでなく、上から民主化を進めることへの戸惑いも見られた。政治的にはこのように対照的でも、旅の途中で接する人々にはフィンランドと共通のものを感じた。その共通性についてあれこれ考えているうちに考えついた言葉が「分散型社会」である。権力構造のあり方などとは別に、単純に、集中――分散という枠組での発想である。

フィンランドでは長い冬への反動もあるのか、夏には、都会の住民も田舎に居を移し、自然を満喫する人が多い。森と湖の国と呼ばれるだけあって、何時間車で走ってもシラカバの森が続く。9月に旅行してみて、林業が盛んであることもよく分かった。平たい地面に木が生えているので、日本とは勝手が違う。フィンランドは日本よりちょっと小さい国土に人口約520万人で、都会もそんなに大きくないし、田舎の方は、特に北のラップランドは人口もまばらで、対向車にあうのもまれであるが、フィンランドでは大型バスによる移動図書館サービスが今も健在である。こういう社会では、インターネットも飾りではなく必需品であり、ノキアのような企業が生まれたのももっともなことと了解された。

ブータンもまた、人口や集落がまばらに分散している。ヒマラヤの裾野にある国なので、地形からして大都会はできそうにない。人口も、九州程度の面積の国土にたったの70万人ほどだった。そして人々は気軽に居を移すのだそうである。冬の寒いときは高度の低い場所に移動する。それで、首都もティンプーとは別に、冬の首都といわれるプナカという町がある。西部はチベット系の人が多く、農民であってももともと移動牧畜民のような側面を持っている。人々もよけいなものは持たない人が多い。男性の伝統衣服であるゴは、懐がポケットになるようたくし上げるので、そこに何でも入ってしまう。

そこで、フィンランドとブータンとを分散型社会ということでくくって紹介し、併せて沖縄の自治の原型みたいなものを探ってみたらどうであろうかと私は考えた。

「集団自決」をめぐる教科書撤回問題とか米兵犯罪とかで沖縄が一つになって抗議するということが結構あり、その時に、外からはあたかも沖縄は一枚岩であるかのように思われることが多い。しかし、沖縄の内部で生活していると、逆に分裂的な傾向の方が目につくのではなかろうか。狭い沖縄に一つあれば十分なのに、なぜか似たようなものが二つも三つもある、とよく言われるし、ウチナーンチュは大きな組織を嫌うとも言われる。共通にまとまれるものならまとまるが、それが「大きな」問題ばかりで、普通の日常生活的なことがらになればむしろバラバラではないか。小さなまとまりをしっかり固めていった方が沖縄は向いているのではないか。大計画は向かない、というか、サイズがそもそも合わないのではないか。それより、小さな組織や集団間のネットワーク形成を考えていく方が建設的ではあるまいか。こういった問題意識をもって、第5回目の講座を企画した。

あとがき

本書をまとめたことで、60歳前後までの記録がつながった。新型コロナ禍のおかげで外国に行くことができなくなっていた２０２１年の正月に、学文社の落合絵理さんとメールのやりとりをするうちに、まず『而立への旅』をまとめてみようという気持ちになった。それに続いて２０２２年に『40代の旅と日常』もまとめることができた。その後、ロシアのウクライナ侵攻があってから30代の旅もまとめてみようという気持ちになって、２０２３年に『30代の旅と模索』を上梓することができた。そして、ここまで来たら50代の旅も、という流れになってまとめたのが本書である。まとめてみて、本当によく動いたものだとわれながら驚いた。そして、そのような旅を、金銭的な心配をすることもなく続けられた幸運には感謝せざるを得ない。

２００７年のフィンランド図書館の旅のまとめをしていたときに西川馨氏が２０２３年４月19日に亡くなったという知らせを受けた。享年89歳。私にとって西川氏は、まず何より旅仲間であった。動くテンポがうまく合ったし、歩き方が、何と言うか、垢抜けしてしゃれていた。そして、ツアーに参加した皆さんとお友達になれたのも、その後とても大きく、図書館見学ツアーの場で社交の勉強をさせてもらったような気がしている。東京でも菅原峻氏などとお知り合いになれた。ちょうど宮古島に行っていて動けなかった私に代わってお通夜に出てくれた娘が、穏やかなお顔だったと言っていた。沖縄の新聞の訃報欄では享年90歳で「天寿を全う」したと書かれていることが多い。淋しいけれど、これぱかりは仕方がない。ご冥福をお祈りします。

2008年になって私は60代に入ったわけであるが、それから5年間ほどは娘と一緒に世界のウチナーンチュを訪ねる旅を繰り返していて、これはすでに『旅の反復』としてまとめた。この前後は個人的にいろいろあって、まず2012年に胃がんの内視鏡手術をしたが、発見が早かったためその後順調に回復して、同年末にはまた海外に出ることが可能になって、松山順一さんと一緒にタイのチェンマイに1週間ほど滞在することができた。2014年には両耳に人工内耳をつけてもらい、おかげで65歳になった時点で普通の人と同じように会話ができるようになり、一人で旅をすることもまた可能になった。そして、定年を1年あまり過ぎた2015年8月31日から、毎日書いている原稿を「年を取った男はさすらうべき」か」という題で書き始め、2019年8月19日まで1446回にわたって書いている。2018年4月の段階ではまだこの題で書き続けている最中だったのだが、『旅の表層』のあとがきに「この間に行った旅がすでに本にまとめられるだけの分量になっているので、できれば今後、このテーマとダブらせて本にまとめてみたい」と書いたので、今後可能ならまとめていきたい。

本書の編集も『30代の旅と模索』までと同じく落合絵理さんにお願いした。記して謝意を表する。

2023年6月23日　那覇にて

組原　洋

著者紹介

組原　洋（くみはら　ひろし）

弁護士・沖縄大学名誉教授
1948年鳥取市生まれ、1972年東京大学法学部卒業、1974年司法修習修了

著書
『オランダ・ベルギーの図書館』『学力世界一を支えるフィンランドの図書館』（いずれも共編著・教育史料出版会）
『旅の深層』『旅の反復』『旅の表層』『而立への旅』『30代の旅と模索』『40代の旅と日常』（いずれも学文社）
『「むら」と「まち」―共存の形を探る―』『現代沖縄農業の方向性　序論』『同　本論１』（いずれも共編著・沖縄大学地域研究所、沖縄大学リポジトリにて閲覧可能）

50代　旅の複層
――図書館×辺境　回遊

2023年9月10日　第1版第1刷発行

組原　洋 著

発行者　田中　千津子
発行所　株式会社 学文社

〒153-0064　東京都目黒区下目黒3-6-1
電話　03（3715）1501 ㈹
FAX　03（3715）2012
https://www.gakubunsha.com

印刷所　新灯印刷

ISBN978-4-7620-3258-5